프레젠테이션에 **할리우드**를 더하라!
글머리 기호의 유혹을 넘어

Beyond Bullet Points:
Using Microsoft® PowerPoint® to
Create Presentations That Inform, Motivate, and Inspire
Copyright © 2007 by Microsoft Corporation.

All rights reserved.
Original English language edition © 2005 by Cliff Atkinson

All rights reserved.
Published by arrangement with the original publisher, Microsoft Corporation, Redmond, Washington, U.S.A. through Agency One, Seoul, Korea.

이 책의 한국어판 저작권은 에이전시 원을 통해 저작권자와의 독점 계약으로 도서출판 ITC에 있습니다. 저작권법에 의해 한국 내에서 보호를 받는 저작물이므로 무단전재와 무단복제를 금합니다.

프레젠테이션에 할리우드를 더하라!

Beyond Bullet Points:
Using Microsoft PowerPoint
to Create Presentations that
Inform, Motivate, and Inspire

글머리 기호의 유혹을 넘어

클리프 앳킨슨 저 / 장시형 역

Contents 차례

CHAPTER 01 글머리 기호의 유혹에서 벗어나기: 3단계 접근법

시나리오 소개	3
문제 분석	5
분석을 위한 세가지 질문	5
슬라이드 제목만으로도 프레젠테이션의 요지를 파악할 수 있는가?	6
발표자의 말과 슬라이드의 내용이 일치하는가?	7
청중의 주의를 끌 만한가?	9
전략 선택	11
할리우드의 접근법	12
현대 기술로 고전 개념 해석하기	13
최근의 연구 결과 활용하기	13
3단계 접근법	14
스크립트를 작성해 생각의 요지 잡기	16
스크립트를 스토리보드로 만들어 생각을 분명하게 나타내기	18
청중이 몰입하도록 스크립트 연출하기	20
시작하기	22

CHAPTER 02 이야기의 1막 준비하기

'탈 글머리 기호' 이야기 템플리트   24

글쓰기의 세 가지 기본 원칙   27
원칙 1: 주어와 동사가 있는 완전한 문장을 능동태로 쓴다   29
원칙 2: 단순하고 명료하며 직접적인 대화체를 사용한다   29
원칙 3: 문장의 길이가 템플리트의 범위를 벗어나지 않게 한다   30

1막: 이야기 시작하기   31
1막 1장: 배경 설정   31
1막 2장: 주인공 이름 짓기   33
1막 3장: 불균형 상태 묘사하기   35
1막 4장: 균형 상태를 목표로 나아가기   37
1막 5장: 해결책 제시하기   39

1막의 막 내리기   40
다섯 개의 장 검토하기   41
청중의 감성에 호소하기   42
생각의 요지 잡기   42

1막을 강화하기 위한 열 가지 팁   43
팁 1: 시나리오 작가들로부터 얻는 창조적인 자극   43
팁 2: 열 가지 이야기 변이형   44
팁 3: 1막 스크린 테스트   46
팁 4: 다수의 이야기, 다수의 서식 파일   47
팁 5: 청중을 시각화하자   48
팁 6: 청중이 직면하고 있는 문제는 무엇인가?   48
팁 7: 전략적인 콜라주   49
팁 8: 광고의 이야기   50
팁 9: 설득하는 교육   52
팁 10: 글 바로잡기   53

CHAPTER 03   2막과 3막에서 이야기 구체화하기

2막 및 3막 소개	56
3막에서 감성과 이성에 호소하기	57
2막: 줄거리 전개하기	58
해결책에 집중하기	58
세 단계 상세 수준 중에서 선택하기	59
뒷받침하는 항목 중 세 가지 주요 항목 명기하기	60
2막 1장: 첫 번째 주요 항목 뒷받침하기	63
2막 2장 및 3장: 지금까지의 과정 반복 적용하기	68
2막 4장: 전환점 만들기	69
3막: 해결 구성하기	70
3막 1장: 위기를 한 번 더 진술하기	71
3막 2장: 해결책 추천하기	71
3막 3장: 절정 설정하기	72
3막 4장: 해결에 이르기	73
파워포인트 스크립트 소리 내어 읽기	74
팀원들과 함께 스크립트 검토하기	76
이야기 템플리트 막 내리기	77
이야기 템플리트를 강화하기 위한 열 가지 팁	77
팁 1: 3의 힘	78
팁 2: 4를 위한 공간 마련하기	78
팁 3: 다양한 변형	79
팁 4: 로직 트리를 이용해 명료성 키우기	79
팁 5: 브레인스토밍을 통해 개요 작성하기	80
팁 6: 팀원들의 재능 활용하기	82
팁 7: 고속 엘리베이터 타기	82
팁 8: 관례적인 개요 작성 규칙	83
팁 9: 결론들을 단계적으로 조직화하기	85
팁 10: 보이지 않는 이야기 구조	85

CHAPTER 04 스토리보드 준비 및 계획하기

스토리보드   88
스크립트를 파워포인트로 옮기기   89
- 이야기 템플리트를 워드에서 파워포인트로 보내기   91
- 슬라이드 마스터 설정하기   93
- 슬라이드 레이아웃 변경하기   96
- 헤드라인 편집하기   97

스토리보드 준비하기   99
- 제목과 클로징 크레딧 추가하기   99
- 스토리보드 가이드 만들기   101
- 스토리보드 가이드의 위치 조정하기   104

이야기할 말 계획하기   106
- 슬라이드 노트 마스터 설정하기   107
- 내러티브 작성하기   109

스토리보드 작성의 세 가지 기본 원칙   112
- 원칙 1: 큰 그림을 검토한다   113
- 원칙 2: 일정한 속도를 유지한다   113
- 원칙 3: 막과 장들을 한데 묶는다   115

헤드라인을 이용해 예행연습하기   116

스토리보드를 강화하기 위한 열 가지 팁   118
- 팁 1: 청중에게 프레젠테이션의 목적 상기시키기   118
- 팁 2: 시간에 맞게 조정하기   119
- 팁 3: 인쇄된 스토리보드   122
- 팁 4: 중첩된 스토리보드   122
- 팁 5: 디자이너를 위한 디자인   123
- 팁 6: 만화로부터의 영감   124
- 팁 7: BBP 스토리보드 포매터 사용자 지정하기   124
- 팁 8: 슬라이드 노트의 메모   126
- 팁 9: 여러 슬라이드 보기에서 작성하기   127
- 팁 10: 스토리보드 가이드 사용자 지정하기   127

CHAPTER 05 | 스토리보드 디자인 스타일 선택하기

디자인의 세 가지 기본 원칙　　　　　　　　　　　　　130

　　원칙 1: 헤드라인을 중심으로 완전한 체험을 디자인한다　　131
　　원칙 2: 청중과 교류할 수 있는 슬라이드를 만든다　　　　133
　　원칙 3: 세 가지 표현 방법을 시도한다　　　　　　　　　135

세 장의 슬라이드에 다양한 디자인 기법 적용해 보기　　136

　　테스트 파일 준비　　　　　　　　　　　　　　　　　　136
　　디자인 시작하기　　　　　　　　　　　　　　　　　　138
　　화면에 사진 넣기　　　　　　　　　　　　　　　　　　140
　　헤드라인을 읽을 수 있게 만들기　　　　　　　　　　　144
　　헤드라인 숨기기　　　　　　　　　　　　　　　　　　151
　　시각적 소품 추가하기　　　　　　　　　　　　　　　　152
　　클립아트 사용하기　　　　　　　　　　　　　　　　　155
　　단어 애니메이션　　　　　　　　　　　　　　　　　　158
　　여러 가지 기술 결합하기　　　　　　　　　　　　　　163

스타일 선택하기　　　　　　　　　　　　　　　　　　164

슬라이드의 품질을 높이기 위한 열 가지 팁　　　　　　165

　　팁 1: 팔레트 만들기　　　　　　　　　　　　　　　　165
　　팁 2: 디자인 영감 얻기　　　　　　　　　　　　　　　166
　　팁 3: 스토리보드 스케치북　　　　　　　　　　　　　167
　　팁 4: 영리한 단순성　　　　　　　　　　　　　　　　167
　　팁 5: 사진 한 장으로 처리하기　　　　　　　　　　　167
　　팁 6: 파워포인트 디자인 라이브러리　　　　　　　　　168
　　팁 7: 광고판만큼 큰 영감　　　　　　　　　　　　　　168
　　팁 8: 세밀한 애니메이션　　　　　　　　　　　　　　169
　　팁 9: 전환하기　　　　　　　　　　　　　　　　　　169
　　팁 10: 기타 그래픽 리소스　　　　　　　　　　　　　170

CHAPTER 06　그래픽 옵션 확장하기

스크린숏 스냅 사진 찍기	172
구체적인 숫자 표시하기	174
다이어그램을 이용해서 요지 설명하기	175
다이어그램 만들기	177
하나의 다이어그램을 이용해서 세 장의 슬라이드에 걸쳐 생각 설명하기	182
다이어그램을 이용해서 하나의 슬라이드에 생각 설명하기	185
여러 슬라이드에 하나의 차트를 이용해서 생각 설명하기	186
스토리보드 개선하기	193
제목과 클로징 크레딧에 그래픽 추가하기	193
세 가지 핵심 요지 보강하기	195
연구와 보조를 같이하기	197
프레젠테이션 예행연습하기	197
슬라이드 노트 최종 점검하기	198
허가 및 승인 얻기	199
슬라이드의 품질을 높이기 위한 열 가지 팁	199
팁 1: 고급 레이아웃	200
팁 2: 틀에 박히지 않은 애니메이션	201
팁 3: 색을 기호화한 슬라이드	201
팁 4: 분할 화면	203
팁 5: 이미지 수사학	205
팁 6: 숫자를 보여줘	206
팁 7: 다이어그램 및 차트 라이브러리	206
팁 8: 디자이너와 협업하기	207
팁 9: 파워포인트 트립틱	208
팁 10: 통합 디자인	208

프레젠테이션에 **할리우드**를 더하라

CHAPTER 07 이야기에 활력 불어넣기

연출의 세 가지 기본 원칙	**210**
원칙 1: 미디어를 투명하게 만든다	211
원칙 2: 청중과의 대화를 창출한다	212
원칙 3: 제약조건 내에서 즉흥적으로 이야기를 지어낸다	213
주의를 분산시키는 요소 제거하기	**214**
발표 환경 준비하기	214
기술 점검하기	215
문제에 대비한 계획 세우기	216
예행연습을 통해 주의를 분산시키는 요소 제거하기	217
노트 이용하기	218
대화 전개하기	**220**
진정성 보이기	221
슬라이드를 이용해 자신 있게 발표하기	222
대화를 활기 있게 만들기	223
Q&A 처리하기	224
제약조건 내에서 즉흥적으로 이야기 지어내기	**225**
이야기에 대한 통제력 유지하기	226
다양한 정황에 맞게 준비하기	227
슬라이드 끄기	227
유인물 배포하기	229
참석하지 않고 발표하기	**229**
슬라이드 노트(슬라이드가 아닌) 보내기	229
온라인 프레젠테이션 연출하기	230
그리고 이제 발표만이 남았다…	**231**
프레젠테이션 연출의 질을 높이기 위한 열 가지 팁	**232**
팁 1: 살아 있는 상표	232
팁 2: 연사들	233
팁 3: 전력을 다하자	234
팁 4: 소개말 준비하기	234

팁 5: 차광판을 갖고 있는가?	235
팁 6: 시각적인 기억술	235
팁 7: 대화를 고전압으로 만들자	236
팁 8: 친밀도를 크게 하자	237
팁 9: 다수의 발표자에게 스크립트를 작성해 주자	237
팁 10: Beyond Bullets 블로그를 이용해 뒤처지지 않도록 하자	238

결론 239

APPENDIX A 최근의 연구 결과 활용하기

마이어의 연구 기반 원칙 검토하기 — 243

말과 그림으로 의사소통하기	244
내레이션과 화면상의 텍스트가 중복되지 않게 하기	245
정보를 아주 작은 크기의 단편들로 만들기	245
정보를 명료하게 신호해 주기	246
대화체 사용하기	247
그래픽 가까이에 헤드라인 놓기	248
화면에서 주의 분산 요소 제거하기	249
애니메이션 요소 서술하기	250
애니메이션과 내레이션 동시에 진행하기	251

고급 원칙 적용하기 — 252
연구에 관해 좀더 알아보기 — 253

추가 자료	254

APPENDIX B 스토리보드 포매터 사용하기

새 프레젠테이션을 위한 기본 스토리보드 포매터 설치하기 — 257

Acknowledgments

감사의 글

이 책의 집필을 부탁했던 마이크로소프트 출판사의 팀원들과 율리아나 올더스 앳킨슨에게 각별한 감사의 말을 전한다. 이 책에 실린 아이디어들이 널리 퍼져서 긍정적인 변화를 이끌어낼 수 있다면, 그것은 모두 이 책이 있게 한 이들 덕분이다.

편집 팀의 산드라 헤인즈, 스티브 세이그먼, 제니퍼 해리스에게도 고맙다. 이들이 방향을 제시하고 꼼꼼히 검도해 준 덕분에 책의 명료성이 크게 개선되었다. 여러 장을 검토해 준 스티브 퓨와 부록 A의 연구 자료를 검토해 준 리처드 E. 마이어에게도 고맙다.

번뜩이는 아이디어로 책의 여러 부분에 영향을 주고 영감을 불어넣어 준 아리스토틀, 헨리 뵈팅거, 짐 보네, 시드 필드, 캐슬린 홀 제이미슨, 리처드 E. 마이어, 스콧 맥클루드, 로버트 맥키, 바바라 민토에게도 감사의 말을 전한다. 필자의 뉴스레터를 위해 마이크로소프트 오피스 파워포인트에 관한 인터뷰에 기꺼이 응해 준 세스 고딘, 밥 혼, 가이 카와사키, 래리 레식, 돈 노만, 마이클 슈레이지, 존 실리 브라운, 네이슨 셰드로프에게도 고맙다. 지속적으로 의견을 나눈 틸 보스윙켈에게도 고맙다. 무한한 영감의 원천인 잘랄 알-딘 루미와 이븐 알-아라비의 13세기 저작들을 번역해 준 윌리엄 C. 치틱에게도 깊은 감사의 말을 전한다.

마지막으로, 이 책에 있는 많은 아이디어와 통찰력이 활기에 넘칠 수 있게 해 준 연설 동호회 Toastmasters Executive 412의 동료 회원들과 나의 친구들에게도 감사의 말을 전한다.

Introduction

머리말

글머리 기호가 없는 파워포인트 프레젠테이션을 생각할 수 있을까?

어려운 질문이다. 프레젠테이션이 진행되는 곳이라면 어디서든 이미 다른 곳에서도 많이 보아 온 동일한 형식의 슬라이드들을 보게 될 것이기 때문이다. 프레젠테이션에 사용하는 틀에 박힌 글머리 기호는 이미 우리의 집단의식 속에 깊이 자리잡고 있어서, 조직이나 직업, 심지어는 문화의 차이에 관계없이 거의 동일한 형태의 프레젠테이션 문서들이 만들어지고 있다.

파워포인트를 이용해 프레젠테이션 문서를 만들 때 사람들은 대부분 아주 자연스럽게 가장 먼저 글머리 기호부터 만들어 놓고 작업을 시작한다. 글머리 기호를 이용하면 슬라이드를 만들기가 쉬워지는 것은 사실이다. 이렇게 만든 슬라이드를 이용해 프레젠테이션을 진행하면 청중에게 전달하고자 하는 정보를 글로 나타내 보여 줄 수 있을 뿐만 아니라 스크린에 나타난 글머리 기호를 보고 이야기하고 싶은 것을 재빨리 기억해낼 수 있다. 파워포인트 프레젠테이션이 그런 것처럼 글머리 기호도 우리 일상의 한부분이 되어 버려서 다른 것을 생각하기가 어려울 정도다.

글머리 기호를 사용하면 슬라이드를 쉽게 작성할 수 있기는 하지만 말하고 싶은 내용을 청중에게 항상 쉽게 이해시킬 수 있는 것은 아니다. 시간이 흐르면서 글머리 기호를 이용해 만든 판에 박힌 문서에 실망감을 표하는 사람들이 늘어나면서 토론 그룹, 조사, 서적, 에세이, 기사와 블로그 포스팅 등을 포함해 광범위한 포럼이 조직되고 이에 관한 여러 가지 의견이 개진되고 있다. 그들의 주장은 기본적으로 글머리 기호로 가득 찬 슬라이드가 발표자와 청중 간의 의사소통에 장애를 초래한다는 것이다. 발표자는 글머리 기호 덕분에 자연스럽고 편안하게 프레젠테이션을 진행할 수 있겠지만 청중은 글머리 기호 때문에 형식적이고 딱딱한 분위기에 처한다고 한다. 또 발표자는 전달하고자 하는 내용을 명쾌하고 간결하게 표현하려는 의도로 글머리 기호를 사용한다지만 청중은 오히려 글머리 기호가 많이 사용된 프레젠테이션에서 혼란스럽고 불명확한 상태에 빠진다. 또 발표자는 화면에 핵심 의견을 보여 주려는 의도로 글머리 기호를 사용한다지만 글머리 기호는 우리 사회가 제대로 기능하기 위해 반드시 필요한 대화의 가능성을 제거해 버린다.

지금까지 축적된 프레젠테이션 경험에 의하면, 상투적인 글머리 기호로는 발표자와 청중 사이를 효과적으로 연결할 수가 없다. 이 문제는 개인이나 청중에만 관련된 문제는 아니다. 주요 대형 조직에서도 이 문제에 주의를 기울이고 있다. 작은 회의실에서 대규모 회의상에 이르기까지 회의를 위해 모이는 모든 곳에서 사람들은 변화를 원하고 있다.

그렇다면 발표자가 선택할 수 있는 것은 무엇일까? 파워포인트를 사용할 때 글머리 기호 외에 다른 대안이 있다는 말인가? 물론, 대안이 있다. 그 대안은 이야기다. 글머리 기호에 대한 사람들의 평가가 사실이라면, 그들의 불만을 결핍된 무언가를 나타내는 징후로 받아들여야 한다. 글머리 기호나 차트나 그래프를 지나치게 사용하는 바람에 우리는 발표자와 청중 상호간의 유대감을 조성하기 위해 필요한 균형 감각을 거의 잃어버리고 있다. 복잡한 사회 속에서 급속한 문화적 변화를 겪으면서 사람들은 분명히 인간적 소통과 감동 그리고 공동의 목적이라는 기본으로 돌아가기를 열망하고 있다. 이러한 열망을 충족시킬 수 있는 것이 바로 이야기다.

이야기는 여러 조직에서 뜨거운 주제로 떠오르고 있다. 프레젠테이션에 오히려 이야기가 적합한 모델이 되는 이유는 무엇일까? 프레젠테이션을 할 때 사적인 이야기가 핵심을 부각시키는 강력한 기법이 될 수는 있지만 사람들이 단순히 재미있는 일화를 주고받으며 서로 즐기기 위해 프레젠테이션에 참여하는 것은 아니다. 프레젠테이션은 우리의 삶과 조직의 문제를 논의하고 결정하는 데 도움을 주어야 한다. 프레젠테이션은 복잡한 문제를 다루고 일반적으로 의사 결정에 필요한 논증과 논리를 수반하기 때문에 사적인 일화와는 다르다.

프레젠테이션의 복잡한 요건들에 특정한 유형의 이야기 구조를 적용하면 이야기하기의 이점과 논증의 필요성 사이에서 균형을 도모할 수 있다. 역사를 더듬어 올라가 이야기하기와 설득하기의 모범적인 기본 원리를 찾아내서 그 개념들을 오늘날의 파워포인트 프레젠테이션에 적용하면 극적인 효과를 얻을 수 있다. 설득력 있는 이야기 구조는 청중이 기대하는 수준의 세련된 미디어 기술과 비판적 사유의 엄밀함을 포함해 프레젠테이션이 필요로 하는 모든 것을 수용할 수 있을 만큼 강력하다. 이런 이야기 구조를 파워포인트 프레젠테이션에 적용하는 것, 이것이 이 책에서 상투적인 글머리 기호 접근법을 대신할 완전히 새로운 대안으로 제시하는 3단계 접근법의 핵심이다.

이 책에서 제시하는 접근법은 고전 철학, 현대 미디어 기술, 멀티미디어를 통해 학습하는 방법에 관한 최근의 연구 등 다양한 자료에 근거하고 있다. 이 책에서는 프레젠테이션을 만드는 데 사용할 수 있는 공정이라는 측면에서 이 자료들을 해석한 후, 여기서 파생되는 아이디어를 실질적으로 이용할 수 있도록 공정의 각 단계마다 심어 두었다.

1장에서는 틀에 박힌 글머리 기호를 이용해 작성된 프레젠테이션을 글머리 기호가 없는 새로운 프레젠테이션으로 바꿔야 하는 상황에 처했다는 가상 시나리오를 소개한다. 2장과 3장에서는 탈 글머리 기호(Beyond Bullet Points) 접근법의 제1단계(스크립트를 작성해 생각의 요지 잡기)를 설명할 것이다. 4장부터 6장까지는 제2단계(스크립트를 스토리보드로 만들어 생각을 분명하게 나타내기)를 살펴볼 것이다. 그리고 7장에서는 제3단계(청중이 몰입하도록 스크립트 연출하기)를 설명할 것이다.

2장부터는 각 장의 끝에 각 장의 핵심 내용을 더욱 발전시킬 수 있는 고급 팁을 10개씩 달아 두었다(이 책을 처음 읽을 때는 이 팁들을 대충 훑어

보고 넘어 갔다가, 책을 다 읽은 후 이 팁들을 실행할 준비가 되었을 때 다시 꼼꼼히 읽고 그대로 실행해 보기 바란다). 이 책은 창조적 영감의 원천으로서뿐만 아니라 파워포인트 프레젠테이션 작업을 할 때 가까이 두고 사용할 수 있는 실용적인 안내서로 고안되었다.

이 책의 기조는 사람들과의 의사소통에 관한 것이다. 이 작업에 도움이 되는 일반적인 소프트웨어 도구를 이용해 생각을 정리하고, 논의를 명확히 하고, 청중의 관심을 이끌어낼 수 있다. 이 책을 통해 이러한 능력을 더욱 강화함으로써 글머리 기호의 유혹을 벗어난 프레젠테이션을 작성하고 발표할 수 있기를 바란다.

클리프 앳킨슨

Preface of Translator / 역자 머리말

업무 지시가 떨어진다. 자료를 수집하고 정보를 검색하다 보니 관련 세미나와 프레젠테이션이 눈에 띈다. 수북이 쌓여 있는 다른 업무를 애써 외면하고 땀을 뻘뻘 흘려가며 어렵사리 세미나 장소에 찾아가 발표를 들어보면 그 자리까지 오느라고 들인 노력을 무색하게 만드는 허술한 발표와 진행에 화가 날 때가 많다. 내용이 들을만한 것이라고 하더라도 발표자가 무슨 말을 하고 싶은 건지 화면과 발표자와 유인물 사이를 바삐 오가며 주의를 기울여 보아도, 그 동안 수집한 자료에서도 자주 보았던 익숙한 헤드라인들만 넘쳐날 뿐 가슴 속에 와 닿는 이야기는 찾을 수가 없다. 어둡고 시원하고 조용한 방 안에서 의자에 기대어 앉아 단조로운 발표자의 강독을 듣고 있자면, 잠들어버리거나 졸지 않는 것이 이상한 일이다.

입장을 바꿔 보자. 내가 발표를 해야 한다면 어떨까? 나 같으면 절대로 저렇게 하지 않겠다 싶지만, 막상 발표 자료를 준비하다 보면 어느새 그들과 유사한 프레젠테이션을 준비하고 있는 자신을 발견할 것이다. 준비 과정에서는 발견하지 못했다 하더라도 발표를 하다 보면, 그간 어렵고 힘들게 준비해 진행하는 발표장에서 자신이 하는 이야기를 이해하지도 못하고 꾸벅꾸벅 졸고 있는 청중을 보면 가슴이 막막하고 정신이 아득해진다. 도대체 왜 이런 일이 벌어지는 것일까? 간단하다. 프레젠테이션이 재미없기 때문이다. 재미있는 이야기를 듣고 졸거나 하품을 하거나 다른 짓을 하는 사람은 없다. 프레젠테이션에서 이야기를 재미있게 하면 그만이다.

이야기를 재미있게 한다는 것, 간단한 말처럼 들리지만 우리가 일상적으로 접하는 프레젠테이션을 떠올려보면 상황이 전혀 다르다는 것을 금방 알 수 있다. 일반적으로 프레젠테이션 자료를 준비하는 과정을 떠올려 보자. 다음 주까지 발표 자료를 준비해서 발표하라는 지시가 떨어진다. 마음이 복잡해진다. 그래 이번 기회에 내 실력을 제대로 보여주는 거야! 난 할 수 있어! 두근거리는 가슴으로 컴퓨터 앞에 앉아 자료 작성을 시작하려고 하면 그 순간부터 가슴이 본격적으로 두근거리기 시작한다. 도대체 어디서부터 시작해야 한단 말인가? 그렇다. 지금까지 많은 사람들이 만들어놓은 훌륭한 자료들이 있지 않은가. 내 외장 하드에 가득 들어있는 그 많은 프레젠테이션 자료들 중에 지금 작성해야 하는 자료와 유사한 것들이 분명히 있을 것이다! 그러나 아무리 속속들이 뒤져 보아도 마음에 쏙 드는 자료는 나타나지 않는다. 이 자료를 왜 모아둔 것인가 싶을 정도로 쓸모 없어 보이는 것들이 대부분일 것이다. 어쩌다 잘 만들어진 프레젠테이션 자료를 찾아내 반가운 마음으로 분석해 보아도 내가 하고 싶은 이야기에는 잘 들어맞지 않는다.

문제는 결국 이야기다. 프레젠테이션의 목적은 궁극적으로 발표자의 생각을 청중에게 전달하는 것이다. 발표자가 전달하고자 하는 생각은 대체로 간단 명료하다. 아니, 청중의 마음에 와 닿는 좋은 프레젠테이션일수록 발표자가 전달하고자 하는 생각은 간단 명료해야 한다. 그러나 프레젠테이션에서 구호를 외치듯이 하고 싶은 말 몇 마디만 전달하고 끝낼 수는 없는 일이다. 이야기를 흥미롭게 구성하고 화면에 적절한 볼거리를 제공하는 작업이 필요하다. 그러나 발표자는 대부분 이야기를 맛깔스럽게 잘 지어내는 이야기꾼도 아니고 주제에 꼭 맞는 볼거리를 멋지게 만들어낼 수 있는 디자이너도 아니다. 메시지 전달을 위해 뒷받침하는 내용을 구구절절 나열하거나 화려한 볼거리를 만들기 위해 섣불리 장표를 치장하다 보면 전달하고자 하는 메시지의 핵심을 잃고 장황한 여담만 늘어놓기 십상이다. 도대체 내가 정말로 하고 싶은 이야기를 재미있고 활기차게 효과적으로 전달하는 프레젠테이션은 어떻게 만들 수 있단 말인가?

Preface of Translator

아이폰과 아이팟 그리고 좀 더 거슬러가자면 매킨토시로 세상을 떠들석하게 했던 스티브 잡스는 아이디어의 보고이자 훌륭한 프레젠터로 잘 알려져 있다. 그의 프레젠테이션을 기존에 회사나 세미나에서 또는 학교에서 흔히 접하던 프레젠테이션과 비교해 본다면 확실히 다른 점을 발견할 수 있을 것이다. 그런데 정확히 무엇이 다른 걸까? 그의 프레젠테이션이 유독 흡인력을 가지는 이유는 무엇일까? 세계적으로 유명한 사람이 하는 프레젠테이션이기 때문에? 멋진 아이디어와 유용한 기능으로 무장한 새 제품을 설명하는 경우가 많기 때문에? 초대형 화면을 이용하기 때문에? 얼마든지 타당한 이유가 될 수 있다. 그러나 이런 것들만으로는 차이를 분명하게 드러나질 않는다. 그가 하는 것처럼 멋진 프레젠테이션을 하려면 어떻게 해야 하는 것일까? 생각하다 보면 그가 천재적인 프레젠터라는 자신에게는 전혀 도움이 되지 않는 결론으로 매듭짓는 경우가 대부분일 것이다. 흡인력이 있는 훌륭한 프레젠테이션을 자세히 들여다보면 일관된 흐름과 구성 법칙을 발견할 수 있다. 프레젠테이션에서 청중을 끌어들이는 가장 중요한 요소는 힘 있는 이야기이다. 누구든 설득력 있는 이야기 구조와 잘 짜여진 구성을 이용한다면 멋진 프레젠테이션을 준비할 수 있다. 이 책은 바로 그 방법을 상세하게 설명하는 책이다.

이 책에서는 설득력 있는 이야기를 구성하는 방법과 더불어 실황 프레젠테이션을 위한 종합적인 가이드를 제시한다. 실황 프레젠테이션을 전제로 청중에게 전달할 이야기를 만들고 전달의 효과를 높이기 위해 화면에 보여 줄 슬라이드와 구두로 전달할 말을 구성하는 방법을 단계적으로 설명하고 있다. 이 책에서는 글머리기호 투성이의 프레젠테이션을 할리우드 영화처럼 볼거리가 있고 전달하고자 하는 이야기가 분명한 프레젠테이션으로 변신시키는 방법을 배울 수 있다. 이 책을 다 읽고 예제를 따라 실습하고 나면 프레젠테이션의 개념이 완전히 새롭게 바뀔 것이다.

끝으로, 이 책을 번역하는 동안 역자의 원고를 참을성 있게 기다려주신 ITC의 장성두 실장님과 최규학 사장님께 감사의 말씀을 전한다. 이 책을 소개하고 번역을 권했던 송치형 군과 번역하는 내내 의견을 나누고 번역에 큰 도움을 준 아내에게도 감사의 말을 전한다.

장시형

CHAPTER 01

글머리 기호의 유혹에서 벗어나기: 3단계 접근법

이 장에서 다루는 내용

1. 일반적인 프레젠테이션 시나리오를 분석한다.
2. 글머리 기호의 문제점들을 생각해 본다.
3. 이야기의 중요성을 배운다.
4. 할리우드의 영화 제작 절차를 살펴본다.
5. 글머리 기호를 사용하지 않는 3단계 접근법을 검토한다.

발표하는 것은 누구에게나 어려운 일이다. 특히나 다음 주에 이사회 앞에서 발표를 해야 하는데 특별히 슬라이드에 '따분한' 글머리 기호를 사용하지 말아달라는 요청을 받았다면 훨씬 더 어려울 것이다. 어떻게 하면 좋을까?

공식적인 자리에서 연설을 해야 한다는 생각은 대부분의 사람들에게 불안감을 불러일으킨다. 처음 보는 한 무리의 사람들 앞에서 말할 준비를 해야 하는데다가, 무엇을 말할지 또 어떻게 말하면 효과적일지 궁리할 시간도 거의 없다. 어디서부터 시작해야 할까?

이 책에서 답을 찾을 수 있을 것이다. 이 책에서 소개하는 '탈 글머리 기호(Beyond Bullet Points)' 접근법을 통해 글머리 기호에 의존하지 않고 마이크로소프트 오피스 파워포인트를 사용해 프레젠테이션을 제작하는 데 도움을 얻을 수 있다. 만들어져 있는 기존 프레젠테이션을 개조하는 과정을 단계적으로 살펴보면서 이 접근법의 효과를 확인할 수 있을 것이다. 고전 사상과 현대 기술의 조화에 기반한 이 3단계 접근법('탈 글머리 기호' 접근법)을 이용하면 생각의 요지를 정리하고 명료하게 해서 청중에게 생생하게 전달할 수 있다. 이 책에 소개된 기술들은 사업가이든, 판매원이든, 교육자이든, 전문 연설가이든, 학생이든, 기술자이든, 과학자이든 간에 파워포인트를 사용해서 의사소통을 하고자 하는 모든 사람들을 대상으로 한 것이기 때문에 모든 프레젠테이션에 쉽게 적용할 수 있다.

이 접근법의 장점으로는 슬라이드를 미적으로 멋지게 만드는 것 말고도 더 본질적인 것들이 있다. 이 접근법을 이용해 프레젠테이션을 만들면 더 매력적인 시각적 표현을 만들게 될 뿐만 아니라 단계별로 진행하면서 차차 발표자로서 더 자신감을 갖게 되고 전달하려는 메시지를 더 확신하게 되며 청중과의 유대감을 더 긴밀하게 할 수 있다. 이 접근법의 바탕에 깔려 있는 여러 가지 사상에 관해서는 할 얘기가 많지만, 다음 주에 이사회에 발표할 프레젠테이션을 준비해야 하니 곧장 구체적인 시나리오로 돌입해 보자.

참고사항

이 시나리오의 구체적인 예제를 따라하면서 www.sociablemedia.com을 방문해 보자. 훈련, 교육, 자금조달, 판매 등 여러 가지 다른 유형의 프레젠테이션 예제들을 볼 수 있다.

시나리오 소개

이 책에서는 '탈 글머리 기호' 접근법의 여러 도구와 기술을 이용해 기존 파워포인트 프레젠테이션의 디자인을 고치는 과정을 살펴보게 될 것이다. 이 접근법을 구체적으로 살펴보면서 이 접근법을 쉽게 배우고 각자 실제 프레젠테이션에 적용해 볼 수 있도록 다음과 같은 가상의 시나리오를 이용할 것이다.

시나리오는 이렇다. 로스앤젤레스에 위치한 콘토소 제약에 마케팅 담당 이사로 출근한 첫날, 오래전부터 이 회사에서 일하고 싶던 터라 설레는 마음을 가라앉히며 자리에 앉아 컴퓨터를 켜니 상사인 마케팅 담당 부사장 미셸 알렉산더가 보낸 이메일이 도착해 있다.

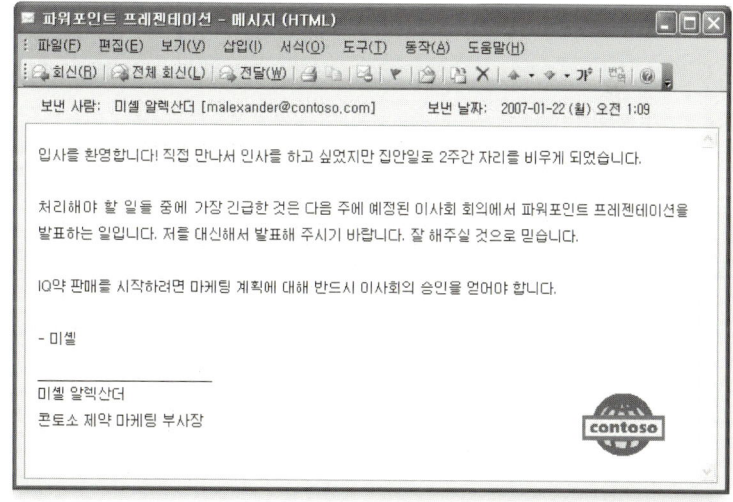

IQ Pill은 콘토소 제약에서 새로 개발한 획기적인 약품으로 누구든 먹기만 하면 즉각 지능이 두 배가 되게 해 준다. 과학이 이룬 기적이라고 할 수 있는 이 약은 수년간의 개발 기간을 거쳐 마침내 시판에 들어갈 준비를 마친 상태다.

프레젠테이션에 **할리우드**를 더하라

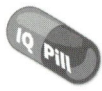

IQ Pill의 성공적인 시장 진출 여부는 회사의 다음 분기 재정 성과에 매우 중요한 영향을 미치기 때문에 이사회는 다음 주 정기 회의에서 한 시간을 할애해 마케팅 계획을 검토하고 논의하기로 했다. 그런데 갑작스런 차질이 생긴다. 음성 메일을 확인해 보니 콘토소의 CEO인 크리스 그레이가 보낸 메시지가 도착해 있다.

"입사를 환영합니다! 미셸의 상황은 참 안타깝습니다. 별일 없기를 바랄 뿐입니다. 미셸이 다음 주 이사회에 발표할 파워포인트 프레젠테이션 자료를 당신에게 전달했다고 하더군요. 어제 미셸과 함께 프레젠테이션을 검토하고 마케팅 계획을 승인했어요. 미셸이 일을 아주 잘해냈다고 생각해요. 하지만 약간의 문제가 있습니다. 사실 그동안 이사회 임원들은 우리가 발표한 파워포인트 프레젠테이션들에 대해 불평을 많이 해 왔어요. 내가 보기에도 그 프레젠테이션들이 요지가 없고 장황하고 재미없게 느껴질 수도 있을 것 같긴 하더군요. 임원들이 다음 주 회의에서는 '지겨운' 글머리 기호들을 더 이상 보고 싶지 않다고 합니다. 파워포인트를 사용하되 시각적 표현을 요지가 있고 명료하고 흥미롭게 만들어 달라는 요구를 받았습니다. 현재 만들어져 있는 파워포인트 파일을 한 번 살펴보세요. 수요일에 만나서 어떻게 개선할 수 있겠는지 의견을 듣도록 하지요. 그럼 그때 봅시다."

출근 첫날 주어진 과제를 정리해 보자.

1 다음 주에 파워포인트를 이용해서 이사회를 상대로 발표하기

2 글머리 기호 사용하지 않기

3 요지가 있고 명료하고 몰입할 수 있는 프레젠테이션 만들기

콘토소의 새 일자리에서 새로운 일을 시작할 기대를 하고는 있었지만, 출근 첫날 이런 일이 기다리고 있으리라고는 전혀 상상하지 못했을 것이다.

새로운 프로젝트를 시작하는 좋은 방법은 잠시 한발 뒤로 물러서서 상황을 분석하는 것이다. 청중이 발표자에게 무엇보다도 먼저 글머리 기호를 쓰지 말라고 요구하는 이유는 무엇일까? 콘토소의 이사회 임원들이 CEO에게 현재의 접근 방식이 '요지가 없고 장황하고 재미없는' 프레젠테이션을 양산하고 있다고 말하면서 정말로 하고 싶은 말은 무엇이

었을까? 이 질문들에 대한 답은 그 질문의 근원, 즉 이메일 받은 편지함에 있는 현재의 파워포인트 파일에서 찾을 수 있다. 콘토소 마케팅 계획 파워포인트 프레젠테이션을 열어서 내용을 분석해 보자.

문제 분석

프레젠테이션의 맥락을 모르고 파워포인트 파일을 분석하기는 어렵다. 중요한 정보를 놓치게 되기 때문이다. 우선 발표자가 그 프레젠테이션을 어떤 의도로 만들었는지 알 수가 없고, 발표하는 동안 파워포인트 슬라이드들을 어떤 식으로 이용하려고 했는지 그리고 청중들이 어떻게 반응할지 알 수가 없다. 그러나 이처럼 맥락을 모른다고 하더라도 어떤 파워포인트 프레젠테이션에 관해서든 다음과 같은 세 가지 기본적인 질문을 던져 그것이 얼마나 효과적인지는 분석할 수 있다.

분석을 위한 세 가지 질문

1. **여러 슬라이드 보기**에서 슬라이드 제목만으로도 프레젠테이션의 요지를 파악할 수 있는가?

2. **슬라이드 노트 보기**에서 발표자의 말과 슬라이드의 내용이 일치하는가?

3. **기본 보기**에서 슬라이드가 청중의 주의를 끌 만한가?

콘토소 파워포인트 프레젠테이션을 살펴보면서 이 각각의 질문에 어떤 답을 할 수 있겠는지 알아보자.

슬라이드 제목만으로도 프레젠테이션의 요지를 파악할 수 있는가?

모든 파워포인트 슬라이드에 대해서 가장 먼저 확인해야 할 사항은 보는 사람이 전체 프레젠테이션의 요지를 빠르게 이해하는 데 도움이 되는지 여부이다. 이 초기 단계의 분석에서는 개개의 슬라이드가 가진 특성을 검토하는 것보다 슬라이드들이 전체적으로 조화를 잘 이루고 있는지 살펴보는 것이 더 중요하다. 프레젠테이션의 큰 그림을 일별하려면 **보기, 여러 슬라이드**를 클릭해서 그림 1-1처럼 모든 슬라이드를 축소판 크기로 표시하면 된다.

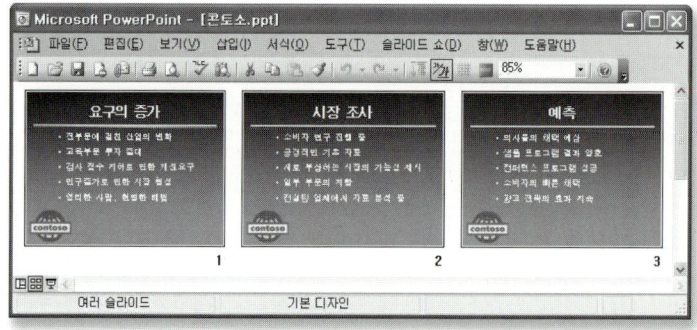

그림 1-1 ▶
콘토소 파워포인트 프레젠테이션의 여러 슬라이드 보기

이렇게 여러 슬라이드 보기에서 슬라이드를 검토하면서 각 슬라이드의 제목만 읽어도 이 프레젠테이션의 요지를 파악할 수 있겠는지 자문해 보자. 여러 슬라이드 보기에서 프레젠테이션을 검토할 때 프레젠테이션의 요지를 한눈에 알 수 있어야 한다. 여러 슬라이드 보기에서 프레젠테이션이 어디에 초점을 맞추고 있는지 스스로 자신 있게 포착할 수 없다면 청중도 발표자가 전달하고자 하는 생각의 요점을 분명하게 포착하지 못할 것이다. 그림 1-1에서 볼 수 있는 예제에서 요지는 글머리 기호라는 건초더미 속의 바늘만큼 찾기 힘들다.

이 예제 슬라이드들의 제목은 거의 모든 파워포인트 프레젠테이션에서 그렇듯이 '범주 제목'이기 때문에 무엇이 중요한지 파악하는 데 전혀 도움이 되지 않는다. 이런 포괄적인 제목은 슬라이드에 있는 정보의 포괄적인 범주를 나타내기는 하지만 슬라이드에 포함된 특정한 정보에 관해서는 아무것도 전달하는 것이 없다. '수요 증가' 같은 범주 제목은 자연스럽게 '어떤 정보가 이 범주에 속하는가?'라는 질문을 이끌어낸다. 그래서 이 질문에 대한 답을 하기 위해 자연스럽게 글머리 기호를 이용해 이 범주에 속하는 항목들을 열거하게 된다.

여기서 볼 수 있는 것처럼, 범주 제목은 정보의 목록을 재빨리 브레인스토밍하는 데는 도움이 될 수 있지만, 한 장의 슬라이드 또는 프레젠테이션에 포함된 슬라이드 전체에 걸쳐 무엇이 가장 중요한 정보인지를 빠르게 이해하는 데는 전혀 도움이 안 된다. 이 예제의 제목들('요구의 증가', '시장 조사', '예측)은 실제로 구체적인 것은 아무것도 전달하지 않는다. 이 제목들이 무엇을 의미하는지 알아내려면 추가로 시간을 투자해서 제목 아래에 있는 모든 글머리 기호의 내용을 읽고 정리해야 한다.

기억해 둡시다

포괄적인 범주 제목을 슬라이드의 제목으로 사용하면 발표자와 청중 모두 프레젠테이션의 요지를 파악하기가 어려워진다.

범주 제목은 발표자와 청중 모두에게 추가적인 부담을 안겨 준다. 프레젠테이션의 슬라이드에서 발표자가 전달하고자 하는 생각의 요지를 파악하느라고 애를 먹을 것이기 때문이다. 청중이 슬라이드마다 이 같은 제목과 글머리 기호가 매겨진 목록 더미들을 보면서 그 프레젠테이션이 요지가 없고 이해하기 어려우며 불필요한 세부사항들로 가득하다고 생각하는 것은 당연하다.

발표자의 말과 슬라이드의 내용이 일치하는가?

프레젠테이션에서 다음으로 확인해야 할 사항은 발표할 때 구두로 하는 말과 슬라이드의 내용이 얼마나 잘 맞아 떨어지는지 점검하는 것이다. 파워포인트 파일을 슬라이드 노트 보기로 보면서 프레젠테이션을 분석할 수 있다. 파일을 슬라이드 노트 보기로 검토하려면 슬라이드를 하나 선택한 다음 **보기, 슬라이드 노트**를 클릭하면 된다. 그러면 그림 1-2와 유사한 보기가 나타날 것이다.

프레젠테이션에 **할리우드**를 더하라

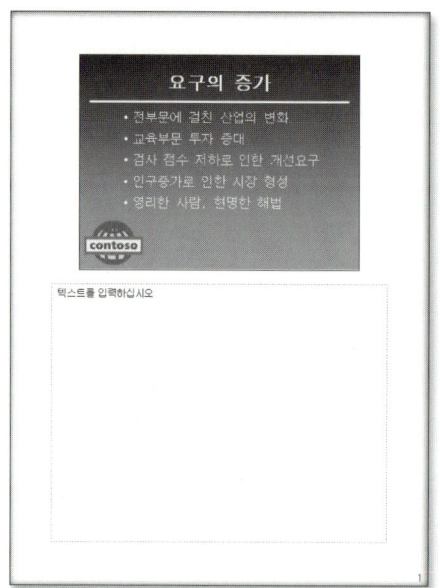

▶ 그림 1-2
콘토소 프레젠테이션 슬라이드의 슬라이드 노트 보기

슬라이드 노트 보기에서 화면의 상단에는 프레젠테이션 중 화면에 나타나는 슬라이드가 표시된다. 프레젠테이션 중 화면에 나타나지 않는 아래쪽 텍스트 상자에는 이 슬라이드를 보여 주는 동안 할 말을 적어 놓을 수 있다. 이 예제를 보면 대부분의 파워포인트 프레젠테이션이 그렇듯이 모든 정보가 상단의 슬라이드 영역에 우겨 넣어져 있고 아래쪽 노트 영역은 텅 비어 있다. 발표할 때 구두로 하는 말과 영사되는 시각적 표현 간의 관계가 전혀 검토되지 않았다는 것을 의미한다.

정보를 담을 수 있는 공간의 절반이 사용되지 않기 때문에 슬라이드 영역은 발표할 때 구두로 하는 말과 영사되는 이미지를 모두 담아 두는 유일한 장소가 된다. 이로 인해 슬라이드 영역에서 표현할 공간이 부족해지고, 그 결과 항상 너무 많은 내용이 담긴 슬라이드가 만들어진다. 일반적으로 말이 시각적 표현보다 우선시되기 때문에 슬라이드를 텍스트로 가득 채우기 쉬운데, 콘토소 이사회가 지적한 것이 바로 이 점이다. 이미 텍스트로 가득한 슬라이드에 시각적 표현을 추가하기라도 할라치면 빈 공간이 부족하기 때문에 텍스트 상자들 사이에 손톱만한 크기로 끼워 넣기 십상이다. 이렇게 만들어진 슬라이드는 지나치게 복잡하고 이해하기도 어렵다. 청중의 입장에서 볼 때 한 장의 슬라이드에 지나치게 많은 정보가 들어 있어서 정말로 하고 싶은 이야기가 무엇인지 알아채기가 어렵게 된다.

파워포인트 슬라이드는 독립적으로 고립되어 존재하지 않는다는 사실을 항상 기억해야 한다. 발표자는 슬라이드를 영사하는 동시에 청중에게 말을 하면서 거기에 서 있는 것이다. 이것은 발표할 때 하는 말과 영사되는 이미지가 서로 어떻게 관련을 맺을지 잘 계획해야 한다는 것을 의미한다. 말하는 것과 보여 주는 것의 균형을 맞추지 않으면 청중이 이해하는 데 불균형이 야기되기 때문이다.

기억해 둡시다

노트 영역을 활용하지 않으면 전달하려는 모든 정보를 슬라이드 영역에 우겨 넣을 수밖에 없다.

슬라이드가 청중의 주의를 끌 만한가?

프레젠테이션에서 마지막으로 확인할 사항은 슬라이드들이 청중에게 어떤 영향을 줄 것인지를 검토해 보는 것이다. 프레젠테이션을 분석하는 동안 청중은 그 자리에 없기 때문에 청중의 반응을 예상하기는 물론 어려울 것이다. 하지만 보기, 기본을 클릭해 슬라이드를 기본 보기로 표시해 보면 청중에게 어떻게 보일지 대략적으로 가늠할 수 있다. 이제 이 예제에서처럼, 슬라이드를 볼 때 청중이 그 슬라이드를 보면서 방 안에 같이 있다고 상상해 보자.

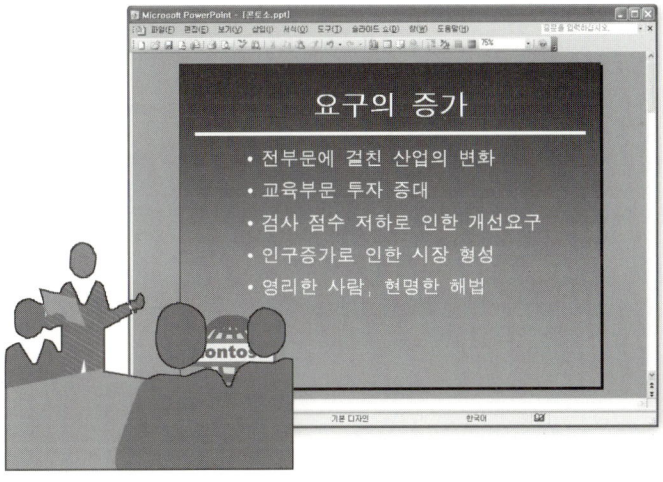

이렇게 하면 사람들이 이 슬라이드를 볼 때 어떤 경험을 하게 될지 가늠할 수 있을 것이다. 불행히도 이 예제는 그다지 청중의 흥미를 끌 것처럼 보이지는 않는다. 글머리 기호들이 화면에 나타날 때 발표자가 받는 인상과 청중이 받는 인상은 동일하다. 재미있었던 것이 갑자기 재미없어진다. 분위기가 형식적이 되고 딱딱해지면서 편안하게 진행되던 토론이 중단된다. 글머리 기호가 방에서 재미있고 활기찬 것이면 무엇이든 겨냥해 조용히 죽이는 것 같다.

분석을 하는 과정에서, 청중이 보이는 이런 일반적인 징후들의 원인(초점의 결여나 지나치게 많은 내용이 담긴 슬라이드 등)을 일부 알게 되었다. 또 하나의 장애물은 슬라이드의 단조로운 배경이다. 대부분의 파워포인트 프레젠테이션이 그렇듯이 이 예제 콘토소 슬라이드들도 미리 디자인된 한 가지 배경의 디자인 서식 파일을 이용해 만들어졌다. 한 가지 배경을 사용하면 슬라이드들이 일관되게 보이기는 하지만, 한 슬라이드나 슬라이드 전체에서 가장 중요한 정보를 시각적으로 두드러져 보이게 하기 위한 다양한 디자인 기술들을 사용할 수 없게 되기도 한다. 게다가 슬라이드들이 반복적이거나 장황한 듯 보이게 될 수 있는데, 이렇게 되면 청중은 지루함을 느끼거나 전혀 이해를 못 할 수도 있다.

발표자가 청중에게 슬라이드의 글머리 기호들을 단순히 읽어 줄 경우 이런 문제들로 인해 청중이 혼란과 좌절감을 느낄 수 있다. 이런 상황에서 가장 일반적인 청중의 반응은 가령 이런 식이다. "당신이 슬라이드들을 내게 그저 읽어 주려고만 한다면 내가 이곳에 있어야 하는 이유가 무엇인가? 그냥 내게 그 슬라이드들을 이메일로 보내라!"

글머리 기호들을 청중에게 보여 주고 읽어 주는 것은 프레젠테이션의 목적을 해치는 일이다. 사람들은 어떤 주제에 대해 다른 사람이 어떻게 설명하는지 들어보려고 프레젠테이션에 참석한다. 발표자가 글머리 기호를 읽으면 발표자가 말하는 것이 아니라 슬라이드가 말하는 것이 된다. 발표자와 청중의 시간을 모두 낭비하는 비생산적인 일이다. 슬라이드에 있는 글머리 기호들을 순서대로 읽어 가다 보면, 발표하는 주제에 대한 확신과 자신만의 개성을 표현하고 청중과 생생한 유대관계를 맺을 수 있는 발표자의 능력을 거의 발휘하지 못하게 될 수 있다.

기억해 둡시다

청중에게 슬라이드를 읽어 주면 자신의 확신을 보여 주고 개성을 표현하고 생생한 관계를 맺는 능력을 발휘하기 어렵다.

그러나 이렇게 되어선 안 된다. 콘토소의 이사회는 스스로 분석한 것을 이용해 글머리 기호를 제거하고 파워포인트 프레젠테이션을 바꿀 기회를 주었다. 파워포인트 파일을 닫고 어떻게 해야 할지 잠시 생각해 보자. 현재의 프레젠테이션에 좋은 정보가 포함되어 있는 것은 분명하다. 관건은 그 정보를 좀더 이해하기 쉽게 새로운 방식으로 발표하는 것이다. 새 직장에서 좋은 첫인상을 심어 주고 싶고 또 IQ Pill의 성공적인 시장 진출을 통해 콘토소가 다음 분기 재정 목표를 달성하는 데 일조하고 싶기 때문에 여기에 많은 것이 걸려 있다.

그런데 콘토소의 파워포인트 프레젠테이션에서 글머리 기호들을 배제하고 그것을 요지가 있고 명료하며 흥미로운 프레젠테이션으로 만드는 전략은 무엇이 있을까? 그런 전략을 찾아내려면 잠깐 파워포인트에서 한발 물러서서 프레젠테이션의 좀더 커다란 맥락을 살펴볼 필요가 있다.

전략 선택

콘토소 이사회가 대부분의 청중들과 마찬가지로 글머리 기호를 사용하지 않기를 원하는 이유 중 하나는 그들도 우리들처럼 미디어로 포화된 문화 속에 살고 있기 때문이다. 우리 모두는 일상에서 깨어 있는 거의 매 순간 텔레비전, 극장, 컴퓨터, 광고 디스플레이 화면에서 흘러나오는 시각적 표현과 음향에 노출되어 있다. 그러나 이 모든 것은 우리가 회의실 벽에 가득한 글머리 기호들을 마주할 때 갑자기 멈춰 버린다.

우리는 모두 파워포인트 프레젠테이션을 포함한 모든 유형의 의사소통 수준이 향상되기를 기대한다. 모든 이사회와 청중들은 고전적인 구두 프레젠테이션에 '시각적 보조 도구'를 덧붙이는 것 이상을 원한다. 그들은 음성화된 말과 시각적 표현이 자연스럽게 결합된 미디어 체험을 통해 사람들이 좀더 효과적으로 생각을 이해하고 결정을 내릴 수 있게 해 주는 수준 높은 의사소통 체험을 원한다.

파워포인트 프레젠테이션을 청중이 기대하는 유형의 경험으로 바꾸려면 글머리 기호를 사용하지 않는 의사소통 분야의 세계 최고 전문가들의 생각을 활용할 필요가 있다. 이 전문가들은 로스앤젤레스 중심가에 있는 사무실 건물의 북쪽을 바라보면 보이는 그들의 상징적인 고향, 할리우드에서 찾을 수 있다.

할리우드의 접근법

할리우드 영화와 파워포인트 프레젠테이션 사이에는 실제로 공통점이 많다. 둘 다 정보를 전달하기 위해 음성화된 말과 영사되는 시각적 표현을 이용하며, 둘 다 사람들의 주의를 끌고 진행되는 내내 사람들이 흥미를 잃지 않기를 원한다. 다른 점은 할리우드가 글머리 기호 없이도 성공적으로 일을 잘 해낸다는 것이다. 그 비밀은 무엇일까? 바로 할리우드 영화가 '이야기를 한다'는 것이다. 파워포인트 프레젠테이션은 좀처럼 이야기를 하지 않는다.

할리우드는 오래전부터 이야기가 강력하고 효과적이며 능률적인 의사소통 기법이라는 사실을 알고 있었다. 아무도 이야기를 이해하기 위해 특별한 훈련이나 기술을 필요로 하지 않는다. 이야기는 오랫동안 인간과 인간이 서로 의사소통을 해 오고 있는 방식이기 때문이다. 이야기의 구조는 우리가 생각하고 이해하는 방식의 기초가 되는 자연스러운 패턴을 따른다. 즉, 이야기는 의사소통을 위한 전후 관계의 틀을 짜고, 정보를 청중에게 의미 있고 관련 있는 것으로 만들어 주의를 집중시킨다. 이야기에 관해 할리우드가 알고 있는 것을 파워포인트 프레젠테이션에 적용하면 글머리 기호의 장벽을 넘어 의사소통 능력이 빠르게 그리고 극적으로 변화할 것이다.

현대 기술로 고전 개념 해석하기

물론 할리우드가 이야기라는 개념을 만들어낸 것은 아니다. 할리우드는 영화라는 새로운 기술을 이용해 2천4백 년 전 그리스 철학자 아리스토텔레스가 기록한 고전적인 스토리텔링의 원칙을 각색했을 뿐이다. 오늘날 할리우드 영화 학교에서 영화제작자들이 구성, 인물, 3막 구조에 관한 아리스토텔레스의 고전적인 개념들을 세부적으로 토론하는 것은 그다지 진기한 풍경이 아니다.

영화가 할리우드 영화제작자들이 아리스토텔레스의 개념들을 각색하는 데 이용한 새로운 기술이었던 것처럼, 파워포인트 역시 발표자가 이 같은 고전적인 개념들을 해석하는 데 이용할 수 있는 새로운 기술이다. 프레젠테이션의 수가 극적으로 증가함에 따라 의사소통을 위해 파워포인트를 사용하는 우리 모두는 할리우드가 결코 잊은 적이 없는 것, 즉 '모든 것은 이야기와 관련된 문제'라는 점을 분명히 기억해야 한다. 시간을 초월한 이 같은 생각을 파워포인트 프레젠테이션에 적용시키면 인류 역사를 통틀어 효과적으로 작동해 온 강력한 기법에 기반한 의사소통을 할 수 있게 될 것이다.

최근의 연구 결과 활용하기

할리우드 방식을 자세히 살펴보기 전에 먼저 할리우드의 기법들이 파워포인트 프레젠테이션의 맥락에서는 한계가 있다는 사실을 인정할 필요가 있다. 우리들 대부분은 기분전환을 위해 할리우드 영화를 보러 간다. 그러나 임원 회의에서 사람들을 즐겁게 해 줄 목적으로 프레젠테이션을 하는 사람은 없다. 발표자는 청중이 어떤 새로운 일을 하거나 생각하도록 설득해야 할 텐데, 그렇게 하려면 화려한 연기 이상의 무언가가 필요하다. 세련된 미디어 기법을 사용해 의사소통을 하고 싶기는 하지만 요란스럽기만 하고 실질적으로 전달하는 내용은 없는 프레젠테이션을 하고 싶지는 않을 것이다.

사람들이 정보를 '이해하는' 데 도움이 되도록 말과 이미지를 사용하는 방법에 관한 최근의 연구 결과에 귀기울일 필요가 있다. 프레젠테이션이 끝난 후 발표자는 청중이 화려한 슬라이드들이나 훌륭한 연기를 기억하는 것이 아니라 발표자의 생각을 이해하고 행동으로 옮기기를 원할 것이다. 다행히 할리우드 작업 공정의 원리를 파워포인트에 적용시킬 때 필요한 길잡이가 될 수 있는, 연구에 기반한 일련의 디자인 원칙들이 있다. 그리고 이 원칙들 중 다수가 이 책에서 설명하는 프로세스 안에 내장되어 있다. 부록 A에서 이 원칙들을 좀더 자세히 알아볼 수 있다.

3단계 접근법

할리우드에서 통하는 것은 콘토소 프레젠테이션을 비롯한 모든 파워포인트 프레젠테이션을 글머리 기호를 제거하고 변경하려는 경우에도 통할 것이다. 이 책에서는 할리우드가 글머리 기호와 전혀 관련이 없는 성공적인 영화들을 무수히 만들어내면서 시험하고 다듬어 온 프로세스를 이용할 것이다. 오랜 시간을 거쳐 검증된 이 프로세스는 그림 1-3에 기술된 것처럼 세 개의 기본 단계로 이루어져 있다.

Chapter 01 글머리 기호의 유혹에서 벗어나기: 3단계 접근법

글머리 기호 없는 파워포인트 프레젠테이션을 만들려면

1 스크립트를 작성해 생각의 요지를 잡는다.

2 스크립트를 스토리보드로 만들어 생각을 분명하게 나타낸다.

3 청중이 몰입하도록 스크립트를 연출한다.

그림 1-3 ▶
'탈 글머리 기호' 3단계 접근법:
스크립트, 스토리보드, 연출

스크립트를 작성해 생각의 요지 잡기

프레젠테이션을 극적으로 개선하기 위해 할 수 있는 유일하면서도 가장 중요한 일은 파워포인트 파일에서 작업하기 전에 먼저 말할 이야기를 준비하는 것이다. 이야기를 효과적으로 준비하는 방법은 할리우드에서 배울 수 있다.

할리우드에서 이야기는 '스크립트'라는 특정한 문서 형태를 취한다. 스크립트는 소설에 비해 짧고 덜 상세하다. 영화에서는 시각적 표현이 이야기를 하는 데 주된 역할을 한다는 전제를 깔고 있기 때문이다. 스크립트는 긴 서술적 묘사에 의존하지 않고 몸짓과 대화에 초점을 맞춘다. 최상의 스크립트는 여러 이야기에서 기본 정수만을 뽑아내고 한 가지 요지에 기여하지 않는 것은 모두 제거한다.

그림 1-4 ▶
'탈 글머리 기호' 이야기 템플릿은 할리우드의 스크립트 개념에서 영감을 얻었다.

완성된 스크립트는 문자 그대로 모든 사람들이 같은 페이지상에서 일하게 하는 강력한 편성 도구가 된다. 스크립트는 자금을 조달하고 배우를 끌어들이고 시각적 표현을 계획하는 출발점이며, 사람들이 할 말과 행동을 분명히 알 수 있게 만드는 방법이다. 영화제작자가 스크립트 없이 영화 촬영을 시작한다면 촬영하는 동안 이야기를 생각해내면서 구성과 등장인물과 배경을 변경하느라고 많은 시간과 자원을 낭비하게 될 것이다.

그림 1-4에서 볼 수 있는 것처럼 할리우드 방식에서 힌트를 얻어 파워포인트 스크립트를 작성하는 것으로 효율적이고 효과적인 콘토소 프레젠테이션 작성 작업을 시작해 보자. 이렇게 스크립트를 작성하면서 생각의 요지를 모을 수 있고 또 무엇을 어떻게 말해야 할지 알아낼 수 있다. 스크립트를 작성하는 작업은 평상시 파워포인트를 작성하는 프로세스에 새로운 단계가 하나 더 추가되는 것이지만, 스크립트를 작성함으로써 결과적으로는 시간과 노력이 절약될 것이다.

스크립트를 작성하려면 글꼴, 색, 배경, 화면 전환 같은 파워포인트의 디자인 문제는 잠시 제쳐 둘 필요가 있다. 일견 이상하게 들릴 수도 있지만, 스크립트를 먼저 작성하면 실제로 시각적 표현의 가능성이 더 확장된다. 디자인을 시작하기 전에 스크립트를 작성하면서 목적을 분명하게 정의할 수 있기 때문이다. 스크립트 작성에 더 많은 시간을 할애할수록 시각적 표현은 더 좋아진다. 스크립트를 이용하면 다양한 방식으로 사람들을 깜짝 놀라게 하고 즐겁게 해 주는 시각적인 스토리텔링 도구로서의 파워포인트에 숨겨진 힘을 발견할 수 있다.

> **기억해 둡시다**
> 스크립트를 먼저 작성하면 나중에 시간과 노력이 절약되고 시각적 표현의 질도 향상된다.

마이크로소프트 워드로 만들어진 '탈 글머리 기호' 이야기 템플리트를 이용해 단계별로 스크립트를 작성할 것이기 때문에, 2장에서 파워포인트 스크립트를 작성할 때 처음부터 빈 페이지에서부터 시작하지 않을 수 있다. 이 이야기 템플리트에는 전통적으로 이야기가 갖는 핵심 요소들이 모두 포함되어 있으므로 이 템플리트의 빈 칸을 채워 넣기만 하면 파워포인트로 발표할 이야기가 작성되는 셈이다. 이야기 구조에 관한 아리스토텔레스의 개념에서 여러 가지 할리우드 이야기가 무한히 만들어져 온 것처럼, 전통적인 이야기 구조를 포함하고 있는 이 이야기 템플리트는 글머리 기호가 없는 파워포인트 프레젠테이션을 무한히 다양하게 만들어내는 출발점이 될 것이다.

이 이야기 템플리트는 무엇을 어떤 순서로 말해야 할지 결정하는 데 도움이 된다. 프레젠테이션에서 자신이 가진 정보를 '모두' 보여 주는 것은 어려운 일이 아니다. 그보다는 '꼭 알맞은' 정보를 선택하는 것이 어려운 일이다. 이 이야기 템플리트를 이용하면 청중이 알 필요가 있는 생각들만을 선택하고 그 생각들을 청중이 좀더 이해하기 쉽도록 작은 단위로 쪼갤 수 있다. 이런 힘든 작업의 성과는 이야기 템플리트를 파워포인트 스토리보드로 바꿀 때 나타난다.

스크립트를 스토리보드로 만들어 생각을 분명하게 나타내기

스크립트가 완성되면 할리우드 영화제작자는 보통 이야기에서 몇몇 장면들을 뽑아 그 장면들이 스크린상에 어떻게 나타날지 볼 수 있도록 스토리보드 아티스트에게 그 장면들을 스케치하게 한다. 스토리보드는 여러 팀이 협조해서 효과적으로 일을 해 나가는 데 도움이 된다. 즉, 모든 사람들이 스케치를 보고 이야기가 화면에 어떻게 나타날지를 알 수 있으므로, 연출, 카메라 위치, 조명 등 제작에 관련된 여러 가지 사항들을 계획할 수 있게 된다.

그림 1-5에서 볼 수 있는 것처럼 할리우드의 스토리보드 만들기 개념을 파워포인트 프레젠테이션에 적용하면 위에서 말한 강력한 혜택들을 상당수 활용할 수 있다. 스케치까지 할 필요는 없겠지만 슬라이드들을 스토리보드에 그려진 연속된 프레임들처럼 생각하고 다룰 수 있을 것이다. 이야기 템플리트를 이용해 생각의 요지를 정리하고 나면 발표할 말과 시각적 표현의 토대를 이루는 탄탄한 이야기를 갖게 되는 셈이다. 4장에서 여러 슬라이드 보기에서 시각적 표현을 준비하고 계획하면서 이야기 템플리트를 파워포인트 스토리보드로 바꿔 볼 것이다.

Chapter 01 글머리 기호의 유혹에서 벗어나기: 3단계 접근법

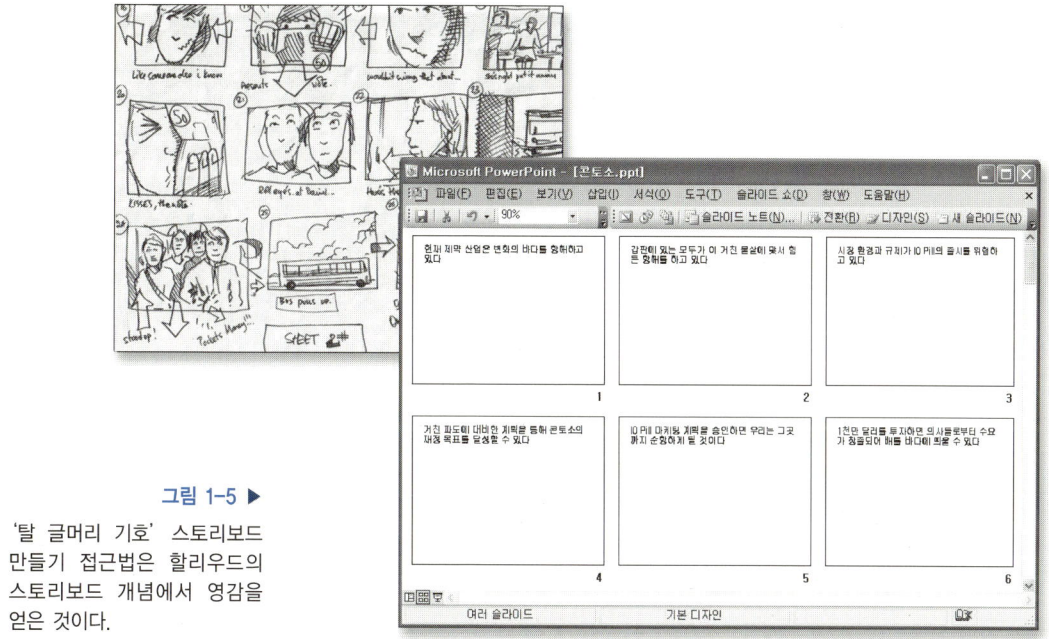

▶ 그림 1-5
'탈 글머리 기호' 스토리보드 만들기 접근법은 할리우드의 스토리보드 개념에서 영감을 얻은 것이다.

5장에서는 말을 시각적 표현으로 바꾸는 작업을 훨씬 더 쉽고 빠르게 만들어 주는 단순하지만 훌륭한 방법을 이용해 슬라이드에 시각적 표현과 말을 추가할 것이다. 함께 일할 전문 디자이너가 없어도 걱정할 필요는 없다. 이 책에 있는 모든 디자인 기법은 누구나 쉽게 이용할 수 있는 것들이다.

스토리보드를 이용하면 견고한 이야기 형식의 탄탄하고 조리 있는 토대 위에서 디자인 작업을 시작하는 셈이기 때문에 예로 든 콘토소 슬라이드들을 비롯한 모든 파워포인트 프레젠테이션이 갖는 문제들을 상당수 해결할 수 있다. 처음부터 이야기를 이용해 여러 슬라이드 보기에서 이야기의 구조와 순서를 검토하고 진행 속도와 흐름을 확인하고 시각적 표현을 이용해 이야기의 다양한 구성 요소들을 하나로 묶을 수 있다. 스토리보드를 이용한 계획 작업을 통해 시각적 표현과 말이 하나로 통합된 탄탄한 이야기의 토대를 구축하고 지속적으로 개선할 수 있다. 스토리보드를 개발하면서 자신의 주제에 대한 확신을 강화할 수 있을 뿐만 아니라 새롭고 창조적인 의사소통 기법을 개발할 수 있을 것이다.

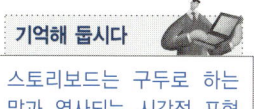

기억해 둡시다
스토리보드는 구두로 하는 말과 영사되는 시각적 표현의 토대가 된다.

청중이 몰입하도록 스크립트 연출하기

영화를 보는 경우에는 표를 사고 자리를 찾아 불이 꺼질 때까지 의자에 깊숙이 앉아 긴장을 풀고 스크린에 비추어진 할리우드 스크립트의 최종 결과물을 경험하면 그만이다. 그러나 우리는 다음 주에 청중을 마주 대하고 실황 프레젠테이션을 할 것이기 때문에 그림 1-6에 묘사해 둔 것처럼 할리우드 모델을 실황 공연의 영역으로 확장해야 한다.

그림 1-6 ▶
이 영화와 실황 공연이 '탈 글머리 기호' 연출 개념에 영감을 주었다.

이 책에서 설명하는 접근 방식을 이용하면 발표할 때마다 항상 원하는 결과를 얻을 수 있는 미디어 체험을 만들어내는 데 필요한 훌륭한 도구를 갖추게 되는 셈이다. 이야기 템플리트를 이용해 생각의 요지를 잡고 스토리보드를 이용해 생각을 분명히 나타냄으로써 전달하고자 하는 메시지와 미디어가 서로 잘 어우러지게 할 수 있고, 여러 가지 세련된 미디어 도구와 기법을 이용해 발표의 수준을 끌어올리는 능력을 크게 발전시킬 수 있다. 그 다음 단계에서는 계속해서 생각을 다듬고 그 생각을 발표하는 방법을 예행연습하게 될 것이다.

스토리보드를 이용하면 시각적 표현에 의해 발표자와 청중 모두에게 의미 있는 의사소통을 촉진하는 방법이 개선된다. 파워포인트 슬라이드들을 커다란 화면에 영사하면 그 슬라이드들은 발표자의 자신감을 키우는 시각적인 계기로 작동한다. 이제 더 이상 텍스트를 읽느라고 본의 아니게 청중을 무시하게 되는 불편한 작업에 매이지 않아도 된다. 청중은 이 슬라이드들을 보면서 발표자가 다루고자 하는 것을 간략하게 파악할 수 있고 발표자는 이 슬라이드들을 보면서 말하고 싶은 요점을 떠올릴 수 있다. 슬라이드가 표시되는 동안 발표자는 슬라이드가 아니라 청중을 자유롭게 바라볼 수 있다.

이 슬라이드들은 매우 단순하기 때문에 발표자가 말하고 있는 내용을 이해하기 위해 청중이 따로 해야 할 일이 많지 않다. 따라서 복잡한 슬라이드를 보는 경우 온통 슬라이드에 집중되었을 청중의 관심이 발표자와 발표자의 생각에 집중되고, 그 결과 시각적인 요소와 언어적인 요소가 균형을 이루어 의미를 이해하도록 만드는 매력적인 멀티미디어 체험이 발생한다.

과거에 대중 앞에서 말하는 것을 두려워했던 사람이라도 이 새로운 파워포인트 접근법을 이용하면 사람들 앞에서 훨씬 더 편하게 숨쉴 수 있을 것이다. 자신감이 커질 뿐만 아니라 구두로 하는 말과 영사되는 이미지를 이용한 의사소통의 질이 향상될 것이다. 그리고 마음이 좀더 편안해지기 때문에 실황 프레젠테이션 중에 즉석에서 말을 만들어내는 데도 더 자신감을 갖게 될 것이다.

3단계 '탈 글머리 기호' 접근법은 파워포인트 화면을 대화와 협력을 북돋우는 배경으로 이용할 수 있는 새로운 가능성을 열어 놓았다. 이 접근법을 따르면 전통적인 이야기 구조와 혁신적인 기법들을 이용해 청중을 몰입시킬 수 있다. 7장에서는 청중이 참여하고 있다는 느낌을 좀더 강하게 할 수 있는 방법을 살펴볼 것이다.

시작하기

프레젠테이션의 문제점을 분석하고 전략을 정하고 3단계 '탈 글머리 기호' 접근법을 검토해 보았으니 이제 콘토소 프레젠테이션을 변경해 볼 차례다.

콘토소 프레젠테이션 변경 작업을 시작하려면 먼저 기본 프로젝트 계획이 필요하다. 마이크로소프트 아웃룩을 이용해 CEO인 크리스 그레이와 함께 검토할 시간을 갖기 위한 면담 요청 메일을 보내자. 이 프로젝트의 마일스톤은 다음과 같다.

콘토소 프레젠테이션 프로젝트 계획

1. 수요일 : CEO와 만나 스크립트 검토

2. 금요일 : CEO와 만나 스토리보드 검토

3. 월요일 : CEO와 만나 발표 예행연습

4. 수요일 : 임원회의에서 발표

프로젝트의 마일스톤을 정했으니 이제 글머리 기호의 유혹을 넘어 요지 있고 명료한 몰입의 새로운 세상으로 나아가 보자.

CHAPTER 02

이야기의 1막 준비하기

이 장에서 다루는 내용

1. 프레젠테이션의 목적을 수립한다.
2. 프레젠테이션을 청중에 맞게 맞춘다.
3. 청중의 주의를 끄는 방법을 배운다.
4. 정서적인 유대 관계를 맺는다.
5. 청중이 지속적으로 흥미를 가질 만한 개인적인 동기를 제공한다.

콘토소 이사회가 그랬던 것처럼 청중이 요점이 없고 장황하며 지루한 슬라이드에 대해 불만을 표시하는 경우 그들이 정말로 하고 싶은 말은 정보가 좀더 이해하기 쉬웠으면 좋겠다는 것이다. 아주 오래전부터, 정보를 단순화시키는 가장 효과적인 방법은 정보를 이야기로 바꾸는 것이다.

좋은 스토리텔링의 원리는 2천4백 년 전 아리스토텔레스에 의해 기술된 이래로 지금껏 공공연한 비밀이 되어 왔다. 파워포인트 프레젠테이션에 이야기 구조를 적용하면 이와 같은 고전적인 원리의 힘을 활용할 수 있다. 이야기를 이용하면 생각의 요지를 잡고 말과 이미지들을 명료하게 하고 발표자와 청중이 모두 몰입할 수 있는 체험을 만들어낼 수 있다. 스토리텔링의 기본적인 원리를 파워포인트 이야기 안에 집어넣음으로써, 요지 있고 명료한 그리고 몰입할 수 있는 프레젠테이션을 만드는 탄탄한 토대를 마련할 수 있다.

'탈 글머리 기호' 이야기 템플리트

할리우드의 전문 시나리오 작가들은 영화 각본 쓰는 일을 몇 년에 걸쳐 배우기도 한다. 그러나 우리는 다음 주에 있을 임원회의 시간에 맞춰 아리스토텔레스를 공부하거나 할리우드의 영화 각본 작성 기술을 배울 시간이 없다. 지금 당장 파워포인트 프레젠테이션을 만들어야 하기 때문이다.

'탈 글머리 기호' 이야기 템플리트에는 고전적인 이야기 구조의 원칙과 시나리오 작성 과정이 파워포인트에 맞게 조정되어 포함되어 있다. 이 이야기 템플리트를 이용하면 일을 빠르게 진행할 수 있을 것이다. 그림 2-1에서 볼 수 있는 이 템플리트는 마이크로소프트 오피스 워드 문서로, www.sociablemedia.com에서 무료로 다운로드할 수 있다.

Chapter 02 이야기의 1막 준비하기

그림 2-1 ▶
'탈 글머리 기호' 이야기 템플릿에는 고전적인 이야기 구조가 포함되어 있다.

참고사항

www.sociablemedia.com 에서는 다른 주제들을 설명하는 완성된 이야기 템플릿 예제들을 몇 가지 더 볼 수 있다.

이 책에서 우리는 가상의 콘토소 프레젠테이션을 위한 이야기 템플릿을 단계적으로 완성해 갈 것이다.

템플릿을 이용해 이야기를 시작하기 전에 우선 제목과 작성자명을 추가하자.

1 www.sociablemedia.com에서 이야기 템플릿 파일을 다운로드해서 로컬 컴퓨터에 저장한 다음 저장한 파일을 열자.

2 템플릿의 맨 위쪽 셀에 있는 '여기에 이야기 제목과 작성자명을 넣으시오(Insert story title and byline here)' 라는 텍스트를 지우고 스크립트의 제목(이 예제에서는 '콘토소 마케팅 프레젠테이션')을 적어 넣자.

3 다음과 같이 제목 뒤에 스크립트의 작성자명(이 예제에서는 '- 팻 콜먼')을 입력하자.

25

곤토소 마케팅 프레젠테이션 - 팻 콜먼	
Act I: Set up the story	
The setting	
The protagonist	
The imbalance	
The balance	
The solution	

제목과 작성자명을 추가했으면 이제 이 이야기 템플리트에 파워포인트 스크립트를 작성할 준비가 된 것이다. 이 템플리트에는 이야기의 처음, 중간, 끝에 해당하는 전통적인 이야기 구조를 구성하는 세 개의 절, 혹은 '막(act)'이 포함되어 있다. 이 템플리트에서 각 막은 페이지를 가로지르는 검정색 행으로 구분된다.

작성자명이 중요한 이유

이야기 템플리트의 작성자명은 이야기를 성공적으로 전달할 책임이 있는 사람, 즉 발표자의 이름을 나타내는 것이기 때문에 매우 중요하다. 일반적으로 파워포인트 파일은 만들어지는 동안 여러 사람의 손을 거치게 되는데, 이 과정에서 책임자가 불분명해지기도 한다. 책임자가 불분명한 프레젠테이션은 그 효과가 줄어든다. 하나의 프레젠테이션을 제작하는 데 아무리 많은 사람들이 참여하더라도 궁극적으로 그 프레젠테이션을 진행하는 사람은 한 사람이다. 이야기 템플리트의 맨 위에 있는 작성자명은 슬라이드를 책임지는 사람의 이름을 분명히 해 준다. 그 사람의 명성과 신용이 바로 이 작성자명에 있는 것이다.

1막에서는 배경, 주인공, 갈등, 바람직한 결론 등 이야기의 모든 핵심 요소들을 설정하면서 이야기가 시작된다. 2막에서는 상황의 변화에 대한 주인공의 행위와 반응을 통해 1막에서 제기된 갈등을 발전시키면서 이야기가 진행된다. 3막에서는 주인공의 성격을 드러내면서 주인공이 상황을 해결하기 위해 직면할 수밖에 없는 위기와 절정으로 이야기가 끝을 맺는다. 오랜 경험을 통해 그 효과가 증명된 이 구조를 이용하면 발표하는 내내 청중이 프레젠테이션에 흥미를 갖고 다음에 무슨 이야기가 나올지 궁금해하며 관심을 기울이게 된다.

기억해 둡시다

1막에서는 이야기를 설정한다. 2막에서는 줄거리를 전개한다. 3막에서는 결말을 구성한다.

발표자가 반드시 능숙한 달변가일 필요는 없다. 이 템플리트의 빈칸을 채워 넣기만 하면 이야기를 쉽게 구성할 수 있다. 템플리트의 가로 행은 '장(scene)'을 나타낸다. 여기에 단계별로 이야기를 추가하면 된다. 빈칸을 채워 나가면 발표할 이야기가 작성되는 것이다. 이 작업을 마치면 한 쪽이나 두 쪽짜리 스크립트가 완성된다.

이 템플리트를 이용하면 내장된 프로세스 덕분에 생각에 집중할 수 있을 뿐만 아니라 좋은 이야기에 필요한 구성 요소들을 모두 얻을 수 있다. 또 복잡한 생각을 체계적으로 정리해 핵심을 쉽게 뽑아낼 수 있고, 명확한 하나의 이야기에 집중할 수 있다. 그러고 나면 이 하나의 이야기를 다양한 방식의 시각적 표현으로 연출할 수 있다.

참고사항
4, 5, 6장에서는 이 템플리트를 스토리보드로 바꾸고 그래픽 요소를 추가해 이야기를 그림으로 설명할 것이다.

다음 주에 예정된 콘토소 프레젠테이션의 일차적인 목적은 청중의 이목을 끄는 이야기를 하는 것이지만 좀더 궁극적인 목적은 이사진이 어떤 특별한 일을 하도록, 즉 마케팅 계획을 승인하도록 설득하는 것이다. 이 템플리트에는 전통적인 이야기 구조 외에도 다양한 맥락에서 이루어지는 여러 가지 유형의 프레젠테이션에 유용한 설득 기법들이 포함되어 있다. 그 중에는 남을 설득하려면 감정과 이성 그리고 개인적인 신뢰감에 호소할 필요가 있다는 아리스토텔레스의 고전적인 개념도 포함된다. 발표자의 의도가 청중에게 어떤 것을 단순히 '알리는' 것이라 하더라도 발표자는 여전히 청중이 주의를 기울이도록 '설득해야' 한다. 청중이 그 이야기를 들어야 하는 이유는 무엇인지, 그 이야기 안에는 그들에게 필요한 무엇이 있는지 밝힐 수 있어야 한다. 우리가 만들어 볼 이야기 템플리트를 이용하면 틀림없이 청중이 메시지에 집중하도록 설득할 수 있다.

기억해 둡시다
이야기 템플리트의 구조는 청중에게 이야기하고 설득하는 방법에 관한 아리스토텔레스의 고전적인 개념에 기반하고 있다.

완성된 이야기 템플리트 문서는 전체 이야기 구조를 한두 페이지로 검토할 수 있는 유용한 도구가 된다. 수요일 미팅에서 CEO와 함께 새로운 이야기 구조를 검토할 때 이 문서를 사용하면 제격일 것이다. 이야기를 써 나가기 전에 먼저 이 이야기 템플리트의 모든 진술에 적용되는 세 가지 기본 원칙을 알아 둘 필요가 있다. 파워포인트 스크립트에는 할리우드의 스크립트와 마찬가지로 간결하고 요지가 있고 특정한 목적을 충족시키는 특별한 스타일의 글쓰기가 필요하다.

글쓰기의 세 가지 기본 원칙

이야기 템플리트를 이용해 파워포인트 스크립트를 작성하면 당장 문제가 되는 것이 이야기이기 때문에 먼저 자신의 생각에 집중하게 된다. 템플리트를 완성한 후에는 이 문서를 파워포인트로 보낼 것이다. 이때 각 진술은 그림 2-2에서 볼 수 있는 것처럼 슬라이드의 제목 영역에 들어갈 것이다.

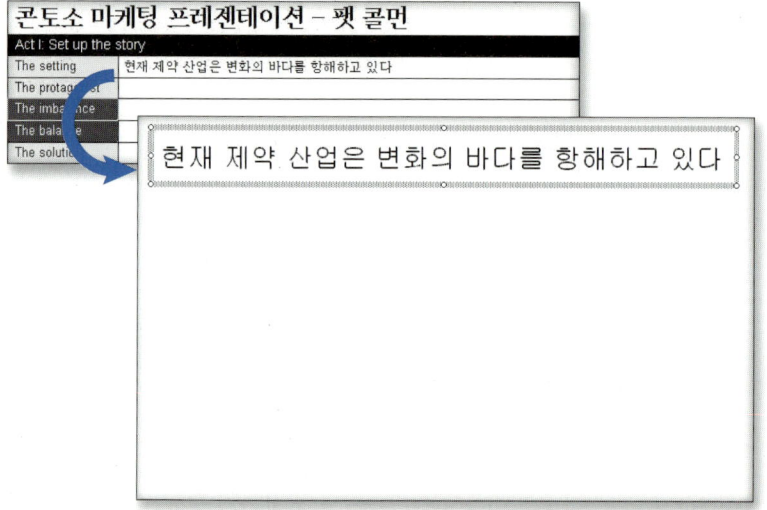

그림 2-2 ▶
각 진술이 파워포인트 슬라이드의 제목 영역에 들어갈 것이다.

이야기 템플리트를 파워포인트 슬라이드로 바꾸는 이 기법 덕분에 글로 작성된 내용을 파워포인트에서 시각적인 이야기를 만드는 기본 토대로 전환할 수 있다. 이 기법을 이용하면 슬라이드마다 무엇을 그림으로 나타내야 하는지 정확히 알 수 있으므로 시각적 표현을 찾는 작업이 좀더 쉬워지고, 또 제목 영역에 모든 슬라이드의 의미가 분명하게 나타나므로 청중의 입장에서는 슬라이드들을 훨씬 더 빠르게 이해할 수 있게 된다.

이야기 템플리트에 있는 텍스트를 파워포인트 슬라이드의 제목 영역에 채워 넣을 것이기 때문에 각 문장을 작성할 때 일정한 서식이 필요하다. 이 서식은 다음과 같은 세 가지 중요한 기본 원칙에 의해 만들어진다.

원칙 1: 주어와 동사가 있는 완전한 문장을 능동태로 쓴다

지금부터 앞으로 프레젠테이션에서 하게 될 모든 것은 이야기 템플리트에 적어 넣는 진술을 토대로 할 것이다. 이야기의 처음부터 끝까지 메시지를 일관되고 명료하게 효과적으로 전달하려면 모든 진술을 주어와 동사가 있는 완전한 문장으로 만들어야 한다. 동사는 역동적이고 직접적인 언어를 유지할 수 있도록 능동태로 쓰는 것이 좋다. 좋은 글쓰기를 정의하는 원칙과 기법 또는 규칙들이 이 템플리트에도 동일하게 적용된다.

참고사항

이야기 템플리트에서 진술을 명료하고 간결하게 작성하는 방법에 관해 참조할 만한 좋은 안내서로 윌리엄 스트렁크 주니어(William Strucnk Jr.)와 E. B. 화이트(White)가 쓴 『The Elements of Style』 (Longman, 2000)이 있다.

완전한 문장을 쓰려면 떠오른 생각을 조리 있는 생각으로 바꾸고 모호함을 모두 없애야 하기 때문에 완전한 문장을 쓰려고 하다 보면 생각에 질서가 잡히게 마련이다. 이런 과정을 거쳐 작성된 진술을 슬라이드의 제목 영역에 적어 넣으면 발표자가 전달하고자 하는 내용을 청중이 오해하게 되는 일은 거의 없을 것이다.

완전한 문장을 작성함으로써 부수적으로 얻을 수 있는 이점은 여러 슬라이드 보기로 슬라이드들의 제목 영역을 모두 한꺼번에 검토할 때 분명하게 드러난다. 일련의 슬라이드들에서 이야기를 이루는 완전한 문장들을 읽을 수 있을 것이다. 이렇게 하면 여러 슬라이드 보기를 스토리보드로 이용해 시각적 표현을 계획할 수도 있다.

원칙 2: 단순하고 명료하며 직접적인 대화체를 사용한다

이야기 템플리트의 각 진술은 슬라이드의 제목 영역에 채워져 청중에게 직접 메시지를 전달하게 될 것이므로 단순하고 명료하며 직접적인 대화체를 사용하자. 문장을 작성할 때, 청중 가운데 몇 사람이 옆에 앉아 있고 그들에게 말을 하고 있다고 상상해 보자. 지금은 그저 대화를 나누고 있기 때문에 목소리도 편안하고 특별히 격식을 차리지도 않을 것이다. 이렇게 대화체를 사용하면 특수한 집단의 사람들만이 알아들을 수 있는 전문 용어를 사용하지

글쓰기의 세 가지 기본 원칙

할리우드 스크립트와 마찬가지로 우리의 이야기 템플리트는 이야기의 핵심만을 요약해내는 특별한 글쓰기 스타일을 따른다. 다음 세 가지 기본 원칙을 따라 글쓰기를 간결하게 하자.
❶ 주어와 동사가 있는 완전한 문장을 능동태로 쓴다.
❷ 단순하고 명료하며 직접적인 대화체를 사용한다.
❸ 문장의 길이가 템플리트의 범위를 벗어나지 않게 한다.

않을 수 있을 뿐만 아니라 문장이 장황해지는 것도 막을 수 있다.

원칙 3 : 문장의 길이가 템플리트의 범위를 벗어나지 않게 한다

1막의 문장을 작성할 때 문장이 두 번째 줄로 넘어가지 않도록 길이를 조정해서 한 줄로 작성하자. 2막 템플리트는 열의 폭이 더 좁으므로 문장의 길이를 약 네 줄까지 작성해도 된다. 3막에서도 1막과 같이 한 줄로 작성하자. 문장의 길이를 이 정도 길이로 제한하면 말이 장황해지는 것을 방지할 수 있고, 이 문장들을 파워포인트 슬라이드의 제목 영역에 옮겨 쓸 때 제목의 길이가 두 줄을 넘지 않게 할 수 있다.

문장을 간결하게 만드는 것은 힘든 일이지만, 그것은 복잡한 생각의 핵심을 요약해내는 과정의 일부분이다. 이처럼 정수를 뽑아내는 과정을 거치면서 프레젠테이션의 요점을 잡기가 쉬워질 것이다.

이야기 템플리트도 준비되고 기본 원칙들도 검토해 보았으니 이제 글을 작성할 준비가 갖추어졌다. 일반적으로 글쓰기는 혼자서 하는 작업으로 간주되지만, 파워포인트 스크립트를 혼자서 작성할 필요는 없다. 같은 팀에 있는 사람들을 불러 회의실에서 함께 작업을 하자. 공동 작업을 시작하려면 먼저 프로젝터를 컴퓨터에 연결한 다음, 그림 2-3에서 볼 수 있는 것처럼 워드 문서로 된 이야기 템플리트를 스크린에 표시하자.

> **TIP**
> 간결하게 글을 쓰는 방법의 실례는 신문의 헤드라인에서 찾을 수 있다. 헤드라인을 작성할 때 생각을 분명하게 전달하기 위한 공간이 제한되어 있기 때문에 편집자는 명료하고 직접적이며 사람들의 주의를 끄는 언어를 사용하는 경향이 있다.

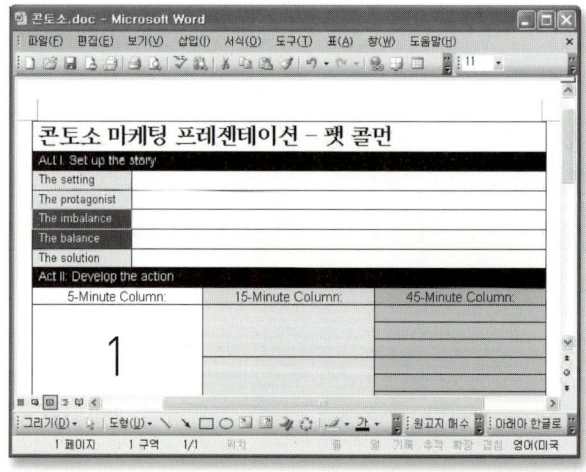

▶ 그림 2-3
영사된 콘토소 이야기 템플리트

1막 : 이야기 시작하기

1막은 이야기의 첫머리이다. 따라서 1막에서는 청중을 일상생활의 흐름으로부터 빼내어 그들의 주의를 집중시키고 앞으로 이야기가 어떤 방향으로 진행될지 알려 주어야 한다. 이야기 템플리트 1막에는 그림 2-4에서 볼 수 있는 것처럼 다섯 줄의 가로 행이 있는데, 각 행은 각각 한 개의 '장'을 나타낸다.

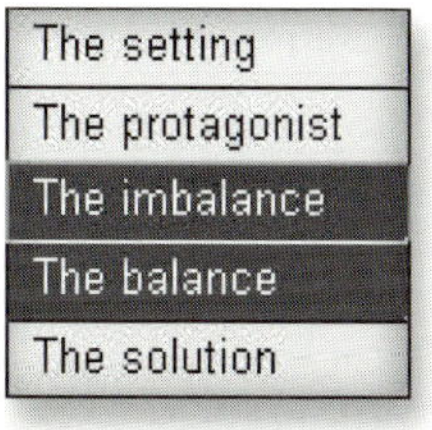

그림 2-4 ▶
이야기 템플리트에 다섯 개의 행으로 표시된 1막의 다섯 장

| The setting |
| The protagonist |
| The imbalance |
| The balance |
| The solution |

이 다섯 개의 장은 모든 청중이 모든 발표자에게 소리 없이 던지는 질문들, 즉 '어디서 언제 누가 무엇을 왜 어떻게 하는가?'를 명확히 하기 위한 질문들에 대한 답을 해 줄 것이다.

1막에서는 이 질문들에 창조적으로 답을 하면서 청중의 상상력을 자극하고 청중이 연대감을 느끼고 스스로 이야기에 참여하고 싶어하도록 만들 수 있을 것이다.

1막 1장 : 배경 설정

1막의 첫 번째 장에서는 전체 프레젠테이션의 배경을 설정한다. 할리우드 영화에서 낮 시간에 어느 집 거실에서 사건이 벌어지는 장면(scene)이 있다고 가정해 보자. 햇빛이 비치고 있는 집의 외부를 찍은 쇼트가 먼저 나온 다음 이 쇼트가 희미해지면서 사건이 벌어지는 거실 쇼트가 이어질 것이다. 이러한 영화적 기법을 '설정 쇼트(establishing shot)'라고 하는데, 이것은 이야기의 배경이 되는 '장소(어디)'와 '시간(언제)'을 관객에게 재빨리 보여 주는 기법이다.

1막 1장에서는 우선 '배경(The setting)'난에 설정 쇼트를 묘사하면서 청중이 궁금해 하는 문제, 즉 '우리가 있는 곳은 어디이고 시간적 배경은 언제인가?'에 대한 답을 준다. 여기서 '어디'는 말 그대로 지리상의 위치를 나타낸다기보다는 프레젠테이션의 맥락을 설정해 주는 포괄적인 토론 주제나 전문 분야처럼 추상적인 배경이 될 수 있다. '언제'는 '현재'처럼 정황상으로 추정되는 시간일 수 있다(청중에게 분명하게 인식된다면 말이다). 그림 2-5에 있는 것처럼 콘토소 이야기 1막 1장의 배경 난에 '현재 제약 산업은 변화의 바다를 항해하고 있다'라고 입력하자.

◀ 그림 2-5
이야기 템플리트 1막 1장

콘토소 마케팅 프레젠테이션 - 팻 콜먼	
Act I: Set up the story	
The setting	현재 제약 산업은 변화의 바다를 항해하고 있다
The protagonist	
The imbalance	
The balance	
The solution	

이 진술의 주어인 '제약 산업'은 이 프레젠테이션의 공간적 배경이 제약 사업 분야라는 것을 나타내고, '현재'는 시간을 나타낸다. 장소와 시간이 설정된 후에는 이 배경에 관해 회의실 안의 모든 사람들이 동의할 수 있는 내용의 진술이 이어지면 된다. 여기서는 제약 산업이 '변화의 바다를 항해하고 있다'는 말이 이어졌다. 이 진술은 모든 사람들이 받아들일 수 있는 것이어야 한다. 논란의 여지가 있거나 불분명한 말을 하면 프레젠테이션을 제대로 시작해 보지도 못하고 실패하고 말 것이다.

첫째 장이 중요한 이유는 프레젠테이션이 시작될 때 청중석에 앉아 있는 모든 사람들이 서로 다른 기대를 갖고 있기 때문이다. 1장의 역할은 청중에게 같은 장소에서 함께할 것을 청하고, 앞으로의 이야기를 위한 공통된 기반을 마련하며, 발표자가 말하려고 하는 것이 어떤 맥락에 있는지를 분명히 하는 것이다.

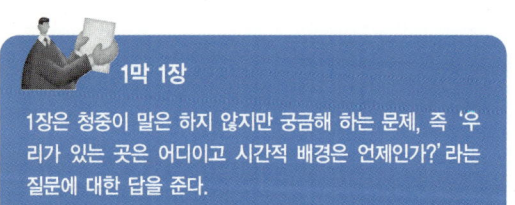

1막 1장
1장은 청중이 말은 하지 않지만 궁금해 하는 문제, 즉 '우리가 있는 곳은 어디이고 시간적 배경은 언제인가?'라는 질문에 대한 답을 준다.

방금 적어 넣은 1장의 진술은 바다의 은유를 이용해 항상 변화하는 상태에 있는 커다란 어떤 것의 관념을 전달하고 복잡함과 위험을 암시한다. 이 바다의 은유를 다른 장에서도 사용하면 이 은유는 '모티프(motif)', 즉 되풀이해 등장하는 주제가 된다. 모티프는 프레젠테이션에 적용할 수 있는 강력한 기법 중 하나이다. 모티프는 이야기가 진행되는 내내 말하는 이의 생각을 일관성 있게 전달하고 언어에 맛과 재미를 더해 주면서 새로운 정보를 좀더 이해하기 쉽게 만들어 준다. 모티프를 시각적 표현으로 나타내면 슬라이드에 추가할 그래픽을 찾는 작업을 훨씬 쉽게 할 수도 있다.

모티프를 사용하는 경우에는 모든 청중에게 관련이 있는 것을 선택해 단순 명료하고 이해하기 쉽게 만들자. 모티프는 생각을 표현하고 보완할 수 있는 것이어야 한다. 복잡하거나 상투적이거나 상황을 혼란스럽게 만드는 것이어서는 안 된다. 개인적인 관심 분야와 관련된 모티프를 생각해 보자. 예를 들어 스포츠를 좋아하는 사람이라면 자신이 가장 좋아하는 스포츠를 모티프로 선택할 것이고, 음악을 좋아하는 사람이라면 음악에 관련된 주제를 선택할 수 있을 것이다. 이처럼 개인적인 관심사와 관련된 모티프를 선택하면 좀더 편한 마음으로 프레젠테이션을 하면서 자신만의 개성과 열정을 발휘할 수 있기 때문에 자연스럽게 재미있는 생각들을 이끌어낼 수 있다.

1막 1장의 진술을 추가했으니 이제 2장으로 이동해 프레젠테이션에 등장 인물을 추가할 차례다.

1막 2장 : 주인공 이름 짓기

모든 이야기는 누군가에 관한 것이다. 파워포인트 이야기도 마찬가지다. 파워포인트 이야기에서 '주인공'은 프레젠테이션이 끝날 무렵 무언가를 하기로 결정하거나 무언가를 믿게 되는 사람이다. 이 정의에 따르면 모든 프레젠테이션의 주인공은 '청중'이다. 청중이 이야기에서 중심 인물 역할을 하기 때문에 발표자는 주연인 청중을 보조하는 조연 인물이 된다. 이 말은 프레젠테이션이 '말하는 사람 중심'이 아니라 '듣는 사람 중심'이 되어야 한다는 것을 의미한다.

프레젠테이션의 주인공은 한 사람의 고객이나 의뢰인일 수도 있고 위원회나 팀, 이사회나 조직 같은 그룹일 수도 있다. 이 책에서 다루고 있는 콘토소 프레젠테이션에서는 이사들이 마케팅 계획 채택 여부를 공동으로 결정할 것이기 때문에 이사회가 주인공이다.

> **기억해 둡시다**
> 모든 프레젠테이션의 '주인공'은 청중이며 발표자는 조연 인물이다. 이는 살아 있는 프레젠테이션을 위해 꼭 필요한 인식의 전환이다.

프레젠테이션에서 주연을 맡을 배우가 정해졌으니 이제 1장에 묘사된 배경 속에서 청중의 정체성을 밝혀 주는 진술을 2장에 작성하자. '주인공(The protagonist)' 난에 청중이 궁금해 하는 문제, 즉 '이 배경 속에서 우리는 누구인가?' 라는 질문에 답하는 진술을 적어 넣으면 된다. 콘토소 예제의 경우 그림 2–6에서 볼 수 있는 것처럼 '갑판에 있는 모두가 이 거친 물살에 맞서 힘든 항해를 하고 있다' 라고 입력하자.

그림 2–6 ▶
이야기 템플리트의 1막 2장

콘토소 마케팅 프레젠테이션 – 팻 콜먼	
Act I: Set up the story	
The setting	현재 제약 산업은 변화의 바다를 항해하고 있다
The protagonist	갑판에 있는 모두가 이 거친 물살에 맞서 힘든 항해를 하고 있다
The imbalance	
The balance	
The solution	

이 진술의 주어인 '갑판에 있는 모두'는 청중, 즉 콘토소 이사회가 이 이야기의 주인공이라는 것을 암시한다. 이야기의 주인공이 누구인지 분명해졌으므로 나머지 진술은 이 주인공이 처한 상황에 관해 방 안의 모든 사람들이 동의할 수 있는 내용이 이어지면 된다. 여기서는 이사회의 모든 사람들이 '거친 물살에 맞서 힘든 항해'를 하고 있다는 데 동의하게 될 것이다. 2장에서는 이 진술에 사용된 '힘든 항해'와 '거친 물살'이라는 생생한 어구 덕분에 1장에 등장했던 바다의 모티프가 확장된다.

> **1막 2장**
> 2장은 청중이 말은 하지 않지만 궁금해 하는 문제, 즉 '이 배경 속에서 우리는 누구인가?' 라는 질문에 대한 답을 준다.

청중을 이야기의 주인공으로 설정하면 프레젠테이션에서 다루는 문제가 청중에게 개인적인 문제로 다가가게 된다. 개인의 문제에 직접적으로 관련되기 때문에 프레젠테이션에 주의를 기울이게 될 것이다. 청중을 주인공으로 삼으면 청중의 주의를 끌어낼 수 있을 뿐만 아니라 프레젠테이션을 청중의 요구에 맞게 만들 수 있다. 이렇게 해서 선 순환 구조가 만들어진다. 즉, 청중을 겨냥해서 프레젠테이션을 만들면 청중은 프레젠테이션을 더 즐기게 되고 그것은 발표자도 마찬가지일 것이다.

다음 장에서는 주인공을 자극하게 될 것이다.

1막 3장 : 불균형 상태 묘사하기

이야기란 사실 사람들이 환경 변화에 반응하는 방법에 관한 것이다. 우리는 다른 사람들이 상황 변화에 대처하는 방법과 그 과정에서 드러나는 그들의 성격에 관한 이야기를 좋아한다.

주인공이 변화를 겪을 때는 상황이 예전과 같지 않기 때문에 불균형 상태가 야기된다. 시나리오에서는 이런 변화를 이야기를 움직이는 '발단(inciting incident)'이라고 부른다. 이야기 템플리트의 3장은 청중이 프레젠테이션을 위해 그곳에 모인 이유를 이해하는 데 도움을 주는 것이어야 한다. 일반적으로 그들이 모인 이유는 어떤 변화가 일어나서 불균형 상태가 야기되었기 때문이다.

모든 사람들이 프레젠테이션 자리에 모이게 만든 불균형 상태가 무엇인지 정의하는 일은 경우에 따라 쉬울 수도 있고 어려울 수도 있다. 불균형 상태는 갑작스런 경제 변화나 경쟁 상대의 행위처럼 조직의 환경을 변화시킨 외부의 힘에 의해 야기된 위기에 의해 생겨날 수도 있고, 수정된 의견이나 사고방식, 새로운 정보, 새로운 연구 보고 또는 해당 분야에서 나온 흥미로운 이야기 같은 내부적인 변화의 결과에 의해 야기될 수도 있다.

기억해 둡시다

발단은 이야기를 움직이게 만드는 불균형 상태를 야기한다.

긍정적인 측면에서는 창조적인 자극, 새로운 아이디어, 발견, 주인공이 과거에는 본 적이 없었던 새로운 기회의 출현 같은 것들이 불균형 상태를 초래할 수 있다. 부정적인 측면에서는 실수의 자각, 명예의 실추, 시장 점유율의 하락, 감소하는 수익, 혹은 사회적으로 높았던 지위의 갑작스러운 몰락 같은 것들이 불균형 상태를 초래할 수 있다. 긍정적이든 부정적이든 간에 모든 불균형 상태는 사람들이 프레젠테이션을 위해 모이게 하는 핵심 이유이다.

참고사항
이 장의 뒤에 나오는 '팁 2: 열 가지 이야기 변이형'을 보면 발단을 묘사하는 데 좀더 많은 영감을 얻을 수 있을 것이다.

1막 3장의 진술에서는 콘토소 이야기의 불균형 상태를 설정해야 한다. 그렇게 하려면 '불균형 상태(The imbalance)' 난에 청중이 궁금해 하고 있는 문제, 즉 '우리는 왜 여기에 있는가?' 라는 질문에 답하면 된다. 이 예제에서는 그림 2-7에서 볼 수 있는 것처럼 '시장 환경과 규제가 IQ Pill의 출시를 위협하고 있다' 는 진술을 입력하자.

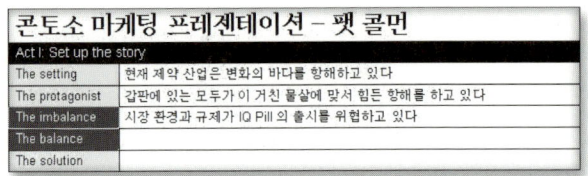

◀ 그림 2-7
이야기 템플릿의 1막 3장

이 진술의 주어인 '시장 환경과 규제' 는 이 프레젠테이션의 정서적인 엔진에 시동을 거는 불균형 상태가 무엇인지를 나타낸다. 이사회의 입장에서는 IQ Pill의 시장 출하가 문제없이 이루어지는 편을 더 좋아하겠지만, 시장 환경과 규제가 폭풍 구름처럼 'IQ Pill의 출시를 위협' 하고 있기 때문에 출시가 순조롭게 진행되리란 보장이 없다는 사실을 분명히 해야 한다. '위협하다' 와 같은 강렬하고 생생한 단어를 사용함으로써 위험을 전달하고 청중이 해결하고 싶어할 불균형 상태를 만들어낼 수 있다.

바다의 모티프는 단순하면서도 탄력적이라 각 장마다 창조적으로 다양하게 표현할 수 있는 여지가 있다. 프레젠테이션을 준비하다 보면 처음에 정한 모티프가 생각대로 잘 들어맞지 않는 경우도 있을 것이다. 그런 경우에는 왔던 길로 되돌아가 각 장의 모티프를 수정해야 할 것이다.

1막 3장
3장은 청중이 말은 하지 않지만 궁금해 하고 있는 문제, 즉 '우리는 왜 여기에 있는가?' 라는 질문에 대한 답을 준다.

3장의 발단에 의해서 이야기의 범위가 한정되고 한 가지 요지에 집중할 수 있게 된다. 어떤 한 가지 주제에 관해 이야기를 풀어갈 수 있는 방법은 한없이 많다. 그러나 한 가지 불균형 상태에 집중하게 되면, 특정 시점에 특정 그룹의 사람들을 상대로 하는 한 가지 이야기로 범위를 좁힐 수 있다.

이 프레젠테이션에서 수평선 위로 어렴풋이 나타나고 있을 폭풍에도 불구하고 4장부터는 상황이 나아질 것이다.

1막 4장: 균형 상태를 목표로 나아가기

불균형 상태에 남아 있는 것을 좋아할 사람은 아무도 없다. 무언가 변화가 발생하면 우리는 모두 상황이 안정된 상태가 될 때까지 불안해하며 정서적으로 불편한 느낌을 갖게 마련이다. 콘토소 이야기를 비롯한 모든 프레젠테이션의 주인공들도 마찬가지다.

3장에서 불균형 상태를 야기한 변화를 청중에게 설명했기 때문에 청중은 4장에서 균형 상태가 될 때 상황이 어떻게 될지를 알고 싶어한다. 1막의 네 번째 장으로, '균형 상태(The balance)' 난에 청중이 궁금해 하고 있는 문제, 즉 '우리는 어떤 일이 일어나기를 원하는가?' 라는 질문에 대한 답을 적어 넣자. 이 예제에서는 그림 2-8에서 볼 수 있는 것처럼 '거친 파도에 대비한 계획을 통해 콘토소의 재정 목표를 달성할 수 있다' 라고 입력하자.

▶ 그림 2-8
이야기 템플리트의 1막 4장

콘토소 마케팅 프레젠테이션 - 팻 콜먼	
Act I: Set up the story	
The setting	현재 제약 산업은 변화의 바다를 항해하고 있다
The protagonist	갑판에 있는 모두가 이 거친 물살에 맞서 힘든 항해를 하고 있다
The imbalance	시장 환경과 규제가 IQ Pill의 출시를 위협하고 있다
The balance	거친 파도에 대비한 계획을 통해 콘토소의 재정 목표를 달성할 수 있다
The solution	

이 문장에 있는 '콘토소의 재정 목표' 는 험난한 상황을 이겨낸 후 이사진이 보고 싶어하는 것이 무엇인지를 나타낸다. 그리고 발표자는 이사진에게 그들이 원하는 것을 '달성할 수 있다' 는 것을 알려 준다. 이렇게 해서 주인공의 상황을 균형 상태로 되돌릴 바람직한 결과가 설정된다. 그 다음에는 '거친 파도에 대비한 계획을 통해' 처럼 균형 상태에 도달하기 위해 무엇이 필요할지 넌지시 알려 주는 어구를 추가할 수 있다.

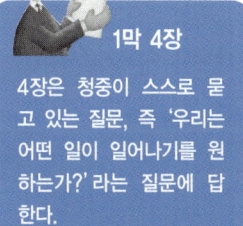

1막 4장
4장은 청중이 스스로 묻고 있는 질문, 즉 '우리는 어떤 일이 일어나기를 원하는가?' 라는 질문에 답한다.

1막의 1장부터 3장까지는 이사회가 그들을 위협하는 어려움에 맞서 변화의 바다를 항해하고 있는 그림을 그려냈다. 4장은 이사진에게 그들이 찾고 싶은 안전한 목적지의 비전을 보여 준다. 자신들이 가고 싶은 곳을 보게 되면, 발표자의 능숙한 안내를 받아 그곳으로 가고 싶은 욕망에 사로잡히게 될 것이다.

이야기 템플리트에서 3장과 4장을 나타내는 두 셀은 배경색을 짙은 색으로 표시해 두었는데, 그 이유는 이 두 개의 장이 프레젠테이션이 진행되는 내내 청중에게 활기를 불어넣어 줄 정서적인 엔진을 형성하기 때문이다. 3장과 4장에서는 청중이 해결해야 할 문제가 정의되고, 청중의 입장에서 자신들에게 도움이 될 만한 것이 무엇인지 알 수 있다.

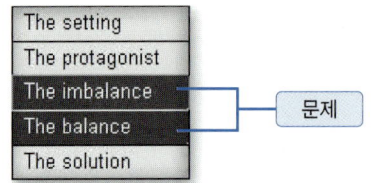

그림 2-9 ▶
3장과 4장에서 문제가 정의된다.

3장이 청중을 거북한 불균형 상태에 빠뜨리는 반면 4장은 청중이 이루고 싶어하는 균형 상태를 묘사한다. 이 두 장 사이의 갈등을 통해 이야기를 진전시키고 청중이 발표자가 제안하는 해결책을 열심히 듣게 만드는 에너지가 생성된다.

3장과 4장에 묘사된 문제는 청중이 프레젠테이션에 몰입하는 데 도움이 될 뿐만 아니라 발표자가 정보를 선택하고 우선순위를 정하는 데도 도움이 된다. 이용할 수 있는 수많은 정보 가운데 어떤 정보를 취해야 하는지 어떻게 알 수 있을까? 이 질문에 대한 답은 바로 청중이 3장과 4장 사이의 간격을 메우는 데 도움을 주는 정보만을 선택하는 것이다. 그 외의 정보는 이 프레젠테이션에 필요하지 않으므로 나중을 위해 남겨 두면 된다.

3장과 4장에서 만들어진 문제에서 프레젠테이션의 '목적'이 도출되므로, 무엇이 문제인가를 분명히 하는 것은 곧 목적을 분명히 하는 것과 마찬가지인 셈이다. 이 '문제'는 전체 프레젠테이션의 중추로서 프레젠테이션이 답하고자 하는 단 한 가지 질문을 이룬다. 이 '문제'는 이야기를 집중시키고 또 이야기의 각 부분이 처음부터 끝까지 일관성을 갖도록 만들어 주는 정서적인 무게중심이 된다.

프레젠테이션에서 가장 어려운 일은 청중에게 문제가 무엇인지 정의해 주는 일일 것이다. 프레젠테이션을 준비하면서 3장과 4장을 바로잡기 위해 초안과 수정안을 여러 차례 검토해야 하겠지만, 바로 그런 과정을 통해 프레젠테이션의 나머지 부분이 제자리를 잡게 된다.

3장과 4장에서 문제를 분명하게 설정했으면 이제 그 문제를 해결하기 위한 발표자의 제안을 청중에게 알릴 차례다.

1막 5장 : 해결책 제시하기

시나리오에서 '구성점(plot point)'이란 영화에서 행위가 갑작스럽게 특정한 방향으로 전환해 이야기의 다음 부분이 전개되기 시작하는 지점이다. 1막의 마지막 장에서는 3장과 4장의 문제에 의해 조성된 긴장 상태를 본격적으로 다룸으로써 구성점을 만들게 될 것이다. 3장은 불균형 상태를 설정하고 4장은 청중에게 새로운 균형 상태의 모습을 제시했다. 1막의 다섯 번째이자 마지막 장에서는 앞의 두 장에서 형성된 문제에 대한 해결책을 제안해야 한다.

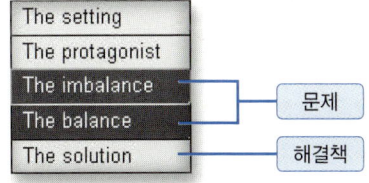

그림 2-10 ▶
5장에는 해결책이 주어진다.

5장은 곧 발표자가 프레젠테이션을 하는 이유이다. 사실 지금까지는 어떻게 하면 주인공이 그 문제를 해결할 수 있는가를 생각해내기 위해 시간을 들여 온 것이다. 다섯 번째 장을 완성하려면, '해결책(The solution)' 난에 4장에서 바람직한 균형 상태에 관해 청중이 알고 싶어 하는 질문, 즉 '바람직한 균형 상태로 가려면 어떻게 해야 하는가?'라는 질문에 대한 답을 적어 넣자. 여기서는 그림 2-11에서 볼 수 있는 것처럼 'IQ Pill 마케팅 계획을 승인하면 우리는 그곳까지 순항하게 될 것이다'라고 입력하자.

콘토소 마케팅 프레젠테이션 - 팻 콜먼	
Act I: Set up the story	
The setting	현재 제약 산업은 변화의 바다를 항해하고 있다
The protagonist	갑판에 있는 모두가 이 거친 물살에 맞서 힘든 항해를 하고 있다
The imbalance	시장 환경과 규제가 IQ Pill의 출시를 위협하고 있다
The balance	거친 파도에 대비한 계획을 통해 콘토소의 재정 목표를 달성할 수 있다
The solution	IQ Pill 마케팅 계획을 승인하면 우리는 그곳까지 순항하게 될 것이다

▶ 그림 2-11
이야기 템플리트의 1막 5장

이 예제에서 발표자는 콘토소 이사회에게 3장과 4장에서 형성된 문제를 해결하고 4장에 언급된 장소에 도달하기 위해 'IQ Pill 마케팅 계획을 승인'하라고 제안한다. 거친 파도가 위협하는 바다 위에 놓인 상황에서 이사진은 멀리 자신들의 재정 목표를 보고 있으며, 계획을 승인하라는 발표자의 충고를 따르면 그들은 '그곳까지 순항' 할 수 있을 것이다.

5장에는 문제를 해결하기 위해 주인공이 해야 할 것 혹은 믿어야 할 것을 나타내야 한다. 5장은 앞으로 2막의 행위를 전개할 때 다음에 무슨 일이 일어날지를 결정하는 구성점이기 때문에 대단히 중요하다. 다음 장에서 2막을 작성하면서 5장의 해결책을 발전시키고 시험하는 과정에서 이 해결책에 대한 진술을 수정할 필요를 느낄 수도 있을 것이다. 5장은 프레젠테이션의 성공 여부를 판단하는 기준이 되기 때문에 수정을 거쳐 최종적으로 표현을 잘 가다듬을 필요가 있다. 이야기가 끝날 무렵 발표자가 제시한 해결책을 청중이 받아들이면 성공하는 것이다.

1막 5장
5장은 청중이 궁금해 하는 문제, 즉 '불균형 상태에서 균형 상태로 가려면 어떻게 해야 하는가?'라는 질문에 답한다.

1막의 막 내리기

다섯 개의 장이 모두 준비되었으니 1막의 초안이 완성된 셈이다. 완성된 초안의 진술들을 검토해 보자. 이 진술들은 간단해 보이지만 사실 지금까지 프레젠테이션을 청중에게 맞추고 전달하고자 하는 정보의 범위를 좁히기 위한 기준을 설정하는 등 여러 가지 중요한 작업을 수행하는 데 도움이 되었다. 이 장들은 이야기 템플리트의 나머지 부분을 위한 밑그림이 된다. 프레젠테이션의 나머지 부분을 작성하는 동안 이 장들을 수

Chapter 02 이야기의 1막 준비하기

정해야 하는 경우도 있을 것이다.

아직 이 장들을 검토하지 않았다면 지금 바로 시간을 내서 팀원들을 비롯해 이 프레젠테이션을 승인할 필요가 있는 모든 사람들과 함께 검토 작업을 하기 바란다. 이 진술들이 이야기에서 다음에 전개될 모든 것을 결정하기 때문에, 올바른 방향으로 가고 있는지 확인하려면 이런 글쓰기 과정 초기에 다른 사람들을 참여시켜야 한다.

한 개인이나 팀이 1막을 청중에게 꼭 들어맞는 이야기가 될 때까지 여러 번 수정하는 것은 드문 일이 아니다. 경영팀에서는 1막을 미세하게 조정하는 데 많은 시간을 투자해야 할 수도 있다. 큰 의미에서 이 다섯 개의 진술이 해당 조직이 고객들을 이해하고 그들과 관련을 맺는 방식을 정의할 수 있기 때문이다. 이 간단한 다섯 개의 장은 사실상 의사소통 전략으로서, 조직에서 전략적으로 중요한 문제들을 개발할 때 통상적으로 투자하는 만큼의 자원을 투자할 만한 가치가 있다.

1막의 진술들을 더 발전시키고 다듬으려면 이 장의 끝에 있는 팁들을 검토해 보기 바란다. 다음에 나오는 내용은 지금 이 진술들을 시험하고 검토해 보기 위해 할 수 있는 방법들이다.

기억해 둡시다

1막의 다섯 개 장은 나머지 프레젠테이션 부분의 기초가 되므로 이 단계에서 팀을 참여시키고 2막으로 가기 전에 필요한 모든 승인을 얻어야 한다.

다섯 개의 장 검토하기

다섯 개의 진술을 큰 소리로 읽으면서 어조, 흐름, 언어의 명료성이 원하는 대로 나타나는지 검증해 보자. 그리고 각 장에서 청중이 궁금해 하는 질문들(어디서, 언제, 누가, 왜, 무엇을, 어떻게)에 대한 대답을 명확하게 하고 있는지 확인해 보자. 각 장에서 제기되는 문제들은 다음과 같다.

- **1장**: 우리가 있는 곳은 어디이고 그것은 언제 일어난 일인가? 배경
- **2장**: 이 배경 속에서 우리는 누구인가? 주인공
- **3장**: 우리는 왜 여기에 있는가? 불균형 상태
- **4장**: 우리는 어떤 일이 일어나기를 원하는가? 균형 상태
- **5장**: 여기에서 거기로 가려면 어떻게 해야 하는가? 해결책

TIP

즉석연설을 해야 하는 경우 1막의 다섯 개 장을 연설의 초안으로 이용하자. 이것이야말로 그 연설을 듣는 사람들을 정확히 이해시키고 깊이 감동시킬 수 있는 가장 확실한 방법이다.

41

이 질문들에 명확하게 답하고 있는지 확인한 다음에는, 1막의 각 장들이 청중의 관심을 끌고 발표자가 집중하는 데 어떻게 도움이 되는지 검토해 볼 필요가 있다.

청중의 감성에 호소하기

콘토소 이사회를 비롯한 모든 청중은 이성적이기만 한 존재들이 아니다. 그들은 감성적인 측면도 갖고 있다. 1막에서 작성한 진술들을 이용해 딱딱한 이성적 접근법을 피해 청중과 감성적인 연관을 맺고 청중으로 하여금 전달하는 정보가 자신들에게 중요한 것이라고 믿게 할 수 있다. 청중과 이런 연관을 맺으려면 이야기를 구성하는 가장 중요한 요소들 중 몇 가지, 즉 배경, 주인공, 발단, 바람직한 미래, 그리고 구성점을 정하면 된다. 이들 요소 각각을 청중에게 맞추고 그렇게 맞춰진 요소들을 1막에서 제시함으로써 자신의 이야기를 청중 개개인에게 관련된 이야기로 만들어 강한 인상을 주면서 프레젠테이션을 시작할 수 있다.

> **기억해 둡시다**
> 1막의 장들은 청중과 감성적인 연관을 맺도록 해 준다.

생각의 요지 잡기

앞 장의 콘토소 프레젠테이션 슬라이드들에서 보았듯이 파워포인트 프레젠테이션에는 일반적으로 많은 양의 정보가 담겨 있는 경우가 많다. 정보의 양이 청중을 압도할 경우 청중은 마음의 문을 닫을 것이고, 그로 인해 발표자는 원하는 결과를 이루지 못할 것이다. 이야기 템플리트의 1막에서는 '말할 수 있는 모든 것'을 이 프레젠테이션이 진행되는 동안 청중에게 '말해야만 하는 가장 중요한 것'으로 좁히기 위한 기준을 설정할 수 있다. 다음 장(chapter)에서 2막을 작성해 보면 1막에서 정보를 양적으로는 꼭 필요한 것만으로, 질적으로는 높은 수준으로 제한해 이야기를 설정해 놓았다는 것을 알게 될 것이다.

이 장(chapter)에서 설명한 1막의 각 장(scene)들을 작성하는 과정은 모든 프레젠테이션 이야기에 적용되는 기본에 해당하는 것으로서, 감성에 호소하고 생각의 요지를 잡는 데 도움을 준다. 기본 사항들을 익힌 후에는 창조적인 자원, 도구, 기법 등의 도움을 받아 이 구조를 자신만의 스타일과 환경에 맞추어 바꿀 수 있다.

1막의 각 장들이 만족스럽게 작성되었다면 이제 2막과 3막에서 이야기를 구체화할 차례다. 다음 장을 살펴보기 전에 아래에 있는 열 가지 팁을 훑어보자. 지금까지 작성한 1막의 내용을 개선하고 싶은 마음이 생길 것이다.

1막을 강화하기 위한 열 가지 팁

이야기 템플리트 1막의 구조는 엄격한 공식이 아니라 특수한 상황에 따라 지속적으로 기틀을 새롭게 하고 즉흥적으로 변경할 수 있는 기본적인 토대일 뿐이다. 할리우드가 이 같은 패턴을 이용해 영화의 변이형들을 끊임없이 창조할 수 있는 것과 마찬가지로, 우리도 이 도구를 이용해 프레젠테이션의 변이형들을 끊임없이 창조할 수 있다. 기본 원칙을 배우고 난 뒤에는 자신만의 개성과 청중과 상황에 맞추어 변경하고 즉흥적으로 만들어낼 수 있는 여지가 많아진다.

프레젠테이션을 한 단계 발전시킬 준비가 되었다면 1막의 기본 구조에 기반한 다음 열 가지 고급 팁을 살펴보자.

팁 1: 시나리오 작가들로부터 얻는 창조적인 자극

프레젠테이션 이야기의 미래를 보기 위해 과거로 되돌아가 창조적인 에너지에 불을 붙여 보자. 이야기 구조를 최초로 창안한 전문가의 의견을 듣기만 하면 된다. 아리스토텔레스의 고전 중 『시학(Poetics)』과 『수사학(Rhetoric)』부터 찾아보자. 최근에 아리스토텔레스의 생각을 할리우드 식으로 변형한 예를 보면, 시나리오 작성에 관한 여러 권의 훌륭한 책들이 1막의 각 장을 작성하는 데 도움이 될 수 있다. 예를 들면 로버트 맥기(Robert McKee)의 『Story: Substance, Structure, Style and the Principles of Screenwriting』(Regan Books, 1997)[1], 시드 필드(Syd Field)의 『Screenplay: The Foundations of Screenwriting』(Dell, 1984)[2], 제임스 보네(James Bonnet)의 『Stealing Fire from the Gods: A Dynamic New Story Model for Writers and Filmmakers(신들에게서 불을 훔쳐내기: 작가와 영화제작자를 위한 역동적인 새로운 이야기 모델)』(Michael Wiese Productions, 1999) 등이 있다. 이 책들 가운데 어느 것을 택하더라도 모든 이야기의 첫 번째 막을 이루는 핵심 요소들(배경, 인물 개발, 발단, 구성점 등)에 관해 좀더 많은 것을 배울 수 있다. 창조적인 자극을 얻기 위해 이 책들을 읽는 동안 염두에 둘 사항은 파워포인트 프레젠테이션은 청중이 주인공이고 발표자는 조역을 담당하는 특수한 형태의 이야기라는 사실이다. 이러한 관점을 유지하면 모든 이야기가 파워포인트 프레젠테이션의 특별한 요구에 보조를 맞추게 될 것이다.

팁 2: 열 가지 이야기 변이형

1막을 이루는 다섯 개 장의 기본 사항을 터득한 후에는 자신의 이야기에서 즉흥적인 변주를 시도해 보자. 가령 1막에 있는 장들의 순서를 바꿀 수 있을 것이다. 불균형 상태와 균형 상태 장을 1장과 2장으로 하고 배경, 주인공, 해결책이 그 뒤에 오도록 정의할 수 있을 것이다. 사람들의 관심을 사로잡기 위해 해결책 장부터 시작한 다음 나머지 장들을 이어갈 수도 있을 것이다. 때로는 어떤 상황에 대해 청중의 생각이 전적으로 일치할 경우 하나의 장을 삭제할 수도 있을 것이다. 물론 이때 모든 사람들을 동일한 출발점으로 안내하기 위해 그 장을 삭제하지 않고 분명하게 정보를 신술해도 문제가 되지는 않는다.

1막의 전통적인 이야기 구조를 기반으로 이야기 변이형을 얼마든지 만

---

1) 로버트 맥기, 『시나리오 어떻게 쓸 것인가』, 고영범 외 옮김(황금가지, 2002)
2) 시드 필드, 『시나리오란 무엇인가』, 유지나 옮김(민음사, 1992)

들어낼 수 있지만, 자신만의 이야기를 짜는 데 도움이 될 만한 이야기 형식은 제한적이다. 헨리 보팅거(Henry Boettinger)는 『Moving Mountains』(Crowell-Collier Press, 1989)에서 아래 요약된 대로 조직에 속한 사람들이 직면할 수 있는 다양한 상황을 묘사하는 열두 가지 이야기 형식을 기술하고 있다. 이 이야기 형식들 중 상당수가 1막 3장과 4장에서 설정하는 불균형과 균형의 역학을 다듬는 데 도움이 될 것이다.

- **역사적 내러티브**: '우리는 자랑스러운 역사를 갖고 있으며 높은 표준을 현재 상황에 적용하기를 원한다.'
- **위기**: '우리는 다가오는 위험에 대처해야 한다.'
- **실망**: '우리가 이용할 수 있는 최상의 정보에 기반해 결정을 내렸지만, 지금 그것이 옳은 결정이 아니었다는 것을 알게 되었다. 그래서 다른 것을 시도해야 한다.'
- **기회**: '우리는 지금 이전에 몰랐던 것을 알고 있다. 실행에 옮긴다면 새로운 가능성을 얻을 수 있을 것이다.'
- **교차로**: '지금까지 잘 해 왔지만 앞으로 어떤 길로 갈 것인지 결정해야 하는 선택의 기로에 서 있다.'
- **도전**: '다른 누군가가 놀랄 만한 일을 이루었다. 우리에게 그와 같은 일을 할 능력이 있는가?'
- **경고하기**: '모든 것이 잘 되어 가는 듯 보이지만, 우리에게는 해결해야 할 심각한 문제가 있다.'
- **모험**: '무언가 새로운 것을 시도하는 것이 위험하다는 것을 알지만, 틀에 박힌 생활을 계속하는 것보다 모험을 하는 쪽이 더 낫다.'
- **명령에 대한 응답**: '우리는 이 일을 해야 한다는 말을 듣고 해결 방법을 찾기 위해 여기에 와 있다.'
- **혁신**: '지금 우리가 하고 있는 것을 근본적으로 바꾸지 않으면 재앙이 닥쳐올 것이다.'
- **진화**: '최신의 것들에 발맞춰 나가지 못하면 뒤처지고 말 것이다.'
- **위대한 꿈**: '우리의 가능성을 볼 수 있다면 그 가능성을 현실로 만들 수 있다.'

어떤 형식의 이야기를 쓰게 되든지 간에, 1막의 진술들을 작성하기 시작할 때 이 이야기 형식들을 읽어 보고 도움이 될 만한 것이 있는지 찾아보기 바란다.

팁 3: 1막 스크린 테스트

할리우드에서는 '스크린 테스트(screen test)'를 통해 배우들이 스크린에 어떻게 보이는지 테스트한다. 파워포인트 프레젠테이션에서 첫 번째 스크린 테스트 대상은 1막의 진술들이고, 첫 번째 청중은 같은 팀의 팀원들이다.

이 단계에서는 빠른 피드백과 참신한 시각을 얻을 수 있도록 다른 사람들을 참여시키는 것이 중요하다. 소규모나 약식 프레젠테이션을 준비하고 있다면 동료나 상사에게 1막의 내용을 살펴봐 달라고 부탁해도 좋을 것이다. 하나의 팀, 부서, 혹은 조직을 대상으로 하는 프레젠테이션을 준비하는 경우에는 회의를 소집한 다음 1막의 각 진술들을 스크린에 영사해서 팀원들과 함께 내용을 검토하고 올바른 방향으로 나아가고 있는지 검증해 보자.

파워포인트 프레젠테이션을 처음부터 동료들과 함께 작성하면 자신이 속한 조직에서 얻을 수 있는 최상의 의견을 좀더 쉽게 활용할 수 있다. 이 단계에서는 글로 쓰인 진술들만으로 작업하기 때문에 시각적 표현에 주의를 뺏기지 않고 생각에 집중할 수 있다.

동료들과 함께 1막을 작성하는 방법을 파워포인트 프레젠테이션 외의 다른 의사소통 시나리오에도 적용해 보자. 프레젠테이션의 1막을 잘 만드는 일은 문제 해결의 틀을 만드는 것으로서, 전략을 분명히 하고 마케팅 전략을 개발하고 프로젝트 계획을 창안하고 다른 도전 과제들을 해결하는 데도 도움이 될 수 있다. 작성한 1막의 내용을 팀원들과 공유하는 것은 프로젝트를 개시하거나 새로운 누군가를 팀에 적응시키는 좋은 방법이기도 하다. 1막의 다섯 개 장과 명료한 이해를 위해 던지는 질문들을 검토하면서 팀원들은 상황을 빠르게 능률적으로 익힐 수 있다.

팁 4 : 다수의 이야기, 다수의 서식 파일

프레젠테이션에 관한 한, 하나의 표준으로 모든 것을 만족시킬 수는 없을 것이다.

앞에서 작성한 1막의 장들이 아름다운 이유는 그 장들이 특정한 청중의 특정한 문제를 해결하도록 정교하게 맞추어져 있고 조율되어 있기 때문이다. 하지만 청중이 문제를 한 가지 이상 갖고 있다면 어떨까? 서로 다른 문제들을 해결해야만 하는 서로 다른 청중을 대상으로 동일한 프레젠테이션을 한다면 어떨까? 콘토소 프레젠테이션의 예에서도 마케팅 계획을 이사회, 광고 대행사, 영업팀 등 서로 다른 청중에게 발표해야 할 수도 있을 것이다. 각각의 경우 프레젠테이션의 초점이 서로 다를 것이기 때문에 1막의 내용도 서로 달라져야 할 것이다. 프레젠테이션을 청중에 맞춰 제작하지 못하면 청중과 마음을 통하지 못할 것이다.

이처럼 다양한 상황에 대한 계획을 세우는 방법은 1막을 각 청중에 맞게 여러 가지 버전으로 만드는 것이다. 현재 이야기 템플리트 1막의 다섯 개 장을 포함하는 워드 문서의 복사본을 만들자. 복사한 문서에서 3장과 4장을 새로운 청중이 직면한 중심 문제를 묘사하도록 수정하자. 이 두 장이 새로운 문제를 반영하도록 수정할 때 이 문제가 다른 상황들에 의해서 초래된 것이라면 1장과 2장도 수정해야 할 것이다. 새로운 문제에 대한 해결책은 이전의 문제에 대한 해결책과 다를 것이므로 틀림없이 5장도 수정해야 할 것이다. 1막에 대해 각각 별개의 버전을 만듦으로써 서로 다른 청중에게 가장 적합한 버전을 제공할 수 있다.

현재 작업하고 있는 이야기 외에 할 이야기가 더 있을 경우에도 새로운 버전을 만들 수 있다. 다른 이야기가 나타나는 것이 감지되면 새 이야기 템플리트를 연 다음 현재 프레젠테이션 작업을 하면서 두 번째 이야기에 해당하는 진술들을 새 이야기 템플리트에 추가하면 된다. 두 번째 프레젠테이션을 첫 번째 프레젠테이션과 병행해 만들면서 두 버전을 동시에 다듬을 수 있을 것이다.

팁 5: 청중을 시각화하자

청중을 명확하게 알면 알수록 의사소통은 더 명확해질 것이다.

1막의 각 장을 쓸 때 팀원들과 함께 얼마간 시간을 내서 특정한 청중에 관해 자신이 알고 있는 모든 것을 시각화해 보자. 먼저 빈 파워포인트 프레젠테이션을 열고 빈 슬라이드를 만든 다음 청중 가운데 특정한 한 사람의 사진을 삽입하거나 이름을 적어 넣자. 대규모 청중을 상대로 해야 한다면 그 슬라이드를 청중을 이루는 여러 사람들을 대표하는 합성 사진으로 간주하자.

그리고 팀원들에게 다음과 같은 질문을 던져 보자.

- 우리가 이 사람에 관해 알고 있는 것은 무엇인가?
- 우리가 이 사람의 성격 유형에 관해 알고 있는 것은 무엇인가?
- 이 사람은 어떤 식으로 결정으로 내리는가?
- 이 사람의 사고 과정에 관해 웹을 검색해서 알 수 있는 것은 무엇인가?
- 이 사람이 다른 사람들과 함께 일하는 방식에 관해 우리의 사회적 네트워크를 통해 알 수 있는 것은 무엇인가?
- 이 사람의 관심사 및 성격 유형에 부합하는 경험을 효과적으로 만들어 내는 방법은 무엇인가?

팀원들이 피드백을 제공하면, 모든 사람이 볼 수 있도록 그 정보를 파워포인트 슬라이드에 적어 넣자. 이렇게 함으로써 청중을 더 잘 이해하기 위해 집단적인 사고를 활용할 수 있다. 이 과정에서 청중과 자신의 목적에 관해 더 깊이 생각하게 되면서 진술의 질이 향상될 수 있다.

팁 6: 청중이 직면하고 있는 문제는 무엇인가?

청중에게 당면한 문제를 정확히 정의하려면 청중의 입장이 되어 생각해 보아야 한다.

1막은 청중이 직면하고 있는 문제가 무엇이고 발표자가 제안하는 해결책이 무엇인지를 밝히는 부분이다. 그런데 그 해결책이 적절한 해결책이라는 것을 확신할 수 있도록 청중의 문제를 이해하는 일이 그다지 쉬운 일은 아니다. 팁 5에서 설명했던 시각화가 청중의 사고방식을 간파해서 적절한 진술을 작성하는 데 도움이 될 수 있다.

다른 기법으로는 역할 연기가 있다. 1막의 초고를 검토할 때, 동료 중 한 사람에게 의사 결정자의 역할 혹은 청중을 대표하는 한 사람의 역할을 맡아 연기하게 하자. 그 인물의 역할을 이해하는 데 도움이 될 수 있도록 앞에서 시각화를 위해 모아 놓은 청중에 관한 자료를 주고 살펴보게 하자.

이 사람에게 검토하는 시간 동안 다음과 같은 질문들을 쉴 새 없이 던지면서 일부러 시비를 거는 악역을 맡아 달라고 부탁하자.

- 이것이 내게 무슨 이득이 된다는 것인가?
- 당신은 왜 이것이 나에게 중요하다고 생각하는가?
- 내가 왜 관심을 가져야 하는가?

검토하는 동안 이런 비판적인 발언을 들으면서 1막에 작성한 내용이 목표로 한 과녁을 제대로 겨냥하고 있는지 확인할 수 있을 것이다. 실제 프레젠테이션을 진행하는 동안 불시에 이런 질문들이 터져 나오게 하는 것보다는 가상의 청중으로부터 이런 질문들을 듣는 편이 더 낫다.

일단 청중이 어떤 문제를 가지고 있는지 확인하고 나면, 프레젠테이션이 통일감 있게 구성되고 자신의 생각이 명확한 의미로 표현되기 시작할 것이다.

팁 7: 전략적인 콜라주

중대한 이해관계가 걸린 프레젠테이션을 하게 될 경우, 사전에 청중을 이해하기 위한 추가적인 노력을 기울일 필요가 있다. 청중을 이해하기 위한 좋은 방법은 상징적으로라도 하루를 그들의 입장이 되어 지내보는 것이다. 새 파워포인트 파일을 연 다음 여섯 개의 빈 슬라이드를 만들

자. 각 슬라이드에 명확한 이해를 위한 질문(어디서? 언제? 누가? 무엇을? 왜? 어떻게?) 하나씩을 적어 넣자.

디지털 카메라로 청중이 매일 사용하는 물건이나 청중이 살아가고 일하는 환경 및 청중이 만날 법한 사람들의 사진을 찍자. 시장 조사든 인구 통계 데이터든 또는 포커스 집단 관련 정보가 되었든 간에 청중에 관한 모든 데이터를 시각적 표현으로 나타내자. 마이크로소프트 오피스 온라인 클립아트 및 미디어 갤러리에서 무료 이미지들을 다운로드하자. 자신이 속한 조직의 사진 자료실을 검색해 이 사람들이 일하는 건물, 사용하는 제품, 방문하는 장소를 나타낼 만한 사진이나 클립아트를 찾아보는 것도 좋다. 디지털 스캐너를 이용해 문서의 사진을 삽입할 수도 있고, 펜 태블릿을 이용해 스케치를 할 수도 있을 것이다. 비디오 카메라를 이용해 비디오 클립을 삽입할 수도 있겠고, 마이크로폰을 이용해 소리를 녹음하는 것도 좋다.

이렇게 멀티미디어 요소들을 모은 다음 그 요소들을 여섯 개의 파워포인트 슬라이드에 배열해 여섯 개의 콜라주를 만들자. 각각의 요소가 청중에게 얼마나 중요한가에 따라 요소들의 크기를 달리 하자. 예를 들어 기동성이 가장 중요하다면 자동차 사진을 다른 요소들보다 더 크게 만들자.

이 파일을 팀원들에게 보여 주면서 이 여섯 개 슬라이드의 맥락에서 청중의 입장이 되어 하루를 지내는 것이 어떤지 의견을 나누어 보자. 그 다음에 이야기 템플리트를 열고 1막 작업을 시작하자. 각각의 진술과 콜라주가 서로 얼마나 잘 어울리는지 팀원들과 의견을 나눈 다음 잘 들어 맞는다는 느낌이 들도록 진술들을 편집하자. 1막의 이야기가 청중이 영위하는 삶의 현실과 잘 들어맞을수록 프레젠테이션은 더 좋아진다.

팁 8: 광고의 이야기

1막 이야기 구조의 가장 강력한 예 가운데 일부는 매일 우리의 눈앞을 지나쳐 간다. 이런 예를 보면서 자신의 프레젠테이션을 위해 끝없이 이어지는 아이디어들을 발견할 수 있다. 이런 이야기들은 우리 주변 곳곳에 널려 있다. 바로 광고의 형식으로 말이다.

광고를 만드는 사람들은 이야기와 설득에 관한 아리스토텔레스의 개념과 기법들을 잘 알고 있다. 본질적으로 모든 광고는 설득하는 이야기이기 때문이다. 광고판을 올려다보든 잡지를 펼치든 텔레비전을 보든 간에 우리는 설득의 원칙 위에 지어진 작은 이야기를 보고 있는 것이다. 모든 광고는 우리를 설득해 무언가를 하게(일반적으로 제품을 사게) 만든다는 단일한 목표를 염두에 두고 있다.

광고를 만드는 사람은 우리를 설득하기 위해 가능한 모든 멀티미디어를 가장 최신의 방법으로 가장 세련되게 혼합해 사용할 것이다. 그러나 이 미디어 혼합이 바탕에 깔고 있는 것은 이야기 템플리트의 1막에서 우리의 작업 대상이었던 전통적인 이야기 요소들(즉, 명확한 이해를 위한 질문들인 '어디서, 언제, 누가, 무엇을, 왜, 어떻게')과 같다. 파워포인트 프레젠테이션에서와 마찬가지로 광고에서도 주인공은 대개 청중이다. 광고를 만드는 사람의 목표는 청중을 설득해 새로운 무언가를 사게 하거나 생각하게 하는 것이기 때문이다.

세탁용 세제 광고 방송을 시청하고 있다면, 아래와 같이, 우리 청중이 1막의 다섯 개 장에 관해 말없이 묻는 질문들을 광고 방송 내용에 비교해 볼 수 있다.

- 우리가 지금 있는 곳은 어디이고 그것은 언제 일어난 일인가? (나는 집에 있고, 때는 오후이다.)
- 이 배경 속에서 우리는 누구인가? (나는 저녁에 외출할 준비를 하고 있는 사람이다.)
- 우리는 왜 여기에 있는가? (나는 아끼는 셔츠에 스파게티를 떨어뜨렸다.)
- 우리는 무엇을 원하는가? (나는 나를 매력적으로 보이게 해서 오늘 밤 데이트를 마음에 새겨 놓고 싶다.)
- 여기에서 거기로 가려면 어떻게 해야 하는가? (X 제품의 세탁용 세제를 사면 셔츠를 데이트 시간에 맞춰 깨끗하게 할 수 있다.)

1막 질문들과 대부분의 광고 사이에는 보통 일대일 대응이 성립한다. 둘 다 감성적인 연관을 맺으려 하고 설득하려고 하는 동일한 의도를 갖기 때문이다. 그리고 둘 다 그러한 과제를 수행하기 위해 이야기 구조의 원리를 창조적으로 해석한다. 나중에 어떤 광고가 눈에 띄면 그 광고에 형태를 부여하는 구조가 무엇인지 관찰해 보기 바란다. 때로 이야기 요소들이 넌지시 암시될 수도 있고 말 대신 사진, 소리, 움직임을 이용해 전달될 수도 있지만, 어찌 됐든 모든 이야기 요소를 발견할 수 있을 것이다.

광고에서 이 공통된 설득하는 이야기 구조를 발견하기 시작하면 스토리텔링 접근법을 더 잘 알게 될 것이고, 이 기법들을 프레젠테이션 1막에 적용할 수 있을 것이다.

팁 9 : 설득하는 교육

교육 및 훈련을 시키는 사람들은 의사소통하기라는 과제에 관한 한 우리들과 같은 배를 타고 있다. 그들 역시 할리우드의 시각적인 언어를 거침없이 구사하며 교실에서도 그와 같은 수준의 미디어 고급화를 바라는 청중들의 기대에 영향을 받는다.

예를 들어 자신의 건축학 강의를 좀더 재미있고 흥미롭게 만들 방법을 찾으려 애쓰고 있는 한 대학 교수가 자신이 이야기할 건축가들이 모두 변화(경제적 변화, 사회적 변화, 인구 통계학적 변화, 기술 변화)와 싸워 왔다는 사실에 착안해 고전적인 설득 기법을 채택하기로 결정하고 변화라는 단일한 화제를 강연의 핵심 주제로 택했다고 해 보자. 1막에서 설득하는 이야기는 다음과 같이 진행될 것이다.

- 우리가 지금 있는 곳은 어디이고 그것은 언제 일어난 일인가? (현재 우리의 문화는 큰 변화를 겪고 있다.)
- 이 배경 속에서 우리는 누구인가? (건축가들은 경제적 변화, 사회적 변화, 기술 변화의 진원지에 서 있다.)
- 우리는 왜 여기에 있는가? (학교를 졸업하고 직업 세계에 발을 들여놓으면서 가장 불안정한 위험 상태에 처하게 된다.)

- 우리는 무엇을 원하는가? (어떤 변화가 발생하더라도 자신을 단단히 붙들어 맬 직업적인 기반을 찾을 필요가 있다.)
- 여기에서 거기로 가려면 어떻게 해야 하는가? (이 기법들을 배우면 안정된 기반을 확실히 유지하게 된다.)

1막의 이 설득하는 구조는 전체 강의에 정연한 틀을 부여한다. 이 틀은 학생들에게 단일한 주제를 이해하고 그 주제를 복잡한 건축사(建築史)의 다양한 사건들 속에서 추적해 가는 방법을 제공한다. 그리고 극적이고 설득적인 요소들은 학생들에게 주어진 자료에 저마다의 방식으로 관련을 맺는 방법을 제공한다.

이처럼 뚜렷한 구조를 찾는 일이 언제나 쉬운 것은 아니지만, 그 구조를 찾아내면 지루한 강의와 흥미를 끄는 프레젠테이션 간의 차이를 만들어 낼 수 있다. 무언가를 가르치거나 알려 주는 상황이 되면 이 설득 모델을 적용해 보고, 자기 자신에게나 청중에게 모두 좀더 재미있는 경험이 되게 할 수 있는지 알아보자.

팁 10 : 글 바로잡기

글을 적는다는 기본적인 사실을 넘어, 첫 장부터 마지막 장까지 명료한 의미를 전달하기 위해 문학적 기법을 적용할 수 있는 방법을 생각해 보자. 1막은 짧으면서도 세련되어 있기 때문에 사실상 다섯 개의 문장만으로 풍부하지만 간결한 이야기를 하고 있는 셈이다. 모티프를 이용하는 것이 좋은 방법이다. 자신이 좋아하는 작품을 쓴 전문 작가들로부터 다른 기법을 얻어낼 수 있는지 알아보자.

시인과 같은 작가들은 상당량의 정보를 제한된 수의 단어로 전달하는 데 매우 능숙하다. 시집 한 권을 집어 들고, 그 저자가 단어와 은유와 속도 조절을 어떻게 사용하고 있는지 주의를 기울여 보자. 신문에 있는 텍스트를 훑어보고, 그것을 쓴 사람들이 복잡한 이야기를 짧은 기사로 풀어내는 방법을 살펴보는 것도 좋다. 사람들이 연설하는 것을 귀 기울여 들어 보고, 거기서 들은 직접적이고 명료한 어구들을 프레젠테이션 1막에 적용해 보자. 팀원들 중에 글을 잘 쓰는 사람이 있다면 1막 작성을 도와 달라고 하자. 비용이 충분하다면 도와줄 전문 작가를 한 사람 고용하는 것도 좋다. 전체 프레젠테이션이 성공하느냐 마느냐는 1막에 사용하는 언어에 달려 있기 때문에, 그 언어를 개선시키는 일에 투자할 수 있는 만큼 시간과 자원을 최대한 투자하는 것이 좋다.

그리고 그 개선된 언어를 글쓰기에 투입하면 된다.

CHAPTER
03

2막과 3막에서 이야기 구체화하기

이 장에서 다루는 내용

1. 무엇을 어떤 순서로 말할지 결정한다.
2. 복잡한 생각을 세 가지 주요 항목으로 요약한다.
3. 근거를 들어 생각을 뒷받침한다.
4. 불필요한 정보를 제거한다.
5. 이야기하는 주제에 관한 발표자의 자신감을 키운다.

먼 옛날 아리스토텔레스는 구성이 잘 된 이야기라면 시작과 중간과 끝을 가져야 한다고 말한 바 있다. 모든 마이크로소프트 오피스 파워포인트 프레젠테이션도 시작과 중간과 끝을 가져야만 한다. 지금 여기서 만들고 있는 파워포인트 스크립트는 앞서 2장의 '탈 글머리 기호' 이야기 템플릿 부분에서 작성했던 1막의 다섯 장으로 이미 견고한 시작을 가진 셈이다. 1막의 다섯 개 장에서는 청중에게 방향을 설정해 주고 정서적인 유대관계를 맺으며 이야기가 진전되게 하는 역동적인 에너지에 불을 당겨 앞으로의 이야기를 준비했다. 이제 이 견고한 시작을 토대로 해서, 2막에 해당하는 중간과 3막에 해당하는 끝을 가지고 이야기에 살을 붙여 나갈 것이다.

2막 및 3막 소개

1막에서는 주로 감성에 호소한다. 즉, 1막을 통해 발표자의 이야기는 청중에게 개인적으로 관련된 이야기가 된다. 앞으로 나올 2막에서는 이야기를 전개하면서 이성에 호소하고, 3막에서는 이야기의 해결 부분을 짜 넣으면서 감성과 이성을 한데 섞을 것이다.

2막에서 이성에 호소하기

1막에서 발표자와 청중 사이에 정서적인 유대관계가 맺어지면, 청중은 2막에서 이성에 호소하는 발표자의 이야기를 들을 준비가 되어 있을 것이다. 2막은 지적 능력이 시험되는 곳으로, 여기서 발표자는 자신이 1막의 끝에서 제안했던 해결책을 사람들이 받아들여야 하는 이유를 전달한다. 이것은 발표자가 하는 이야기의 '연기'이며, 사실상 바로 이 연기를 보려고 사람들이 프레젠테이션에 오는 것이다. 그러나 이 연기는 할리우드의 영화 세트에서 행해지는 연기가 아니라, 명료하고 사람들의 마음을 끄는 아이디어의 세계에서 행해지는 연기이다.

2막의 목표는 발표자의 생각을 청중이 알아들을 수 있도록 전달하는 것이다. 프레젠테이션을 준비하면서 어떤 정보가 가장 중요한지, 그리고 가장 설득력 있게 하려면 그 정보를 어떤 순서로 제시해야 할지 결정하는 데 어려움을 겪을 수 있다. 여기서도 아리스토텔레스의 사상이 도움이 될 수 있다. 아리스토텔레스는 이야기를 구조화하는 방법 외에도, 사람들이 정보의 의미를 이해하기 위해 이성을 사용하는 방법을 설명했다.

이야기 템플리트의 2막을 완성해 가는 동안 고전적인 추론 기법들을 적용해 볼 텐데, 그 과정에서 여러 가지 생각을 세 가지 주요 항목들로 요약하고 이를 뒷받침하는 항목들을 논리적으로 배열해 볼 것이다. 이 과정을 거치면서 발표자의 생각은 사람들이 일반적으로 생각하는 방식에 따라 타당성을 검증받고 정렬되고 우선순위가 매겨질 것이다. 이 과정을 통해 발표자의 생각은 청중의 지속적인 관심을 이끌어내는 극적인 구조로 표현된다. 2막의 끝에서 이 과정을 완료하고 나면 프레젠테이션을 3막으로 이행시키는 장을 작성하게 될 것이다.

3막에서 감성과 이성에 호소하기

이야기 템플리트의 1막에서 주로 감성에 호소하고 2막에서 주로 이성에 호소한다면, 3막에서는 앞선 두 개의 막을 한데 묶어 마음이 끌려들 수밖에 없는 이야기 결말을 만들어낸다. 3막은 1막에서 시작해 전체 프레젠테이션 내내 지속된 역학관계가 해소되는 곳이다. 이 시점에서 청중은 종결을 예상하고 있을 테고, 발표자의 이야기는 청중을 실망시키지 않아야 한다.

이야기 템플리트를 완결하는 3막은 다음 주에 하게 될, 요지 있고 명료하며 흡인력 있는 프레젠테이션의 토대가 된다. 3막은 스크립트의 이야기를 스토리보드의 시각적 표현으로 바꾸는 작업을 시작할 때 필요한 구조를 제공한다. 그러나 이에 앞서 2막에서 이야기의 줄거리를 전개해야 한다.

2막: 줄거리 전개하기

지금까지의 이야기를 개괄해 보자. 1막에서는 설정 쇼트와 중심인물 그리고 발단과 바람직한 균형 상태를 정의했다. 1막의 마지막 장인 '해결책'은 이야기를 잡아채서 특정한 방향으로 돌려놓았다. 이 장에서 발표자는 입장을 정한 다음 청중이 자신들의 문제를 해결하기 위해 할 일을 제안했다. 2막은 회전축이 되는 바로 이 지점에서부터 시작된다.

해결책에 집중하기

1막에서 발표자가 청중의 문제를 분명하게 설명하기 때문에, 청중은 어떻게 하면 그 문제를 해결할 수 있는지 알아내기 위해 세심한 주의를 기울이고 있다. 1막의 마지막 장은 그런 문제 상황에 대해 청중이 해야 할 일을 직접적으로 진술함으로써 청중에게 당면한 관심사의 정곡을 찌른다. 콘토소 프레젠테이션의 경우 1막 5장에 제안되어 있는 해결책은 그림 3-1에서 볼 수 있는 것처럼 'IQ Pill 마케팅 계획을 승인하는 것'이다.

그림 3-1 ▶
1막 5장의 해결책 진술

| The solution | IQ Pill 마케팅 계획을 승인하면 우리는 그곳까지 순항하게 될 것이다 |

이제 발표자가 추천하는 해결책을 청중이 알게 되었으므로, 청중은 그 해결책이 왜, 그리고 어떻게 해서 좋은 아이디어인지 듣고 싶어할 것이다. 이것이 바로 2막에서 발표자가 설명할 내용이다. 2막에서 해결책을 설명하는 데 집중함으로써 프레젠테이션에 포함되는 정보의 양을 줄일 수 있다. 그 해결책을 제안하는 이유를 뒷받침하는 정보만을 포함시키고 그 밖의 모든 정보는 제외하게 될 것이다.

참고사항

2막 작업을 하는 동안, www.sociablemedia.com에서 구할 수 있는 완성된 이야기 템플리트들을 참조하기 바란다. 이 템플리트들에는 여러 가지 유형의 프레젠테이션에서 발췌한 예들이 있다.

세 단계 상세 수준 중에서 선택하기

이야기 템플리트의 2막에는 그림 3-2에서 볼 수 있는 것처럼 '5분짜리 열(5-Minute Column)', '15분짜리 열(15-Minute Column)', '45분짜리 열(45-Minute Column)'이라는 표지가 붙은 세 개의 열이 포함되어 있다. 이 세 개의 열에는 1막의 해결책 난에 있는 진술을 좀더 자세하게 설명하는 문장들이 포함될 것이다. 세 개의 셀만 들어 있는 5분짜리 열에서는 청중이 발표자의 해결책을 받아들여야 하는 세 가지 주된 이유를 진술할 것이다. 이 이야기 템플리트를 쓸모 있는 것으로 만들려면 적어도 이 세 개의 셀은 완성해야 한다. 15분짜리 열에는 5분짜리 열에서 했던 세 가지 진술들에 관해 한 단계 더 자세한 설명이 포함될 것이다. 45분짜리 열에는 15분짜리 열에서 했던 진술들에 관해 그보다 더 자세한 설명이 포함될 것이다.

어떤 프레젠테이션을 준비하든 발표자는 자신이 원하는 세부사항의 수준과 프레젠테이션의 길이에 상응하는 열을 선택해 완성하면 된다. 2막을 이루는 세 개의 열을 모두 포함하면 전체 이야기 템플리트에 있는 셀의 개수는 49개이다. 각 셀에 진술이 하나씩 들어가므로 발표자가 진술한 개당 약 1분의 시간을 사용한다면, 45분짜리 프레젠테이션을 하기에 충분한 자료가 마련되는 셈이다. 45분짜리 열을 빼면 이야기 템플리트에 있는 진술은 총 22개가 된다. 진술 한 개당 약 40초의 시간을 사용한다면, 15분짜리 프레젠테이션을 하기에 충분한 자료가 마련된다. 15분짜리 열과 45분짜리 열을 모두 빼면 12개의 진술이 만들어진다. 각 진술을 약 25초의 속도로 진행한다면, 5분짜리 프레젠테이션을 할 수 있다.

참고사항

이 장의 뒤에 나오는 '팁 1: 3의 힘'에서 설명한 대로, 아이디어들을 항상 세 개씩 묶어 놓는 것이 좋다. 단, 네 개씩을 하나의 그룹으로 묶을 필요가 있을 경우에는 '팁 2: 4를 위한 공간 마련하기'에서 설명한 확장 서식 파일 버전을 이용하면 된다.

이 장에 있는 콘토소 예제에는 모든 셀에 진술이 하나씩 포함되어 있기 때문에 전체 과정이 어떻게 진행되는지 알 수 있을 것이다.

2막을 시작하려면, 1막 5장에 나왔던 해결책을 다시 읽어 본 다음 청중이 '왜' 그 해결책을 수용해야 하는지 또는 청중이 그 해결책을 '어떻게' 이행해야 하는지 주된 이유를 자문해 보자.

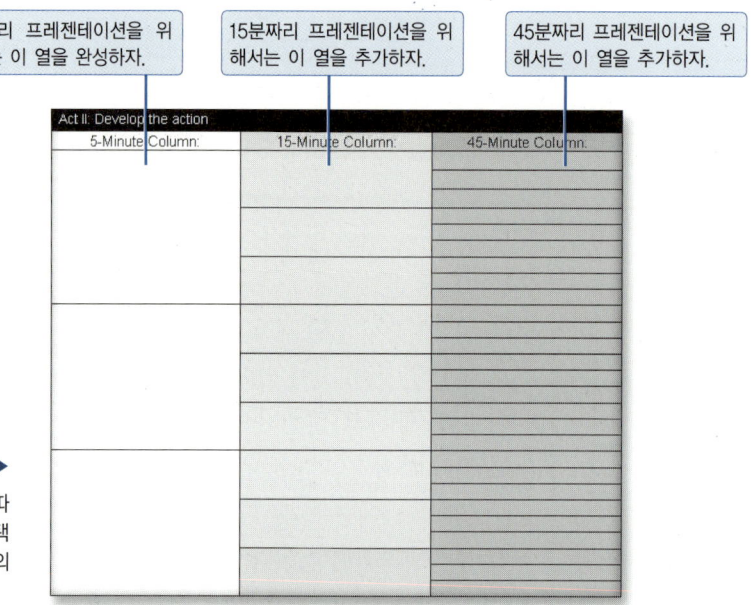

▶ 그림 3-2
세부사항들을 기입한 열에 따라 프레젠테이션 길이를 선택할 수 있는 이야기 템플리트의 2막

뒷받침하는 항목 중 세 가지 주요 항목 명기하기

2막에서 발표자의 첫 번째 과제는 자신이 제안한 해결책을 청중이 수용해야 하는 이유나 청중이 그 해결책을 이행하는 방법을 설명하는 단계들을 세 가지 주요 항목으로 요약하는 일이다.

이야기 템플리트의 2막을 채워 넣기 전에 우선 '5분짜리 열'이라는 제목 오른쪽에 커서를 가져다 놓자. 1막 끝에서 추천한 해결책이 청중이 무언가를 하는 것이라면, 청중은 자신들이 '왜' 그것을 해야 하는지 알고 싶어할 것이다. 반면 주어진 해결책이 일련의 단계를 밟아 가는 것이라면, 청중은 '어떻게' 해야 하는지를 알고 싶어할 것이다. 따라서 청중이 해결책에 관해 무엇을 알고 싶어할지를 가장 잘 묘사하는 질문을 선택한 다음, 그 질문을 '5분짜리 열'이라는 제목의 오른쪽에 적어 넣자. 여기서는 그림 3-3에서 볼 수 있는 것처럼 '왜?'를 적어 넣자.

Chapter 03 2막과 3막에서 이야기 구체화하기

그림 3-3 ▶
'왜?'라는 질문을 적어 넣은 5분짜리 열

The solution	IQ Pill 마케팅 계획을 승인하면 우리는 그곳까지 순항하게 될 것이다		
Act II: Develop the action			
5-Minute Column: 왜?	15-Minute Column:	45-Minute Column:	

이제 5분짜리 열의 제목은 청중이 해결책에 관해 알고 싶어하는 의문점을 나타내고 있다. 우리 예제의 경우에는 '우리는 왜 이 IQ Pill의 마케팅 계획을 승인해야 하는가?'가 된다. 발표자는 청중이 계획을 승인해야 하는 세 가지 주된 이유를 설명하는 것으로 청중의 이 같은 의문에 답할 것이다. 즉, 2장의 '글쓰기의 세 가지 기본 원칙' 부분에 기술되어 있는 세 가지 기본 원칙에 따라 5분짜리 열을 구성하는 세 개의 셀에 진술을 적어 넣자. 이때 가장 중요한 진술을 제일 위에 쓰고 아래로 갈수록 덜 중요한 진술이 나오도록 하자. 문장은 그림 3-4에서 볼 수 있는 것처럼 약 네 줄을 넘지 않게 하자.

The solution	IQ Pill 마케팅 계획을 승인하면 우리는 그곳까지 순항하게 될 것이다		
Act II: Develop the action			
5-Minute Column: 왜?	15-Minute Column:	45-Minute Column:
1천만 달러를 투자하면 의사들로부터 수요가 창출되어 배를 바다에 띄울 수 있다		
5천만 달러를 투자하면 소비자들로부터 수요가 생기면서 바닷길이 평탄해질 것이다		
이 계획은 모든 규제 요건들을 풀고 항해해 나갈 것이다		

그림 3-4 ▶
5분짜리 열의 셀을 완성한 상태의 2막

이 예제에서 세 가지 주요 항목은 1막에서 설정했던 바다와 항해의 모티프를 그대로 잇고 있다. 첫 번째 주요 항목에서 발표자는 1천만 달러를 투자하면 의사들로부터 IQ Pill에 대한 수요가 창출되어 '배를 바다에 띄울' 것이라고 설명한다. 두 번째 주요 항목에서는 앞으로 5천만 달러를 더 투자하면 소비자들로부터 IQ Pill에 대한 수요가 생기게 되어 '바닷길이 평탄해질' 것이라고 진술한다. 마지막 주요 항목에서는 이 마케팅 계획이 IQ Pill을 시장에 내놓는 데 필요한 모든 규제 요건들을 뚫고 '항해해 나갈' 것이라고 진술한다. 이렇게 처음 나왔던 모티프를 1막부터 2막까지 계속 사용하면 청중은 발표자가 앞으로 나올 정보의 세부사항들을 전개할 때 일관되고 요지가 잡혀 있다는 느낌을 갖게 된다.

세 가지 주요 항목은 발표자가 오랫동안 생각해 왔다면 쉽게 도출할 수 있는 것으로서 떠오른 것들을 그냥 적으면 된다. 발표자가 아직 세 가지 주요 항목을 찾아내지 못해서 여러 가지 관련된 생각들을 하나의 요지로 모아야 한다면 약간의 작업이 필요하다. 어떤 말을 써야 할지 모르겠다면, 아무에게나 5분짜리 열에 있는 질문을 큰 소리로 읽어 달라고 하자. 질문에 대한 답이 생각나면 그 답을 큰소리로 말한 다음 5분짜리 열에 적어 넣자. 생각해낸 답에 대해 여전히 확신이 서지 않을 경우에는 세 가지 주요 항목의 초안을 만들어 그 초안을 출발 지점으로 삼자.

참고사항

생각의 핵심을 요약하는 방법에 관해 더 많은 내용을 알고 싶으면 이 장의 뒤에 나오는 '팁 4: 로직 트리를 이용해 명료성 키우기'와 '팁 5: 브레인스토밍을 통해 개요 작성하기'를 참조하기 바란다.

5분짜리 열에 세 가지 주요 항목을 입력했으면 이제 아래 문장의 빈칸을 채워 각 항목을 시험해 보자.

(1막에 나왔던 주인공을 삽입한다)이(가) (1막에 나왔던 해결책을 삽입한다)(해)야 하는 세 가지 주된 이유는 다음과 같다: (주요 항목 1을 삽입한다), (주요 항목 2를 삽입한다), (주요 항목 3을 삽입한다).

콘토소 프레젠테이션 예제에서 완성된 문장은 다음과 같다.

콘토소 이사회가 IQ Pill 마케팅 계획을 승인해야 하는 세 가지 주된 이유는 다음과 같다: 1천만 달러를 투자하면 의사들로부터 수요가 창출되어 배를 바다에 띄울 수 있다, 5천만 달러를 투자하면 소비자들로부터 수요가 생기면서 바닷길이 평탄해질 것이다, 이 계획은 모든 규제 요건들을 뚫고 항해해 나갈 것이다.

5분짜리 열 시험

아래 문장의 빈칸을 채워 5분짜리 열의 세 가지 항목을 시험해 보자.

(1막에 나왔던 주인공을 삽입한다)이(가) (1막에 나왔던 해결책을 삽입한다)(해)야 하는 세 가지 주된 이유는 다음과 같다: (주요 항목 1을 삽입한다), (주요 항목 2를 삽입한다), (주요 항목 3을 삽입한다).

이 문장이 타당하게 들리게 하려면 각 주요 항목이 유사한 형식으로 작성되어야 하고 비슷한 유형의 정보를 포함해야 한다.

세 가지 주요 항목을 시험하는 동안 발표자는 주어진 해결책이 자신이 원래 의도했던 바와 다르다는 것을 알게 될 수 있다. 그럴 경우에는 앞으로 돌아가 1막을 고쳐 쓰거나 해결책의 표현을 수정해야 한다. 혹은 위에 언급한 시험 문장을 타당하게 들리도록 만들면서 해결책을 뒷받침하도록 세 가지 주요 항목을 수정해야 할 수도 있다. 일반적으로 얻어진 결과에 만족하고 다음 단계로 나아갈 준비가 될 때까지 2~3회에 걸쳐 시험 및 수정 작업을 하게 될 것이다.

이야기 템플리트의 5분짜리 열에 세 가지 주요 항목을 입력했으면 이제부터는 2막을 구성하는 세 개의 장을 만들어 나갈 수 있다.

2막 1장: 첫 번째 주요 항목 뒷받침하기

이야기 템플리트 2막의 구조는 1막과 약간 다르다. 음식의 은유를 이용해 설명하면, 1막에서는 청중을 식당으로 안내하고, 그들을 자신의 테이블에 앉히고, 그들이 배고프다는 것을 확인하고 주문을 받는다. 식사를 하는 사람들은 보통 이 일련의 사건이 가능한 한 가장 짧은 시간 안에 일어나기를 원한다. 이 책의 예제에는 1막의 짤막한 다섯 개 장으로 나타난다. 2막에서는 청중에게 세 가지 코스의 식사를 제공하는데, 바로 이 식사가 그들이 식당에 온 이유이다. 사람들은 대개 이런 식사에서 음식의 맛을 즐기고 적절하게 소화시킬 수 있도록 느긋하게 식사하기를 원한다. 2막에서 그들이 맛보게 될 좀더 긴 세 개의 장처럼 말이다.

그림 3-5에서 볼 수 있는 것처럼 이야기 템플리트 2막의 각 장은 주요 항목을 나타내는 5분짜리 열과 그 오른쪽에 있는 두 번째 열(15분짜리 열)과 세 번째 열(45분짜리 열)의 셀들로 표현된다.

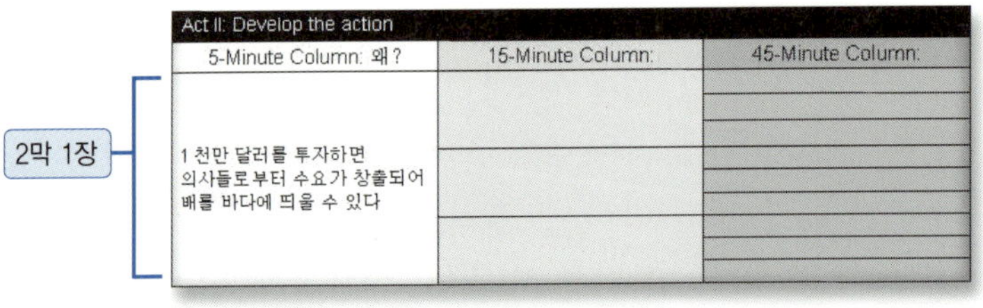

그림 3-5 ▶
왼쪽에서 오른쪽으로 확장되는 2막 1장

이 예제에서 볼 수 있는 것처럼 5분짜리 열의 주요 항목은 세 개의 열 전부를 수평으로 관통하는 단일한 초점을 유지함으로써 2막의 각 장을 통일감 있게 하나로 붙들어 매는 역할을 한다. 왼쪽에서 오른쪽으로, 위에서 아래로 각 장에 진술을 입력할 때, 15분짜리 열과 45분짜리 열에 세부사항을 추가하면서 말하고자 하는 요지에 살을 붙이면 된다.

2막 1장의 나머지 부분을 작성하려면, 먼저 '15분짜리 열'이라는 제목 오른쪽에 청중이 5분짜리 열에 있는 요지에 관해 이어서 알고 싶어할 문제('왜' 또는 '어떻게')를 적어 넣자. 우리 예제에는 '어떻게?'를 적어 넣었다. 5분짜리 열에 있는 주요 항목을 다시 읽어 보고 '어떻게 해서' 그렇게 되는지 자문해 보자. 우리 예제에서는 '1천만 달러를 어떻게 투자하면 의사들로부터 수요를 창출해 배를 바다에 띄울 수 있겠는지' 자문해 볼 수 있을 것이다. 15분짜리 열에 세 개의 대답을 적어 넣을 때도 앞서 5분짜리 열에서 그랬던 것처럼 중요한 순서에 따라 적어 넣자. 첫 번째 이유를 15분짜리 열의 맨 위에 있는 셀에 입력하고 나면, 이야기 템플리트는 그림 3-6처럼 보일 것이다.

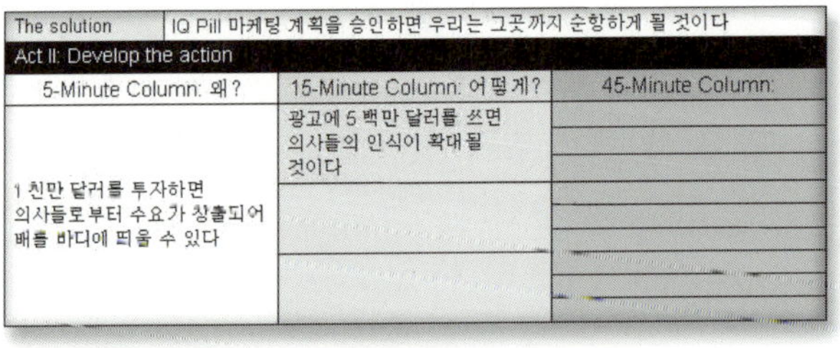

그림 3-6 ▶
15분짜리 열의 맨 위 셀을 채워 넣은 상태의 2막 1장

그 아래 있는 셀에 두 번째 대답을 입력하고, 그 다음 셀에 세 번째 대답을 입력하자. 15분짜리 열에 입력한 대답들은 5분짜리 열에 적은 주요

Chapter 03 2막과 3막에서 이야기 구체화하기

항목을 좀더 상세하게 뒷받침하는 것으로서 구체적인 근거를 제시하는 것이어야 한다. 이러한 근거로는 조사 결과, 사례 연구, 재무 분석, 일화 등이 올 수 있다.

아래 문장의 빈칸을 채워 15분짜리 열에 있는 세 개의 대답을 시험해 보자.

(5분짜리 열의 항목을 삽입한다)는 주장의 세 가지 주된 근거는 다음과 같다: (15분짜리 열, 대답 1을 삽입한다), (15분짜리 열, 대답 2를 삽입한다), (15분짜리 열, 대답 3을 삽입한다).

이 예에서 시험 문장은 다음과 같다.

1천만 달러를 투자하면 의사들로부터 수요가 창출되어 배를 바다에 띄울 수 있다는 주장의 세 가지 주된 근거는 다음과 같다: 광고에 5백만 달러를 쓰면 의사들의 인식이 확대될 것이다, 마케팅 전화에 3백만 달러를 쓰면 표본 추출 비율이 증가할 것이다, 컨퍼런스에 2백만 달러를 쓰면 가시성이 증대될 것이다.

앞에서 보았던 시험 문장과 마찬가지로, 이 문장이 타당성을 얻으려면 각 대답이 유사한 방식으로 작성되고 비슷한 유형의 정보를 포함해야 한다. 그림 3-7에서 볼 수 있듯이 시험 문장을 왼쪽에서 오른쪽으로 읽어 가면서 이 시험을 시각적으로 해 볼 수 있다.

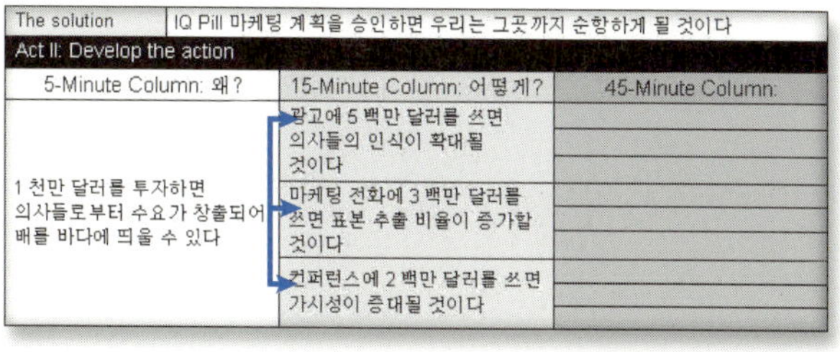

▶ 그림 3-7
15분짜리 열에 있는 세 개의 진술이 5분짜리 열의 주요 항목을 뒷받침하는지 확인하기

이제 15분짜리 열에 사용했던 것과 같은 기법들을 사용해서 45분짜리 열을 채워 보자. 커서를 '45분짜리 열' 제목의 오른편에 놓은 다음, 청중이 15분짜리 열 진술들에 관해 이어서 알고 싶어할 문제('왜' 또는 '어떻게')를 적어 넣자. 우리 예제에서는 '왜?'를 적어 넣었다. 발표자가 열의

15분짜리 열 시험

아래 문장의 빈칸을 채워 15분짜리 열의 세 가지 항목을 시험해 보자.

(5분짜리 열에 적힌 항목을 삽입한다)는 주장의 세 가지 주된 근거는 다음과 같다: (15분짜리 열, 대답 1을 삽입한다), (15분짜리 열, 대답 2를 삽입한다), (15분짜리 열, 대답 3을 삽입한다).

제목으로 선택하는 질문은 이야기하는 주제에 따라 다를 것이다. 때로는 전부 '왜'이거나 전부 '어떻게'일 수도 있고 그 둘이 결합될 수도 있을 것이다. 이제 15분짜리 열의 각 진술을 읽고 그런 진술이 왜 혹은 어떻게 해서 사실인지 물어 보자. 콘토소 예제의 경우, 발표자는 '광고에 5백만 달러를 쓰면 왜 의사들의 인식이 확대되는가?'라는 질문처럼 '왜'라는 질문을 할 것이다.

45분짜리 열의 맨 위 셀에서부터 대답을 세 개씩 중요한 순서대로 적어 넣자. 45분짜리 열에 대답을 입력하면 입력된 텍스트를 담기 위해 셀의 높이가 늘어날 것이다. 앞의 두 열에서와 마찬가지로 진술이 항상 약 네 줄을 넘지 않도록 하자.

45분짜리 열에 적어 넣는 대답들은 15분짜리 열의 진술을 좀더 상세하게 뒷받침하는 것으로서 15분짜리 열의 진술을 입증하는 구체적인 근거를 예로 들어야 한다. 15분짜리 열에 세 개의 대답을 다 입력한 다음 아래 문장의 빈칸을 채워 입력한 대답들을 시험해 보자.

(15분짜리 열의 진술을 삽입한다)는 주장의 세 가지 주된 근거는 다음과 같다: (45분짜리 열, 대답 1을 삽입한다), (45분짜리 열, 대답 2를 삽입한다), (45분짜리 열, 대답 3을 삽입한다).

이 예에서 시험 문장은 다음과 같을 것이다.

광고에 5백만 달러를 쓰면 의사들의 인식이 확대될 것이라는 주장의 세 가지 주된 근거는 다음과 같다: 과거에 이와 비슷한 수준의 지출을 통해 목표에 도달하는 데 도움을 얻을 수 있었다, 업계 평균에 비추어 볼 때 이 예측 결과가 옳다는 것을 확인할 수 있다, 광고 대행사 관계자들이 광고에 대한 반응이 안정된 상태로 유지되리라고 예상한다.

그림 3-8에서 볼 수 있는 것처럼 시험 문장을 왼쪽에서 오른쪽으로 읽어 가면서도 동일한 시험을 시각적으로 해 볼 수 있다.

Chapter 03 2막과 3막에서 이야기 구체화하기

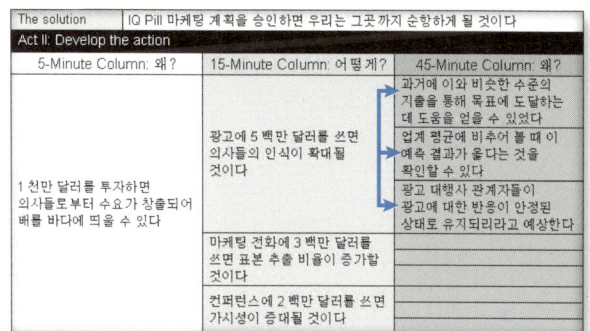

> 그림 3-8 ▶
> 45분짜리 열에 있는 세 개의 진술이 15분짜리 열의 사항을 뒷받침하는지 확인하기

45분짜리 열 시험

아래 문장의 빈칸을 채워 45분짜리 열의 세 가지 항목을 시험해 보자.

(15분짜리 열의 진술을 삽입한다)는 주장의 세 가지 주된 근거는 다음과 같다: (45분짜리 열, 대답 1을 삽입한다), (45분짜리 열, 대답 2를 삽입한다), (45분짜리 열, 대답 3을 삽입한다).

이렇게 '45분짜리 열'의 대답을 시험해 본 다음, 15분짜리 열의 두 번째 진술에 상응하는 '45분짜리 열' 대답들을 만들고 이 과정을 되풀이하자. 그런 다음 15분짜리 열의 세 번째 진술의 '45분짜리 열' 대답들을 만들고 동일한 과정을 반복하자. 이 모든 작업을 다 마치면 그림 3-9에서 볼 수 있는 것처럼 이야기 템플리트의 2막 1장이 완성된다.

> 그림 3-9 ▶
> 모든 셀을 채워 넣은 상태의 2막 1장

1장을 완성했으니 이제 2장과 3장으로 넘어갈 차례다.

67

2막 2장 및 3장: 지금까지의 과정 반복 적용하기

2장과 3장 모두에 같은 과정을 적용하자. 각 수준별로 시험 문장들을 이용해 추론이 제대로 되었는지 검사하자. 시험 문장들이 항상 명료하고 일관성을 갖도록 이야기 템플리트의 진술들을 필요한 만큼 수정하자.

이야기 템플리트 2막에서는 발표자의 생각을 청중이 이해하기 쉽도록 세 가지 생각의 덩어리로 묶어 보았지만, 템플리트의 모든 수준에서 발표자가 언급하려는 항목이 언제나 정확히 세 개일 수는 없을 것이다. 두 가지 사항만을 언급하고 싶을 경우에는 세 번째 셀을 공백으로 남겨 두자. 네 개의 주요 항목을 만들 필요가 있을 때는 이 장의 뒤에 나오는 '팁 2: 4를 위한 공간 마련하기'를 참조하기 바란다. 주요 항목이 네 개가 넘는다면, 아이디어들을 재가공하거나 몇 가지 아이디어들을 하나의 주요 항목으로 통합하는 식으로 주요 항목의 개수를 줄이는 방법을 찾아야 한다.

2막을 이루는 세 개의 장을 완성하고 나면 이야기 템플리트가 한 페이지 이상 넘어갈 수도 있을 것이다. 그림 3-10은 콘토소 이야기 템플리트의 완성된 2막에서는 세 개의 장을 한 페이지에서 볼 수 있도록 '45분짜리 열' 진술들을 줄여서 표현한 것이다.

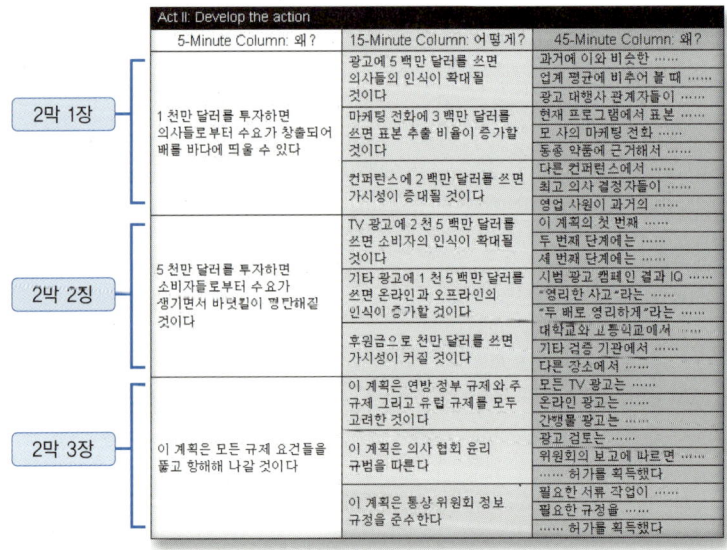

그림 3-10 ▶
세 개의 장을 모두 완성한 상태의 2막

완성된 2막의 장들을 검토해 보면 알겠지만, 여기서 발표자는 1막에 제시했던 해결책의 근거를 늘어놓는 작업을 했다. 즉, 뒷받침하는 항목의 두 번째와 세 번째 수준에 의해 확증되는 세 가지 주요 항목을 이용해 자신의 주장이 정당함을 입증하는 것이다.

발표자가 프레젠테이션에서 소개하는 생각을 듣다 보면 청중은 자연히 '왜 혹은 어떻게 해서 이렇게 될까?' 하는 궁금증을 가질 것이다. 이야기 템플리트의 각 열이 '왜' 라는 질문과 '어떻게' 라는 질문 둘 중 하나에 답하도록 설정되어 있기 때문에, 발표자는 그런 청중의 궁금증을 즉시 해결해 줄 수 있다. 여기서 작용과 반작용의 끊임없는 역학이 생겨난다. 즉, 하나의 열이 '작용' 이라면 그 다음 열은 그것에 대한 '반작용' 이다. 2막이 갖는 이런 동적인 구조 덕분에 발표자는 3막으로 넘어가기 전에 이야기가 진행될 수 있는 모든 방향을 검토할 수 있다. 이 같은 구조는 발표자가 제시하는 정보를 사람들이 자연스럽게 생각하고 추론하는 방식에 부합하게 해서 결과적으로 이야기를 좀더 재미있고 흡인력 있게 만드는 데도 도움이 된다.

2장과 3장을 모두 완성하고 나면, 2막의 마지막 장에서 지금까지의 이야기를 새로운 방향으로 전환할 것이다.

2막 4장 : 전환점 만들기

1막의 마지막 장에서 이야기의 방향을 2막으로 전환시켰던 것처럼 2막의 마지막 장에서 이야기의 방향을 3막으로 전환시켜야 한다. 2막의 마지막 장에서 할 말을 좀더 쉽게 생각해내기 위해 잠시 짬을 내서 그림 3-11에서 볼 수 있는 것처럼 1막의 각 장들을 다시 검토해 보자.

▶ 그림 3-11
콘토소 이야기 템플리트 1막

콘토소 마케팅 프레젠테이션 – 팻 콜먼	
Act I: Set up the story	
The setting	현재 제약 산업은 변화의 바다를 항해하고 있다
The protagonist	갑판에 있는 모두가 이 거친 물살에 맞서 힘든 항해를 하고 있다
The imbalance	시장 환경과 규제가 IQ Pill 의 출시를 위협하고 있다
The balance	거친 파도에 대비한 계획을 통해 콘토소의 재정 목표를 달성할 수 있다
The solution	IQ Pill 마케팅 계획을 승인하면 우리는 그곳까지 순항하게 될 것이다

1막 4장 '균형 상태'는 3장에서 설정한 불균형 상태 대신 청중이 원하는 상태를 설명한다. 2막 4장 전환점에서 발표자가 해야 할 일은 청중에게 그들이 바라는 균형 상태를 상기시키는 것이다. 이렇게 하기 위해 그림 3-12에서 볼 수 있는 것처럼 청중이 추구하는 균형 상태에 관계된 질문을 하자.

그림 3-12 ▶
콘토소 프레젠테이션 2막 4장

Turning point	콘토소가 성공적인 결과로 항해해 갈 수 있을까?

'성공적인 결과로 항해해 간다'는 어구는 콘토소 이사회가 1막 4장에서 도달하고 싶어하는 바로 그 재정 목표를 암시한다. 이 목표를 질문의 형태로 진술함으로써 상황이 여전히 미해결임을 나타내는 한편, 발표자가 앞서 청중과 맺었던 정서적인 유대관계를 되살려낼 수 있다.

이 전환점은 2막이 결론에 이르렀고 곧 모든 것을 한데 묶는 마지막 국면에 접어들 것이라는 신호이다.

이제 3막에서 이야기의 갈등을 해결할 차례가 되었다.

3막: 해결 구성하기

지금까지 작성된 이야기를 요약해 보면, 1막에서는 청중이 어떤 문제에 직면해 있는지 설정한 다음 해결책을 제안했고, 2막에서는 제시된 해결책이 왜 좋은 아이디어인지 그 근거를 설명한 다음 청중이 원하는 것을 재확인했다. 이어지는 3막에서는 모든 것을 한데 묶으면서 청중의 문제 상황을 해결하는 자리를 마련할 것이다. 청중이 이야기의 주인공이라는 사실, 그리고 다름 아닌 '청중'이 제시된 해결책을 수용할지 말지 결정하는 것으로 프레젠테이션을 매듭지어야 한다는 사실을 명심하자. 3막의 네 개 장을 이용해 청중이 문제를 해결하는 자리를 마련해 보자.

3막 1장 : 위기를 한 번 더 진술하기

이야기에서 '위기(crisis)'란 사태가 끓는점에 이른 때를 말한다. 콘토소 예제의 경우, 1막의 3장 및 4장에서 프레젠테이션의 중심 문제를 정의했을 때 이미 발표자는 냄비를 가스레인지 위에 올려놓고 센 불을 켜 놓은 셈이다. 즉, 이 두 핵심 장에서 발표자는 청중이 스스로에게 묻고 있는 두 가지 중요한 질문('우리는 왜 여기 있는가?'와 '우리는 어떤 일이 일어나기를 원하는가?')에 답한다. 이제 커서를 3막 1장의 맨 위 셀에 놓고 그림 3-13에서 볼 수 있는 것처럼 이 두 질문에 대한 답을 하나의 진술로 요약해 보자.

그림 3-13 ▶
콘토소 프레젠테이션 3막 1장

Act III: Frame the resolution	
The crisis	시장 환경과 규제가 성공적인 항해를 위협한다
The solution	
The climax	
The resolution	

이 예제에서는 1막 3장에 나왔던 '시장 환경과 규제'라는 표현과 '성공적인 여행'이라는 표현을 사용했다. '여행'이라는 단어는 항해라는 단일한 모티프로 다시 연결되면서 결국 항해의 모티프가 1막, 2막, 3막 내내 지속된다. 3막 1장에서는 1막에 나왔던 핵심 문제를 요약해서 프레젠테이션에서 다루는 위기를 청중에게 다시 상기시킨다.

이번에는 청중이 이미 알고 있는 것들을 말할 차례다.

3막 2장 : 해결책 추천하기

그 다음 장에는 1막에 제시했던 해결책을 그대로 다시 적어 넣자. 그림 3-14에서 볼 수 있는 것처럼 다음 셀 안에 1막 5장에 사용했던 것과 동일한 진술을 적어 넣자.

◀ 그림 3-14
1막 5장을 그대로 다시 진술하는 3막 2장

Act III: Frame the resolution	
The crisis	시장 환경과 규제가 성공적인 항해를 위협한다
The solution	IQ Pill 마케팅 계획을 승인하면 우리는 그곳까지 순항하게 될 것이다
The climax	
The resolution	

앞서 제시된 해결책을 여기에 그대로 되풀이하면 청중은 그런 해결책이 주어졌었다는 것을 한 번 더 생각하게 된다. 그 해결책이 왜 그리고 어떻게 해서 좋은 아이디어가 되는가를 기술하는 데 2막의 처음 세 장을 모두 할애한 상태이기 때문에, 같은 해결책이라 하더라도 이제 여기서는 훨씬 더 많은 의미를 지닌다. 이 진술 하나가 2막에서 전개했던 모든 줄거리를 사실상 요약하는 셈이다.

이어서 콘토소 프레젠테이션의 절정을 만들어 볼 것이다.

3막 3장 : 절정 설정하기

프레젠테이션의 '절정(climax)'은 그때까지 이야기된 모든 것이 한데 모이면서 발표자가 준비한 말을 끝마치는 지점이다. 발표자는 이야기가 이 지점까지 진전되는 동안 내내 이 힘 있는 결론을 향해 항해해 온 셈이다. 이 절정은 전체 이야기의 어조나 태도(창조적 자극, 위험, 도전, 비전, 용기, 권한 부여, 희망 등)를 나타내는 최종 해결 부분의 발판이 된다.

3막 3장의 내용은 발표자가 프레젠테이션을 매듭짓는 힘 있는 결론을 말하는 동안 슬라이드에 나타날 것이어야 한다. 그림 3-15에서 볼 수 있는 것처럼 맺음말의 중심 주제를 표현하는 진술을 적어 넣자.

◀ 그림 3-15
3막 3장에서 콘토소 프레젠테이션의 항해 모티프를 반복한다.

Act III: Frame the resolution	
The crisis	시장 환경과 규제가 성공적인 항해를 위협한다
The solution	IQ Pill 마케팅 계획을 승인하면 우리는 그곳까지 순항하게 될 것이다
The climax	IQ Pill 을 통해 얻을 수 있는 재정적인 결과까지의 진로를 해도로 나타내기
The resolution	

'진로를 해도로 나타내기'라는 표현은 항해의 모티프를 반복하고 'IQ Pill을 통해 얻을 수 있는 재정적인 결과'라는 어구는 청중이 이 프레젠테이션으로부터 얻고자 하는 것을 다시 한 번 상기시킨다. 여기서는 2장

의 '글쓰기의 세 가지 기본 원칙' 부분에 나왔던 원칙 1을 수정해 문장 단편(sentence fragment)을 이용할 수 있다. 발표자가 하고 있는 말에 주의를 분산시키지 않고 발표자가 내린 결론의 골자를 파워포인트 슬라이드상에서 알기 쉽게 전달하는 데 필요한 최소한의 문구를 적어야 한다.

절정이 만들어졌으니 이제 전체 프레젠테이션에서 가장 기대되는 장, 즉 상황 해결 부분을 만들 준비가 되었다.

3막 4장: 해결에 이르기

발표자가 맺음말을 해도 청중의 입장에서는 프레젠테이션 체험이 끝난 것이 아니다. 청중은 여전히 발표자가 권고한 해결책을 수용할지 말지를 결정해 그에 상응하는 일정한 조치를 취해야 한다. 그러나 청중은 아마도 결정을 내리기에 앞서 발표자와의 비공식적인 대화를 통해, 혹은 보다 공식적인 질의응답 시간을 통해 자신들이 처한 상황에 대해 토론하고 싶어할 것이다.

따라서 3막 4장에는 발표자와 청중이 대화를 나누고 결과적으로 청중에 의해 프레젠테이션이 해결되도록 하기 위한 배경을 짜 넣어야 한다. 그림 3-16에서 볼 수 있는 것처럼 대화의 분위기를 설정하는 어구를 적어 넣자.

Act III: Frame the resolution	
The crisis	시장 환경과 규제가 성공적인 항해를 위협한다
The solution	IQ Pill 마케팅 계획을 승인하면 우리는 그곳까지 순항하게 될 것이다
The climax	IQ Pill 을 통해 얻을 수 있는 재정적인 결과까지의 진로를 해도로 나타내기
The resolution	IQ Pill - 걸반의 시간으로 두 배 영리하게

그림 3-16 ▶
간단한 표어로 표현된 3막 4장

'IQ Pill, 절반의 시간으로 두 배 영리하게' 라는 이 간단한 표어는 청중과의 질의응답 시간 동안 화면상에 표시될 것이다. 이 진술은 배경 속으로 미묘하게 섞여 들어가서 집중적인 관심의 표적이 되지 않도록 보편적이고 논란의 여지가 없게 작성해야 한다.

이렇게 완성된 3막은 3막 구조로 된 이 이야기를 끝맺는다. 3막에서는 1

막의 감성에 대한 호소(청중에게 방향을 설정해 주고 청중이 가진 문제의 핵심을 찌른)와 2막의 이성에 대한 호소(청중이 가진 문제의 이성적인 부분을 겨냥한)를 한데 묶는다. 이렇게 모든 조각들을 일관되고 세련되게 하나의 꾸러미 안에 넣고 포장했으니 이제 완성된 스크립트 초고를 읽어 볼 차례다.

파워포인트 스크립트 소리 내어 읽기

이야기 템플리트의 가장 분명한 이점은 발표자가 자신의 모든 아이디어를 한 곳에서 볼 수 있고, 한 아이디어가 다른 아이디어들과 어떤 관련을 맺는지 재빨리 포착할 수 있다는 것이다. 이 시점에는 이야기 템플리트를 출력해서 읽어 내려가면서 이야기가 제대로 만들어졌는지 확인할 수 있다.

이야기 템플리트를 출력하기 전에 먼저 검토해 보자. 이야기 템플리트가 여러 페이지에 걸쳐 작성되어 있을 경우에는 2막의 장들을 한 페이지에 들어가는 분량만큼씩 분할해야 할 것이다. 이렇게 하려면 포인터를 5분짜리 열의 분할하기 적당한 셀에 놓고 **표, 표 분할**을 클릭해 그 행을 바로 위의 행과 분리시키자. 이때 마음이 바뀌었다면 **편집, 표 분할 취소**를 클릭하면 된다.

출력된 이야기를 손에 들고 서서 실제로 대중 앞에서 연설하고 있는 중이라고 생각하자. 회의실에서 혼자 소리 내서 읽어 볼 수도 있고 팀원들에게 참석해서 들어달라고 요청해도 좋을 것이다. 출력본을 보면서 진술을 읽은 후 양손을 옆으로 내린 다음 잠시 그대로 있자. 그리고 마치 청중을 향해 말하고 있는 것처럼 앞을 보면서, 방금 읽은 진술을 통해 전달하고자 하는 말의 요지를 상세히 설명하자. 그리고 그 다음 진술을 읽은 다음 다시 양손을 옆으로 내리고 설명하는 식으로 모든 진술을 읽고 설명해 보자.

Chapter 03 2막과 3막에서 이야기 구체화하기

기억해 둡시다

이와 같은 지침에 따라 이야기 템플리트의 진술들을 소리 내어 읽어 보면 대중 앞에서 연설할 때 가장 흔히 나타나는 두 가지 문제(청중에게 이야기하는 것이 아니라 종이나 슬라이드에 대고 이야기하는 것, 발표자가 말하는 동안 무의식중에 의미 없는 손짓을 하는 것)를 피할 수 있다. 손에 든 출력본을 보면서 진술을 읽은 다음 양손을 옆으로 내리는 연습을 하다 보면 발표자는 어떤 생각을 밝힐 때마다 자신이 청중을 향해 말해야 한다는 점을 기억하게 될 것이다. 양손이 이 위치에 있으면 불편한 느낌이 들지 모르지만, 사실 그 위치야말로 발표자가 말하는 동안 그의 양손이 있어야 할 최상의 장소이다. 그러다가 특정한 사항을 강조하려 할 경우에는 계획된 동작으로 팔을 들어올려 그 사항을 보강한 다음 팔을 다시 내리면 된다.

TIP

스크립트를 소리 내어 읽는 동안에는 펜이나 연필을 손 닿는 곳에 두고 출력본에 편집용 메모를 적어 두자. 이야기 템플리트는 나중에 다시 컴퓨터로 업데이트하면 된다.

이야기 템플리트의 모든 셀을 채워 넣었을 경우 만들어지는 진술은 총 49개이다. 발표자가 슬라이드 한 개당 대략 1분의 시간을 소비한다면 45분짜리 프레젠테이션이 만들어지는 셈이다. 1막의 진술들부터 읽어 보자. 그런 다음 2막의 진술들을 만들어진 순서대로 읽어 보자. 다음으로 3막을 읽어 보자. 3막 3장에 이르면 끝맺는 말을 연습하자. 마지막 4장에 이르면 잠시 멈추고 청중이 물어올 만한 질문에 대해 생각해 보자.

처음부터 끝까지 한 번 다 읽고 나면 스크립트를 축약해서 두 번 더 읽자. 두 번째 읽을 때도 전과 동일한 순서로 읽되 2막의 '45분짜리 열'에 있는 진술들은 건너뛰자. 이렇게 하면 총 49개가 아니라 22개의 진술만이 남게 되므로 진술 한 개당 약 40초의 시간을 소비할 경우 약 15분 안에 모든 진술을 끝마칠 수 있다. 이렇게 하더라도 이야기에 없어서는 안 될 요소들을 모두 다룰 수 있다. 한 수준의 세부사항만을 생략했기 때문이다.

세 번째 읽을 때도 동일한 순서로 읽되 2막의 '15분짜리 열'과 '45분짜리 열'에 있는 진술들을 모두 건너뛰자. 이렇게 하면 12개의 진술이 남으므로 진술 한 개당 25초의 시간을 쓸 경우 발표자는 약 5분 이내에 모든 진술을 끝마칠 수 있다. 이 경우에는 두 수준의 세부사항을 생략하고 있는 셈이다. 모든 진술을 위에서 아래로 중요한 순서대로 입력했기 때문에 부가적인 진술들을 삭제해 타이밍을 미세하게 조정할 필요가 있을 경우에는 열 혹은 열 구획의 맨 아래에서 잘라내면 된다.

이 세 가지 종류의 스크립트 읽기를 통해 이야기 템플리트의 강력한 힘을 알 수 있다. 즉, 스크립트를 읽는 데 45분이 걸리든 15분이 걸리든 5분이 걸리든 상관없이 발표자는 항상 이야기 구조의 통일성을 유지하게 된다. 나중에 이 책의 4장에서 스토리보드를 만들 때 파워포인트 슬라이드에도 이 같은 이점을 그대로 이어갈 수 있다.

팀원들과 함께 스크립트 검토하기

발표자가 이야기 템플리트를 이용해 모든 진술을 한눈에 보면서 다룰 수 있는 것처럼, 다른 사람들도 이야기 템플리트를 이용해 발표자의 이야기를 검토할 수 있다. 함께 작업하는 사람의 수가 많지 않다면 이야기 템플리트를 발표자의 컴퓨터 화면에 띄워 놓고 함께 편집할 수 있을 것이다. 함께 작업하는 사람의 수가 많고 작성된 문장들을 검토하기 위한 회의를 소집하고 싶은 경우에는 워드 문서로 된 이야기 템플리트 사본을 사전에 팀원 모두에게 이메일로 보내도록 하자.

중요사항

다음 단계로 나아가려면 반드시 이야기 템플리트를 마무리짓고 나서 프레젠테이션에 이해관계가 있는 모든 사람들로부터 동의를 얻어야 한다.

이때 발표자는 프레젠테이션에 이해관계가 있는 모든 사람들로부터 이야기 템플리트에 대한 동의를 반드시 얻어야 한다. 프레젠테이션에 이해관계가 있는 사람들에는 발표자와 같은 팀에 있는 사람들, 발표자가 속한 조직의 다른 부서에 있는 사람들, 발표자가 말하게 될 내용을 허가하고 승인해야 하는 모든 사람들이 포함된다.

이야기 템플리트를 검토용 문서로 사용하면 표현이나 구조를 재빨리 수정할 수 있고 다른 사람이 전문적인 의견을 제공하고 프레젠테이션의 성공을 위해 기여하도록 만들 수 있다. 이야기 템플리트에 대한 동의를 얻는 일은 모든 사람들이 디자인 문제가 아니라 발표자의 아이디어에 집중하게 한다. 이 시점에서 디자인에 신경을 쓰면 주의가 분산되기 때문이다. 경영진으로부터 이야기의 구조와 배열에 대한 최종 승인을 얻고 나면 디자인 과정에 시간을 투자하고 난 후 나중에 불필요한 시간과 노력을 들일 가능성도 줄어들게 된다.

수요일에 글머리 기호를 사용하지 않고 마케팅 프레젠테이션을 작성하는 방법을 검토하기 위해 콘토소의 CEO 크리스 그레이와 만날 때, 이미 작성한 이야기 템플리트를 여러 장 출력해서 가져가기 바란다. 그리고 우선 예행연습했던 순서대로 생각을 이야기하자. 또 주어진 프레젠테이션 시간이 45분에서 15분 혹은 5분으로 줄어들 경우 이야기의 규모를 축소시키는 방법으로 어떤 것들을 선택할 수 있는지 의견을 나누자. 크리스가 이야기 템플리트의 방향에 만족해 하면 이제 글머리 기호의 유혹을 넘어서기 위한 다음 단계로 넘어갈 수 있다.

이야기 템플리트 막 내리기

우리는 완성된 이야기 템플리트를 이용해 여러 가지 복잡한 일들을 수행했다. 가령, 고전적인 3막 이야기 구조를 이용해 요지를 찾아냈다. 감성과 이성에 호소하기도 하고 청중이 프레젠테이션에 계속 관심을 갖게 해 줄 극적인 갈등을 만들어내기도 했다. 또 사람들이 전달하는 정보에 주의를 기울이고 기억하는 데 도움을 주는 구조로 생각을 가다듬고 정리했다.

'탈 글머리 기호' 접근 방법의 다음 단계, 즉 스크립트를 스토리보드로 나타내는 단계로 넘어가기에 앞서, 다음 열 가지 팁을 꼼꼼히 읽어 보고 이야기 템플리트를 좀더 좋게 만들 수 있는 방법을 찾아보자.

이야기 템플리트를 강화하기 위한 열 가지 팁

이야기 템플리트가 손에 쥐어지면 발표자는 다음 프레젠테이션에서 요지가 잘 잡힌 이야기를 하게 되어 안심할 수 있다. 템플리트를 완성하기 위한 기본 사항들을 이해했다면 이제 다음 열 가지 팁을 이용해 템플리트의 기본 개념을 다양하게 응용해 보자.

팁 1: 3의 힘

발표자의 입장에서는 파워포인트 슬라이드를 데이터로 가득 채우고 싶을 수도 있지만, 인간이 이해할 수 있는 정보량은 두뇌가 가진 한정된 정보 처리 능력으로 인해 항상 제약을 받는다. 자신의 생각을 전달할 때 세 개씩 묶어서 제시하면 청중이 정보를 좀더 잘 이해할 수 있다. 연구 결과 사람들은 보통 한 번의 단기 기억에 세 개 혹은 네 개의 독립된 생각들을 담아 둘 수 있는 것으로 밝혀졌다(www.sociablemedia.com에 있는 논문 "The Science of Making Your PowerPoint Memorable: Q&A with Nelson Cowan"을 참조).

우리의 이야기 템플리트는 생각을 세 개씩 묶어서 다양하게 조직할 수 있도록 만들어져 있다. 우선 전체 이야기는 세 개의 막으로 이루어져 있다. 2막은 세 개의 요지(5분짜리 열에 열거된)로 이루어져 있고 이 각각의 요지를 뒷받침하는 항목이 세 개씩(15분짜리 열에 열거된) 있다. 15분짜리 열의 각 항목에 대해서도 뒷받침하는 항목이 세 개씩(45분짜리 열에 열거된) 있다. 진술들을 이런 구조로 세 개씩 묶어 요약하기가 쉽지는 않겠지만 힘들게 작업한 만큼 좋은 결과가 있을 것이다. 청중이 발표자의 생각을 좀더 쉽게 받아들이고 기억하며 이해하게 될 테니까 말이다.

팁 2: 4를 위한 공간 마련하기

3이 강력한 숫자이긴 하지만 실제로는 이야기 템플리트 2막을 작성하다 보면 하나의 열에서 네 가지 생각을 밝히게 될 수도 있다. 이런 경우에는 직접 손으로 워드 표에 셀을 삽입하지 말고 www.sociablemedia.com에서 2막의 모든 구획마다 네 개의 행이 들어 있는 이야기 템플리트를 다운로드해서 사용하자. 이 장에서 설명한 3행 구성의 이야기 템플리트와 마찬가지로 2막의 어떤 구획에서 주어진 셀의 개수보다 더 적은 수의 생각을 밝히게 될 경우에는 나머지 셀을 공백으로 남겨 두면 된다. 뒷받침하는 항목이 네 가지인 템플리트를 이용해 생기는 불이익은 셀의 수가 49개에서 94개로 늘어나면서 프레젠테이션이 엄청나게 커지고 복잡해진다는 것이다. 이처럼 말하려는 항목이 많으면 많을수록 발표자에게는 더욱더 많은 시간이 필요하고 사람들은 더욱더 많은 정보를 처리해야 한다는 사실을 명심하기 바란다. 따라서 길고 복잡한 프레젠테이션을 만들어 내지 않으려면 네 가지보다는 세 가지 항목을 고수하는 것이 좋다.

팁 3 : 다양한 변형

이 장에 기술된 이야기 템플리트는 발표자가 템플리트 작성 과정에 익숙해진 후에는 자신의 필요에 따라 고쳐 쓸 수 있는 구조로 되어 있다. 예를 들어 열 제목에서 가장 흔하게 쓰이는 질문인 '왜' 나 '어떻게' 보다 '무엇' 이 더 잘 들어맞을 경우에는 '무엇' 이란 질문에 답할 수도 있을 것이다. 이 장에서 이야기 템플리트 2막의 원리를 완전히 터득했다면, 주저하지 말고 이야기 템플리트를 프레젠테이션에 가장 효율적인 방식으로 창의력 있게 변형해 보자.

팁 4 : 로직 트리를 이용해 명료성 키우기

이야기 템플리트의 2막은 적어도 1,700년 전부터 내려온 '로직 트리(logic tree)' 라는 고전적인 기법에 기반하고 있다. '수형도(tree diagram)' 라고도 하는 로직 트리는 하나의 계층 구조 속에서 여러 계층의 생각들 간의 관계를 보여 준다(로직 트리 다이어그램의 기본 형태는 조직도에서 찾아볼 수 있다). 로직 트리는 여러 가지 생각의 핵심을 찾아내고 하나의 계층 구조로 정리할 수 있는 강력한 도구이다. 이야기 템플리트의 2막은 이런 로직 트리에서 영감을 받아 만들어진 것이다. 즉, 그림 3-17에서 볼 수 있는 것처럼 이야기 템플리트를 옆으로 눕힌 다음 해결책이 트리의 맨 위에 오게 하면 로직 트리 형태를 확인할 수 있다.

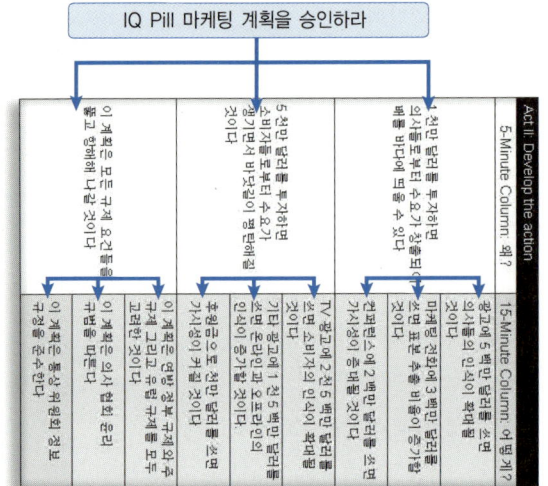

◀ 그림 3-17
로직 트리 구조로 되어 있음을 보여 주기 위해 옆으로 눕혀 놓은 이야기 템플리트 2막

로직 다이어그래밍의 개념에 대해서는 여러 가지 자료를 통해 자세히 알아볼 수 있다. 예를 들어 Marya W. Holcombe와 Judith K. Stein은 『Presentations for Decision Makers, Third Edition』(Wiley, 1996) 4장에서 프레젠테이션의 논리적인 구조를 구축하는 방법을 잘 소개하고 있으며, (Barbara Minto)는 『The Minto Pyramid Principle: Logic in Writing, Thinking, and Problem Solving』(Minto International, 1996)에서 책 전체를 할애해 이 로직 다이어그램 기법을 정교하면서도 철저하게 그리고 포괄적으로 설명하고 있다.

이 자료들은 비슷한 생각들을 하나의 그룹으로 묶고 계층 구조의 맨 아래에 있는 세부사항들에서부터 맨 위에 있는 요지들로 올라가며 작업하는 방법을 설명한다. 이야기 템플리트를 이용하는 자신만의 기술을 개발해 나가면서 이런 개념들을 체화하면 자신도 모르는 사이에 이야기가 명료하게 정리될 것이다.

팁 5 : 브레인스토밍을 통해 개요 작성하기

2막에 작성할 진술들이 쉽게 떠오르지 않으면 브레인스토밍을 이용해 자유롭고 편안한 분위기에서 생각해 볼 필요가 있다. 발표자 혼자서, 혹은 팀원들과 함께 새로운 아이디어를 브레인스토밍하는 데 도움이 될 만한 훌륭한 책과 온라인 자료들(www.innovationtools.com과 같은)이 많이 나와 있다. 어떤 기법을 사용하든 간에 브레인스토밍을 통해 얻을 수 있는 성과와 이야기 템플리트 작성 절차 간의 관계를 제대로 이해할 필요가 있다.

'브레인스토밍(brainstorming)'은 특정한 목적을 위해 아이디어를 이끌어내는 기술이다. 브레인스토밍을 할 때는 사고가 아무런 제약 없이 자유롭게 흘러가게 해야 한다. '프레젠테이션 개발'이란 것도 결국은 아이디어들을 선택하고 우선순위를 매기는 기술이다. 프레젠테이션을 개발하려면 비판적으로 사고하기, 선택하기, 우선순위 매기기, 추론하기 등 다양한 기술이 필요하다.

이야기 템플리트는 브레인스토밍을 통해 도출된 아이디어들 중 프레젠테이션의 초점을 가장 잘 뒷받침하는 것들을 선택할 수 있게 해 준다. 그러므로 2막을 작업할 때 일단 브레인스토밍을 통해 얻을 수 있는 아이디어들을 모두 모은 다음(목록, 노트 카드, 화이트보드 다이어그램이나 기타 서식 형태 중 어느 것을 이용하든) 이 장에서 설명한 진술 작성 절차를 적용하도록 하자.

간혹 어떤 진술 때문에 막혀서 앞으로 나아가지 못하고 있을 경우나 2막의 구조가 제대로 작동하지 않을 경우에는 다시 브레인스토밍을 해야 할 것이다. 그러다가 참신한 아이디어들이 떠오르면 다시 이야기 템플리트로 돌아가 프레젠테이션의 초점을 뒷받침하는 적당한 아이디어들을 선택하면 된다.

브레인스토밍과 이야기 템플리트를 이용하는 것은 서로 다르지만 상호 보완적인 기법들이므로 이 두 가지를 번갈아 사용하면 양쪽의 장점을 모두 취할 수 있다. 즉, 자신만의 독특한 이야기를 뒷받침하는 가장 참신한 아이디어들을 올바로 선택할 수 있다.

팁 6 : 팀원들의 재능 활용하기

2막에서 아이디어들을 구조화하는 작업을 팀원들과 함께 해 나간다고 생각해 보자. 우선 발표자의 컴퓨터에 프로젝터를 연결시켜 팀원들과 함께 2막 진술들을 개발해 나갈 수 있게 해 주는 여러 소프트웨어 도구들을 표시할 수 있다. 또 이미 언급했다시피 이야기 템플리트를 화면상에 워드 문서로 영사해 놓고 진술들을 실시간으로 수정할 수도 있다. 아니면 마이크로소프트 비지오(Microsoft Visio), 마이크로소프트 원노트(Microsoft OneNote)를 이용하거나 파워포인트의 조직도 기능을 이용해 표나 로직 트리를 만들 수 있다('팁 4 : 로직 트리를 이용해 명료성 키우기' 참조).

프로젝터가 없거나 손으로 직접 작성하는 방법을 선호한다면 종이나 플립 차트 또는 화이트보드를 이용해 로직 트리를 직접 그려 보자. 데이비드 스트레이커(David Straker)가 『Rapid Problem Solving with Post-it Notes』(Fisher Books, 1997)에서 설명하는 것처럼 2막 진술들의 초안을 적은 포스트잇을 벽에 붙여 로직 트리를 만들어 보자. 팀원들과 함께 위에 설명한 기법과 도구들을 이용해 보면서 생각의 요지를 모으고 우선순위를 매기는 데 가장 적절한 방법이 무엇인지 찾아보자. 가장 적합한 방법을 이용해 생각을 정리한 후에는 워드 문서로 되돌아가 팀원들과 함께 정한 진술들을 이야기 템플리트에 입력시키면 된다.

최상의 프레젠테이션을 만들고 싶으면 이야기 템플리트를 작성할 때 팀원들의 재능을 활용하는 것이 좋다.

팁 7 : 고속 엘리베이터 타기

기업가들이 신규 개발 사업을 위한 자금을 조달할 목적으로 투자자들에게 접근할 때는 '엘리베이터 선전(elevator pitch)'을 하게 되기가 쉽다. 엘리베이터를 타고 있는 아주 짧은 시간 안에 자신들의 회사를 선전한다는 뜻이다. 회사를 위해 자금을 끌어 모으는 입장에 있지 않더라도 발표자라면 프레젠테이션을 하기에 앞서 상관이 "미안하지만 전 당신의 프레젠테이션에 참석하지 못하겠군요. 당신이 말하려는 내용을 얼른 이야기해 주겠어요?"라고 할 경우 일종의 엘리베이터 선전을 제공해야 할 것이다.

이야기 템플리트를 완성시킨 후라면 발표자는 자신이 말하려는 내용을 명확하게 알고 있을 것이다. 우선 1막을 요약해서 상관에게 일종의 엘리베이터 선전을 제공할 수 있을 것이다. 그런 다음 이야기 템플리트 2막에 있는 5분짜리 열의 주요 항목을 묘사하자. 이렇게 하면 프레젠테이션의 배경이 설정되고 상위 수준의 항목들이 다루어진다. 상관이 어떤 특정한 항목에 관해 좀더 알고 싶다는 반응을 보이면 15분짜리 열과 45분짜리 열에 들어 있는 부가적인 정보를 이용해 필요한 만큼 좀더 상세하게 설명하면 된다.

이 편리한 기법은 엘리베이터 선전이나 구두 요약에만 쓰이는 것은 아니다. 가령 마케팅 설명을 글로 써야 할 경우 이야기 템플리트 1막과 2막에서 5분짜리 열 진술의 형태로 이미 작성해 놓은 개요를 사용할 수 있다. 이야기의 구조를 사전에 다른 사람들에게 알려 주고 싶을 경우 동일한 방식으로 이메일 메시지에 이야기를 요약해 넣을 수 있을 것이다. 어떤 상황에서든 이야기 템플리트를 이용해 효과적인 의사소통을 할 수 있는 셈이다.

팁 8 : 관례적인 개요 작성 규칙

2막을 작성할 때 이야기 템플리트를 이용하는 것보다 순차적으로 써 내려가는 것이 더 편하다면 '행위 개요(action outline)'를 시도해 보자. 행위 개요를 이용할 경우에도 이야기 템플리트를 이용할 때 따르던 것과 동일한 단계와 원칙들을 전부 따르게 된다. 한 가지 다른 점은 표의 셀 대신 들여쓰기라는 표준 개요 작성 규칙을 사용한다는 것이다. 콘토소 이야기 템플리트 2막을 행위 개요로 나타내면 다음과 같다.

이 IQ 마케팅 계획을 승인하면 우리는 그곳까지 순항하게 될 것이다(왜?)

1 1천만 달러를 투자하면 의사들로부터 수요가 창출되어 배를 바다에 띄울 수 있다. (어떻게?)

    a 광고에 5백만 달러를 쓰면 의사들의 인식이 확대될 것이다. (왜?)

        i 과거에 이와 비슷한 수준의 지출을 통해 목표에 도달하는 데 도움을 얻을 수 있었다.

        ii 업계 평균에 비추어 볼 때 이 예측 결과가 옳다는 것을 확인할 수 있다.

        iii 광고 대행사 관계자들이 광고에 대한 반응이 안정된 상태로 유지되리라고 예상한다.

    b 마케팅 전화에 3백만 달러를 쓰면 표본 추출 비율이 증가할 것이다. (왜?)

        i 현재 프로그램에서 표본 추출이 20퍼센트 증가했다.

        ii 모 사의 마케팅 전화 프로그램이 성공적으로 수행되고 있다.

        iii 동종 약품에 근거해서 목표 달성을 예측할 수 있다.

    c 컨퍼런스에 2백만 달러를 쓰면 가시성이 증대될 것이다. (왜?)

        i 다른 컨퍼런스에서 24퍼센트의 가시성을 얻었다.

        ii 최고 의사 결정자들이 참석할 예정이다.

        iii 영업 사원이 과거의 후원사로부터 호의적인 반응을 얻었다고 보고한다.

2 5천만 달러를 투자하면 소비자들로부터 수요가 생기면서 바닷길이 평탄해질 것이다. (어떻게?)

    ■ 여기에 뒷받침 항목들을 적는다.

3 이 계획은 모든 규제 요건들을 뚫고 항해해 나갈 것이다. (어떻게?)

    ■ 여기에 뒷받침 항목들을 적는다.

이 개요의 제목은 이야기 템플리트의 1막 5장에 나왔던 해결책을 그대로 반복하며, 번호가 매겨진 첫 번째 수준은 2막의 5분짜리 열에 해당한다. 이어지는 들여쓰기 수준들은 15분짜리 열과 45분짜리 열에 해당한다. 이렇게 작성된 개요는 이야기 템플리트의 2막과 동일한 효과를 나타내는 것으로서, 다만 그 방식이 순차적일 뿐이다. 따라서 관례적인 기법이든 아니든 간에 자신에게 효과가 있는 기법을 선택하면 된다.

팁 9 : 결론들을 단계적으로 조직화하기

좀더 명료하게 진술하기 위해서는 거꾸로 생각하는 것부터 시작해야 한다. 결론을 도출하기 위해서 그 전에 세부사항들을 먼저 분석했을 수도 있지만 그런 경우에도 이야기 템플리트는 그 과정을 거꾸로 뒤집어 결론을 먼저 제시하고 뒷받침하는 세부사항들을 그 다음에 제시한다. 발표자가 모든 세부사항들을 먼저 진술하면, 청중은 그 프레젠테이션이 향하고 있는 목적지를 파악할 때까지 그 세부사항들에 관한 정보를 기억해 두느라고 꽤나 고생해야 할 것이다. 하지만 결론을 먼저 진술하면, 청중은 그 한 가지 생각만을 기억하고서 뒤따라 나오는 모든 세부사항들의 맥락을 잡을 수 있게 된다.

1막에서 제시했던 해결책을 결론으로 설정하고 그 뒤에 2막의 처음 세 장에 있는 세부사항들을 설명했었다. 2막을 구성하는 장들 내에서도 동일한 기법이 적용되었다. 즉, 5분짜리 열에 주요 항목 한 가지를 먼저 진술한 다음 이를 뒷받침하는 세부사항들을 15분짜리 열에 진술하고, 15분짜리 열에 진술한 한 가지 항목을 뒷받침하는 세부사항들을 45분짜리 열에 진술하고 있다.

보통 생각하는 방식을 뒤집어 결론을 먼저 진술하고 뒷받침하는 세부사항들을 나중에 진술하면, 사람들은 발표자가 말하는 내용을 좀더 쉽게 기억하고 이해할 것이다. 발표자에게 이보다 더 나은 결론은 있을 수 없을 것이다.

팁 10 : 보이지 않는 이야기 구조

이야기 구조가 보이지 않게 되어 있을 때 이야기는 그만큼 더 명료해진다. 영화를 보면서 주인공들이 "지금부터 시작이야, 이건 중간이야, 이제 끝이야"라고 말하는 것을 들어본 적은 없을 것이다. 대부분의 영화 스크립트는 이야기 템플리트와 유사한 3막 구조를 이용해 작성된다. 이런 사실을 알고 있든 모르고 있든 간에 청중은 고전적인 이야기 요소들이 시나리오 안에 담겨 있지만 스크린상에서는 그런 요소들이 보이지 않을 경우에 그 영화를 보고 만족한다. 발표자가 하려는 이야기도 이 고전적인 구조를 이용해 만들어지기 때문에, 프레젠테이션의 시작 부분, 중간 부분, 끝 부분을 각각 언제부터 언제까지 진행하고 있는지를 청중에게 이야기해 줄 필요는 없다. 시작, 중간, 끝이라는 이야기 구조는 교양 있고 미디어에 정통한 청중이라면 직접 가르쳐 주지 않아도 이해할 수 있도록 이야기 템플리트와 완전히 하나가 되어 있기 때문이다.

CHAPTER 04

스토리보드 준비 및 계획하기

이 장에서 다루는 내용

1. 스크립트를 스토리보드로 바꾼다.
2. 스토리보드 가이드를 추가한다.
3. 화면에 영사할 시각적 표현들에 대한 계획을 세운다.
4. 이야기할 말을 글로 작성한다.
5. 작성된 막과 장들을 검토한다.

무엇부터 시작해야 할지 모르는 경우에는 마이크로소프트 오피스 파워포인트를 시작할 때 나타나는 빈 화면을 마주하고서 적잖이 주눅이 들게 마련이다. 그러나 이 책을 읽은 사람들은 이런 경험을 하지 않을 것이다. '탈 글머리 기호' 이야기 템플리트를 완성하고 나면 모든 슬라이드의 토대가 되는 완결되고도 일관된 이야기가 손에 쥐어지기 때문이다. 이제 할 일은 이야기 템플리트에 있는 진술들을 파워포인트로 옮기고 그 진술들을 스토리보드로 변형시키는 것이다. 발표자는 바로 이 스토리보드를 이용해 이야기할 말과 영사되는 시각적 표현을 계획하게 된다.

스토리보드

영화를 계획하고 있는 할리우드 감독이라면 스크립트에서 선택된 몇몇 장면의 프레임을 스케치하기 위해 스토리보드 아티스트를 고용할 것이다. 이 초기 스케치들을 통해 제작팀에 있는 모든 사람들이 영화가 어떻게 보일지 알 수 있게 되고, 스크립트에 나와 있는 말들을 배우들이 하는 말과 영사되는 이미지들로 바꾸는 작업에 착수할 수 있게 된다. 스토리보드는 하나의 이야기를 이루는 수많은 프레임들을 한눈에 보여 주고 또 이야기가 서술되는 내내 각 프레임들이 서로 어떤 관련을 맺는지 살펴볼 수 있게 한다는 점에서 매우 강력한 도구이다. 이런 전체적인 조망이 없으면 우리는 부분들이 어떻게 한데 결합해 일관성을 가진 전체가 되는지 알 수 없을 것이다.

물론 파워포인트 스토리보드를 만들어내기 위해 스토리보드 아티스트를 고용하거나 무언가를 스케치할 필요는 없을 것이다. 그 대신 우리가 하려는 이야기의 큰 그림을 다루는 데 도움이 될 만한 할리우드 스토리보드 만들기의 기본 기법들을 응용해 볼 것이다. 이렇게 하면 파워포인트 프레젠테이션은 더 이상 개개의 독립된 슬라이드들이 아니라 하나의 필름 스트립 안에 있는 여러 프레임들처럼 서로 관련되어 있는 슬라이드들로 여겨질 것이다. 이렇게 새로운 파워포인트 파일을 만들어서 이 스토리보드를 말과 시각적 표현들을 계획하는 데뿐만 아니라 프로젝터, 종이, 브라우저를 넘나드는 단일한 미디어 문서를 이용해 그 말과 시각적 표현들을 청중에게 제시하는 데도 사용할 것이다.

첫 번째 단계는 이야기 템플리트에 있는 진술들을 파워포인트로 보내 스토리보드를 준비하는 것이다.

스크립트를 파워포인트로 옮기기

이야기 템플리트를 이루는 세 개의 막을 완성하는 동안 발표자는 사실상 거기 남긴 정보에 기반해 나중에 파워포인트 스토리보드를 만들 수 있도록 특별한 방식으로 그 정보의 서식을 정하는 작업도 하게 된다. 따라서 그림 4-1에서 볼 수 있는 것처럼 파워포인트 슬라이드의 제목 영역에서 청중에게 전달할 진술들은 결국 이야기 템플리트의 각 막과 장에서 정보를 전달하는 진술들과 같다.

이야기 템플리트와 파워포인트 슬라이드 둘 다에 쓸 목적으로 진술들을 작성하는 것은 틀에 박힌 파워포인트 접근 방법을 지양하고 '탈 글머리 기호' 접근법을 이용해 시각적인 스토리텔링의 새로운 세계로 수준을 끌어올리는 강력한 지렛대 역할을 한다. 이 과정을 거치면서 스크립트는 스토리보드 안에 깊이 자리잡게 되고, 발표자가 말하고 보여 주는 모든 것이 이야기의 구조 및 배열에 부합하게 된다.

프레젠테이션에 **할리우드**를 더하라

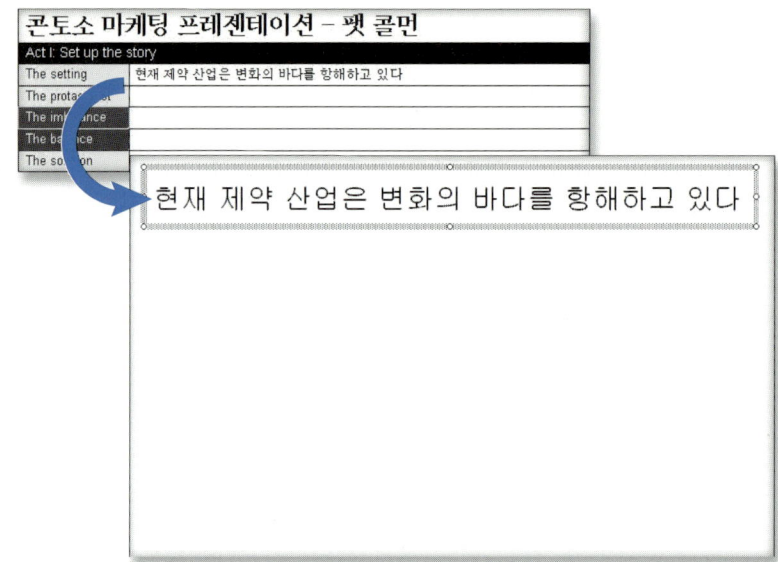

그림 4-1 ▶
이야기 템플리트에 있는 진술을 파워포인트 슬라이드의 제목 영역으로 옮기기

대부분의 파워포인트 프레젠테이션이 그렇듯 원본 콘토소 프레젠테이션에서도 제목 영역에 범주 제목이 포함되어 있었다.

이처럼 범주 제목을 사용하면 글머리 기호를 탈피하는 것이 불가능하다. 이 경우 각 제목의 존재 이유는 그 아래 있는 글머리 기호들의 범주 목록을 대표하는 것이기 때문이다. 따라서 슬라이드에 글머리 기호 없이 범주 제목만을 놓으면 그 범주 제목이 우리에게 말해 주는 정보는 그다지 많지 않을 것이고 그 범주 제목에 관해 예를 들어 가며 설명하는 데도 어려움이 있을 것이다. 하지만 이야기 템플리트에 있는 진술을 슬라이드의 제목 영역에 가져다 놓으면 슬라이드의 의미가 분명하게 정해질 뿐만 아니라 아래 슬라이드 영역에 시각적 표현이 자연스럽게 이어질 수 있다.

슬라이드에 배치할 진술들의 성격을 가장 잘 설명히는 용어는 '헤드라인(headline)' 이라는 저널리즘 용어이다. 신문의 헤드라인처럼 슬라이드상의 진술들도 제한된 공간이라는 제약 속에 단순 명료하고 직접적인 대화체로 청중에게 정보를 전달한다.

이야기 템플리트에 있는 모든 진술들을 파워포인트 파일로 전송하면 프레젠테이션 제작을 시작할 때 빈 화면을 마주할 필요가 없다. 빈 화면 대신 항상 각각 의미 있는 헤드라인을 이미 담고 있는 일련의 파워포인트 슬라이드를 갖추고 시작하게 된다.

이야기 템플리트를 워드에서 파워포인트로 보내기

마이크로소프트 워드에 있는 기능 중 거의 알려지지 않은 기능인 Microsoft Office PowerPoint로 보내기 명령을 이용해 이야기 템플리트 진술들을 새 파워포인트 파일로 보내 보자.

이 기능을 사용하려면 먼저 워드 문서에서 약간의 준비 작업이 필요하다. 우선 이야기 템플리트를 저장하고 나서 **편집, 모두 선택**을 클릭해 템플리트에 있는 진술들을 모두 선택한 다음 **편집, 복사**를 클릭하자.

새 워드 문서를 만들어 커서를 그 문서 안에 위치시킨 다음 **편집, 선택하여 붙여넣기**를 클릭하자. **선택하여 붙여넣기** 대화상자에서 **서식없는 텍스트**를 선택하고 확인을 클릭하자. 그러면 새 문서가 그림 4-2와 유사하게 될 것이다.

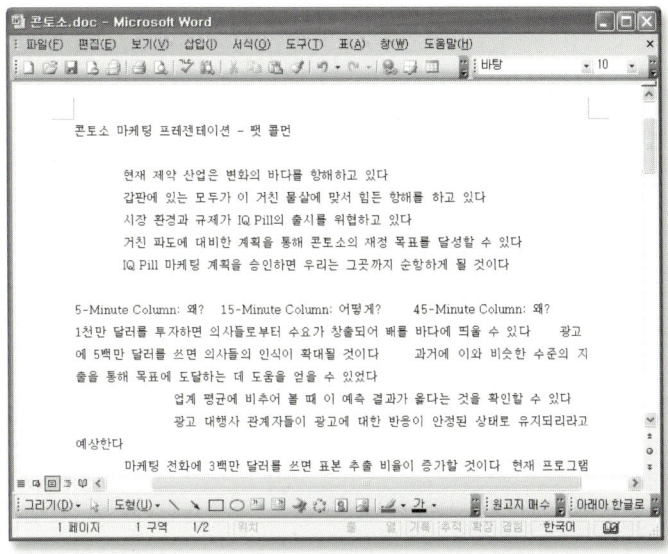

▶ 그림 4-2
이야기 템플리트의 진술들을 새 워드 문서에 붙여넣기 한 직후의 모습

제목과 작성자가 들어 있는 줄을 삭제하고, 열 제목들이 들어 있는 줄도 삭제하자. 그리고 단어와 단어 사이에 생긴 여분의 공간을 모두 없애고 필요한 곳에 새로운 줄 바꿈을 추가해 그림 4-3에서 볼 수 있는 것처럼 한 줄에 진술이 한 개씩만 나오게 만들자.

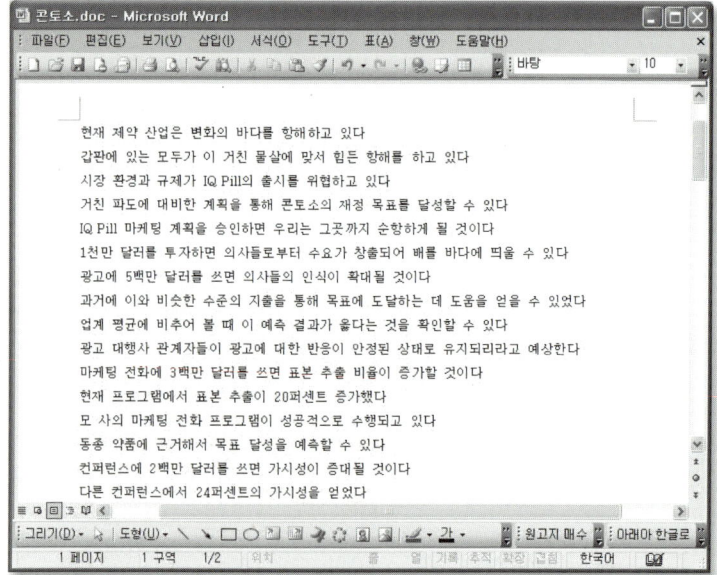

그림 4-3 ▶
단어와 단어 사이에 생긴 여분의 공간을 모두 없애고 새로운 줄 바꿈을 추가해 한 줄에 진술이 한 개씩만 나오게 한 상태의 워드 문서 모습

파일, 보내기를 클릭하고, Microsoft Office PowerPoint를 클릭하자. 이렇게 하면 그림 4-4에서 볼 수 있는 것처럼 새 파워포인트 파일이 열리면서 이 파일에 있는 슬라이드의 제목 영역에 각 진술들이 삽입된다. 이제 **파일, 저장**을 클릭하고, 새 파워포인트 파일의 이름을 정한 다음, 그 파일을 저장하자. 이 예에서처럼 진술들 가운데 일부는 제목 영역에 꼭 들어맞지 않을 수도 있다. 이 문제는 지금부터 슬라이드 마스터를 설정해 해결할 것이다.

Chapter 04 스토리보드 준비 및 계획하기

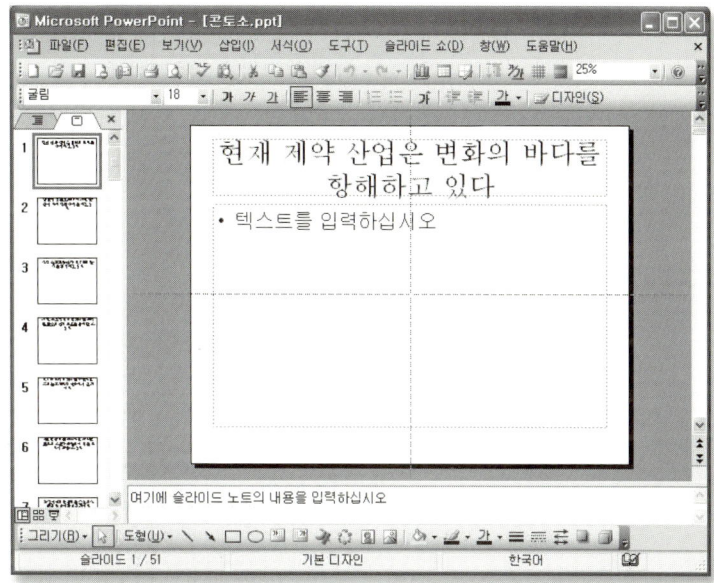

▶ 그림 4-4
슬라이드의 제목 영역에 이야기 템플리트에 나왔던 진술을 담고 있는 새 파워포인트 파일의 처음 모습

슬라이드 마스터 설정하기

이야기 템플리트에 있던 진술들을 새 파워포인트 파일로 옮겨 놓았으니 이제부터 할 일은 슬라이드 마스터를 설정하는 것이다. 슬라이드 마스터는 프레젠테이션에 쓰이는 슬라이드들의 서식을 명시하는 것으로, 여기서 이루어지는 모든 변경은 기존 슬라이드와 마스터로부터 만들어진 새 슬라이드에 모두 자동으로 적용된다. 이야기 템플리트를 새 파워포인트 파일로 옮겨 놓은 다음 아래 순서에 따라 슬라이드 마스터의 서식을 정하자.

이야기 템플리트를 워드에서 파워포인트로 전송할 때마다 매번 프레젠테이션의 서식을 정하지 말고, www.sociablemedia.com으로 가서 스토리보드 포매터(Beyond Bullet Points Storyboard Formatter, BBP Storyboard Formatter.pot)를 다운로드 받도록 하자. 사용법은 부록 B에 나와 있는 지시 사항들을 따르면 된다.

스토리보드에 사용할 슬라이드 마스터의 서식을 정하려면

1 보기, 마스터, 슬라이드 마스터를 차례로 클릭하자. 슬라이드의 맨 위, 제목 영역에 있는 **마스터 제목 스타일 편집** 개체 틀을 클릭하고, 서식 도구 모음에서 글꼴의 드롭다운 화살표를 클릭해 **HY헤드라인M**을 선택한 다음, 글꼴 크기의 드롭다운 화살표를 클릭해 32를 선택하자.

93

2 제목 영역이 선택되어 있는 상태에서 **서식, 개체 틀**을 클릭한 다음 도형 서식 대화상자에서 **텍스트 상자** 탭을 클릭하자. 도형 안에 글자 넣기 확인란이 선택되어 있는지 확인하고 **텍스트 고정 위치** 드롭다운 목록에서 **위쪽**을 선택하고 확인을 클릭하자.

3 제목 영역이 선택되어 있는 상태에서 서식 도구 모음에 있는 **왼쪽 맞춤**을 클릭하자.

4 슬라이드 마스터의 맨 아래에 있는 **날짜** 영역, **바닥글** 영역, **번호** 영역 개체 틀을 삭제하자.

5 **개체** 영역 개체 틀을 클릭해 선택한 다음, 개체 영역의 하단에 있는 크기 조정 핸들을 클릭한 채로 끌어 개체 영역을 슬라이드 하단까지 늘리자. 이때 여백은 슬라이드 상단의 여백과 같게 하자. 개체 영역 내에 있는 텍스트를 모두 삭제하고, 개체 영역이 여전히 선택되어 있는 상태에서 서식 도구 모음에 있는 **글머리 기호** 버튼을 클릭해 글머리 기호 서식을 제거하자. 이제 눈앞에 보이는 화면은 그림 4-5와 비슷한 모습일 것이다.

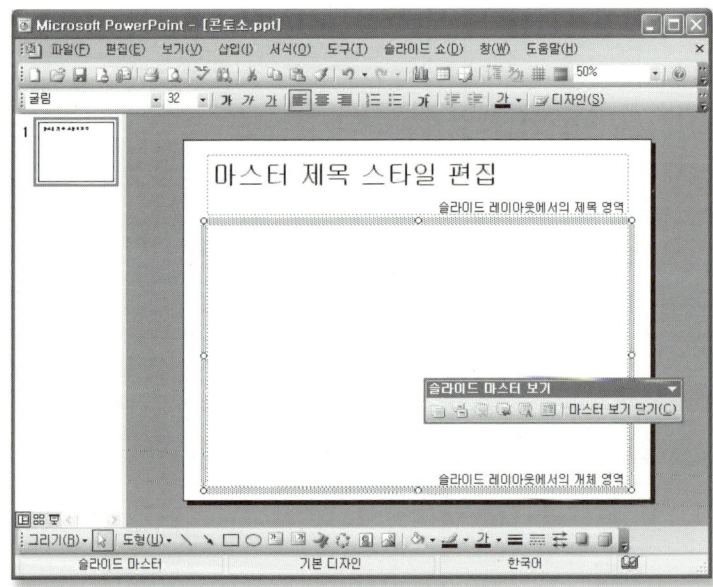

그림 4-5 ▶
새로운 서식이 모두 적용된 상태의 최종 슬라이드 마스터

Chapter 04 스토리보드 준비 및 계획하기

6 슬라이드 마스터 보기 도구 모음에서 마스터 보기 닫기 버튼을 클릭해 슬라이드의 이전 보기로 되돌아가자.

슬라이드 마스터에 적용된 이 모든 서식 변경은 전체 슬라이드에 깨끗한 기본 슬라이드 영역을 만들기 위한 토대를 마련해 준다. 이것은 부록 A에 기술되어 있는 연구 기반 디자인 원칙들과도 부합된다. 나중에 슬라이드 마스터의 서식을 다시 정하더라도 배경은 항상 흰색으로 남겨두자. 제목 영역을 수정할 경우에는 선택된 글꼴 스타일 및 크기가 여러 슬라이드 보기에서 헤드라인들을 명확히 읽을 수 있게 해 주는지 확인해 보자. 헤드라인을 분명히 읽을 수 없다면 슬라이드를 스토리보드로 다루는 발표자의 능력이 그만큼 약해진다. 슬라이드 마스터를 수정하기에 앞서 이 장의 좀더 뒤에 나올 '팁 7: BBP 스토리보드 포매터 사용자 지정하기'에 기술되어 있는 마스터 서식 정하기와 관련된 문제들을 생각해 보자.

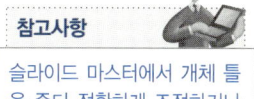

참고사항

슬라이드 마스터에서 개체 틀을 좀더 정확하게 조정하거나 정렬하고 싶을 경우에는 보기, 눈금 및 안내선을 클릭해 필요에 맞게 환경을 지정하자. 좀더 상세한 정보는 이 책 6장의 '팁 1: 고급 레이아웃'을 참조하기 바란다.

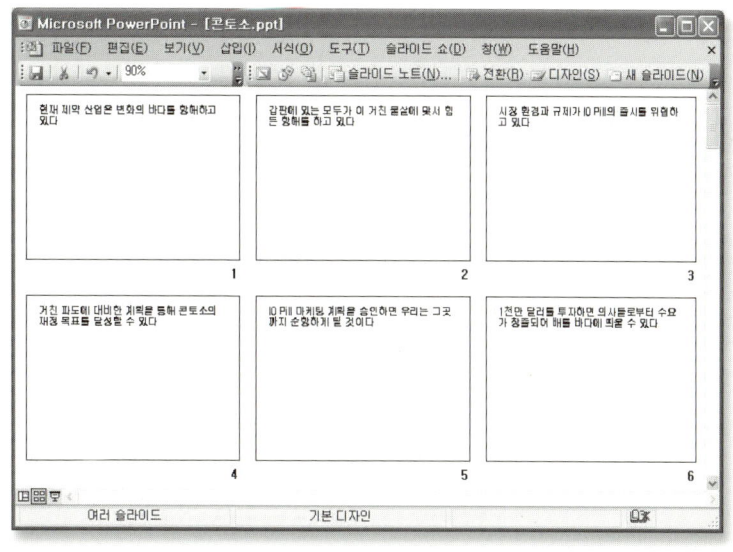

그림 4-6 ▶
헤드라인들이 명확히 보이는 여러 슬라이드 보기

이제 보기, 여러 슬라이드를 클릭해 새 파워포인트 스토리보드의 첫 번째 초안을 살펴보자. 이 보기에서는 그림 4-6처럼 모든 슬라이드들의 축소판을 한 개의 창으로 볼 수 있다. 이 초기 단계에서 이미 파워포인트 파일은 이 책의 1장에 나왔던 첫 번째 분석 테스트를 통과한다. 즉, 발표자는 슬라이드 제목들만 읽고서도 그 프레젠테이션의 초점이 무엇인지 금방 알 수가 있다.

슬라이드 레이아웃 변경하기

'탈 글머리 기호' 접근법을 이용하면 글머리 기호들이 더 이상 필요 없기 때문에 그만큼 모든 슬라이드의 레이아웃 서식을 다시 정해 시각적으로 훨씬 다채롭게 만들 수가 있다. 이 책의 5장과 6장에서는 슬라이드 각각에 그래픽을 추가하게 될 것이다.

여러 슬라이드 보기에서 모든 슬라이드의 레이아웃을 변경하려면, 그림 4-7에서 볼 수 있는 것처럼 **편집, 모두 선택**을 클릭하고 서식, **슬라이드 레이아웃**을 클릭한 다음 **제목 및 내용** 레이아웃을 클릭해 그 레이아웃을 선택된 모든 슬라이드에 적용하면 된다.

자, 이제 우리는 공식적으로 글머리 기호를 넘어섰다. 아직 시각적 표현을 하나도 추가하지 않았지만 이미 파워포인트 파일에는 강력한 이야기, 모든 슬라이드를 한 군데로 고정시켜 놓는 의미 있는 헤드라인들, 그리고 슬라이드의 주 영역이 글머리 기호들 대신 그래픽 요소들을 지니도록 설계된 기본 레이아웃이 내장되어 있기 때문이다.

여러 슬라이드 보기 상태에서 슬라이드 제목들을 검토하다 보면 진술들 가운데 일부가 두 줄 제한을 넘어가는 것을 발견할 수도 있다. 이 문제나 그 밖의 다른 문제들을 해결하기 위해서는 헤드라인 편집하기의 기본 사항들을 습득해야 한다.

Chapter 04 스토리보드 준비 및 계획하기

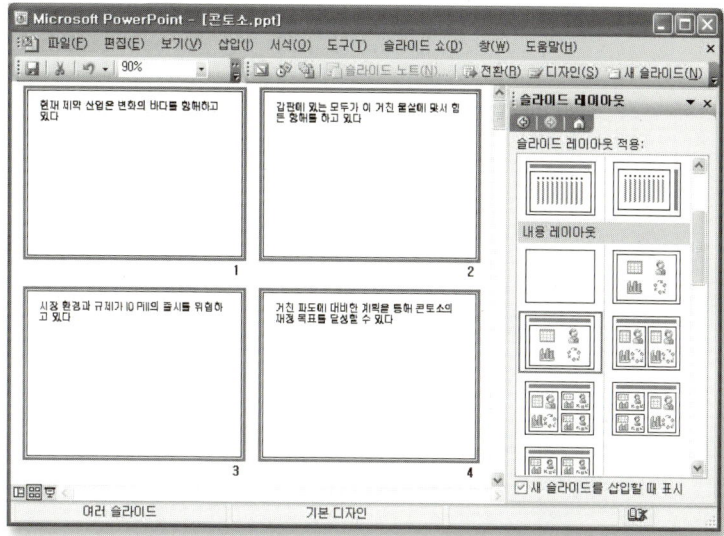

▶ 그림 4-7
모든 슬라이드의 레이아웃 서식을 다시 정해 시각적으로 훨씬 다채롭게 만들기

헤드라인 편집하기

파워포인트에서 헤드라인을 편집하는 방법은 두 가지다. 첫 번째 방법은 보기, 기본을 클릭하고 슬라이드의 제목 영역 안쪽을 클릭한 다음 편집 작업을 시작하는 것이다. 두 번째 방법은 그림 4-8에서 볼 수 있는 것처럼 프레젠테이션을 개요 서식으로 보는 것이다. 기본 보기 상태에서는 전체 파워포인트 창을 구획한 가장 왼쪽 창에 **개요**와 **슬라이드**라는 두 개의 탭이 있다. 이 중 **개요** 탭을 클릭하면 헤드라인들의 목록이 나타나고 각 헤드라인의 왼편에 슬라이드의 번호와 작은 아이콘이 보일 것이다. 편집하고자 하는 헤드라인의 텍스트를 클릭해서 편집할 수 있다. **개요** 탭에서 헤드라인을 수정하면 오른편에 있는 슬라이드의 제목 영역에서도 상응하는 텍스트가 업데이트된다. 다음의 콘토소 예를 보면 '바다'라는 어구를 선택해 '대양'이라고 읽도록 편집하고 있다.

97

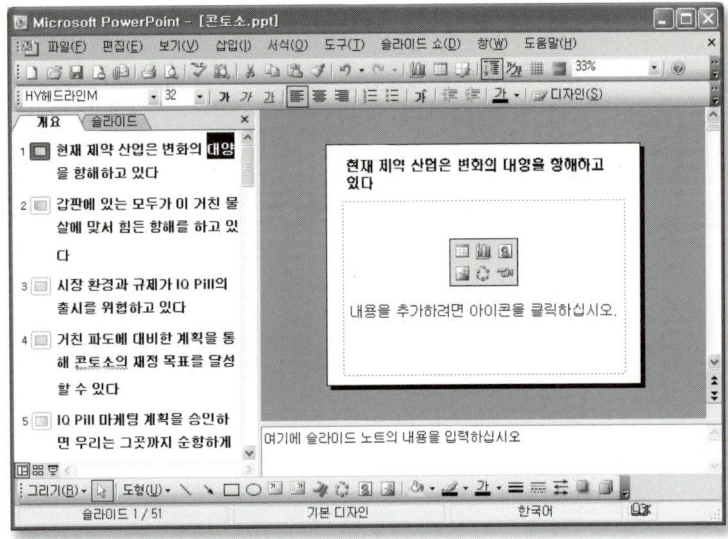

그림 4-8 ▶
개요 탭에서 헤드라인 편집하기

개요 창의 오른편에 있는 수직 분할선을 끌어서 헤드라인들이 차지하는 너비만큼 개요 창의 크기를 늘리거나 줄일 수가 있다. 개요 탭을 사용하면 슬라이드의 모든 헤드라인들을 맨 위부터 맨 아래까지 읽어 내려갈 수 있는 하나의 목록으로 만들어 검토하는 데 편리하다. 나중에는 이 개요를 출력해서 연설용 메모로 사용할 수 있다.

모든 슬라이드를 처음부터 끝까지 스크롤해 보자. 그러다가 제목 영역의 두 줄 제한을 넘는 헤드라인을 발견하면 여기에 기술되어 있는 기법들을 이용해 편집하자. 때로는 헤드라인의 의미를 해치지 않는 선에서 단순히 한두 개의 단어를 삭제하는 방법으로 헤드라인의 길이를 줄일 수도 있다. 또 경우에 따라서는 헤드라인의 내용을 고치거나 그 구조를 바꾸어야 할 수도 있다. 프레젠테이션의 일관성을 유지하고 시각적 표현들을 위한 공간을 여유 있게 남기면서 가능한 한 간결하게 하려면 헤드라인의 두 줄 제한에 충실하기 바란다.

이야기 템플리트를 스토리보드 형태로 바꾸었으니 이제 슬라이드를 몇 개 추가해 스토리보드를 준비하는 작업을 시작해 보자.

스토리보드 준비하기

보기, 여러 슬라이드를 클릭해 스토리보드의 시작 지점을 살펴보자. 프레젠테이션에 대한 작업을 시작하기에 앞서 우선 슬라이드를 몇 개 추가해 이야기를 마무리하고 또 슬라이드를 다루는 작업이 좀더 쉽게 이루어지도록 만들어 보자.

제목과 클로징 크레딧 추가하기

할리우드 영화는 모두 오프닝 타이틀로 시작한다. 파워포인트 프레젠테이션에도 이 같은 오프닝 타이틀이 하나 있어야 한다. 여러 슬라이드 보기에서, 3막 3장의 진술을 담고 있는 슬라이드가 스토리보드의 끝에서 두 번째 위치에 오게 하자. 이 슬라이드에는 이야기를 앞으로 나아가게 만드는 정서적인 엔진이 요약되어 있다. 콘토소 예에서 여기에 해당하는 헤드라인은 'IQ Pill을 통해 얻을 수 있는 재정적인 결과까지의 진로를 해도로 나타내기'이다. 이 헤드라인은 또한 하려는 이야기에 비춰 볼 때 재미있고 흥미를 돋우는 제목이 될 수 있는데, 청중이 프레젠테이션에 관해 사전에 아는 것이 별로 없을 경우 특히 그렇다. 이 슬라이드로부터 제목 슬라이드를 만들어내려면 슬라이드를 선택해 Ctrl+D 키를 누른 다음 복제된 슬라이드를 클릭해 프레젠테이션의 첫 번째 슬라이드 위치로 끌어다 놓자.

이 슬라이드를 더블클릭해서 기본 보기로 작업하자. 헤드라인의 마지막 단어 뒤에 콜론(:)을 적어 넣은 다음 이야기 템플리트의 제목을 적어 넣자. 콘토소 예에서 헤드라인은 현재 그림 4-9에 나와 있는 것처럼 'IQ Pill을 통해 얻을 수 있는 재정적인 결과까지의 진로를 해도로 나타내기: 콘토소 마케팅 프레젠테이션 – 팻 콜먼'이다. 이렇게 해서 이제 프레젠테이션 제목 슬라이드의 기초가 마련된 셈이다. 이 제목 슬라이드를 디자인하는 작업은 6장에서 마무리하게 될 것이다.

이어서 여러 슬라이드 보기로 되돌아가 커서를 마지막 슬라이드의 오른편에 위치시키고, **삽입, 새 슬라이드**를 클릭해 클로징 크레딧을 담을 공백 슬라이드를 추가하자. 이 슬라이드를 더블클릭해서 기본 보기로 작업하자. 제목 영역에는, 나중에 이 슬라이드에 추가하고 싶은 이미지를 설명하는 메모를 적어 넣자. 이 이미지는 프레젠테이션이 끝나고 난 뒤에도 청중의 마음속에 계속 간직될 만한 것이어야 한다. 가령 발표자가 속한 조직의 이름, 발표자의 연락처, 웹 사이트 주소, 프레젠테이션의 주제를 전달하는 간단한 시각적 표현 등이 그런 이미지에 해당할 것이다. 제목 슬라이드와 마찬가지로 이 슬라이드의 디자인 역시 6장에서 완성하게 될 것이다.

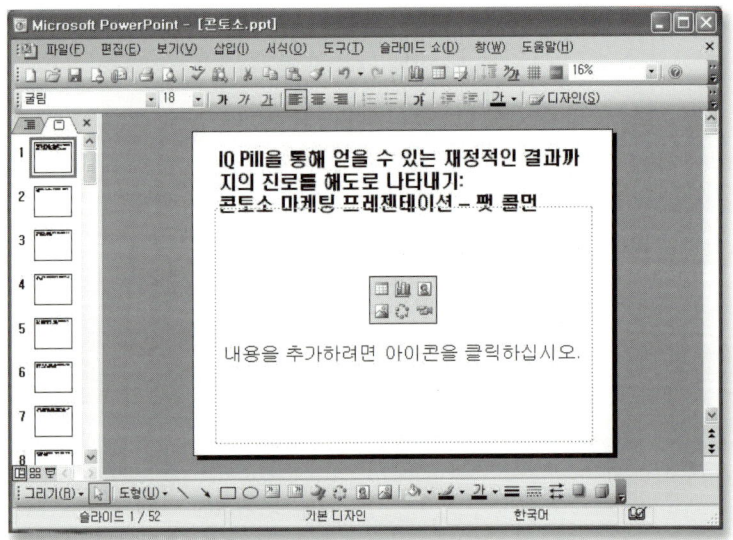

▶ 그림 4-9
새 제목 슬라이드

이번에는 스토리보드를 작성하는 데 도움이 되는 몇 가지 사항을 알아볼 차례다.

스토리보드 가이드 만들기

스토리보드에는 수많은 슬라이드가 들어 있기 때문에, 여러 슬라이드 보기에서 프레젠테이션들을 살펴볼 경우 막과 막, 장과 장 사이를 구별하기가 어려울 수 있다. 이때 스토리보드 가이드, 즉 스토리보드의 주요 구획 및 더 세분된 구획들을 나타내는 데 쓰이는 '숨겨진' 개체 틀 슬라이드들을 추가하면 그와 같은 구분을 좀더 쉽게 해낼 수 있다. 이 슬라이드들은 발표자가 스토리보드에서 작업할 때는 볼 수 있지만 실제로 프레젠테이션을 할 때는 겉으로 드러나지 않을 것이다. 스토리보드 가이드는 전체 프레젠테이션이 발표자의 머릿속에서 처음부터 끝까지 정연하게 짜여 있도록 도와주는데, 덕분에 발표자는 청중에게 전달하고자 하는 내용을 분명히 설명해 줄 수 있게 된다.

스토리보드를 가지고 작업을 시작하기 전에 먼저 아래에 나와 있는 단계들을 따라 슬라이드들을 좀더 쉽게 다루는 데 도움이 될 일련의 숨겨진 스토리보드 가이드들을 만들어 보자.

숨겨진 스토리보드 가이드를 만들려면

> **TIP**
> 처음부터 스토리보드 가이드를 만들지 말고, www.sociablemedia.com으로 가서 미리 디자인되어 있는 '탈 글머리 기호' 스토리보드 가이드 세트(beyond_bullets_guides.ppt)를 다운로드 받자.

1 여러 슬라이드 보기에서 커서를 프레젠테이션에 들어갈 마지막 슬라이드(즉, 방금 만든 클로징 크레딧 슬라이드)의 오른편에 위치시키자. **삽입, 새 슬라이드**를 클릭해 공백 슬라이드를 추가하자.

2 이 새 슬라이드를 더블클릭해서 기본 보기로 작업하자. **서식, 슬라이드 레이아웃**을 클릭한 다음 '빈 화면' 레이아웃 서식을 선택하자.

3 그리기 도구 모음에서 '텍스트 상자' 버튼을 클릭한 다음 커서를 왼쪽에서 오른쪽으로 화면 전체를 가로지르게 끌어 텍스트 상자를 만들자. 이 텍스트 상자 안에 2막, 3장이라고 타이핑한 다음 프레임을 클릭해 그 텍스트 상자를 선택하자. 서식 도구 모음에서 **가운데 맞춤**을 클릭한 다음 **글꼴** 크기의 드롭다운 화살표를 클릭하고 88을 클릭하자. 그 다음, **글꼴색**의 드롭다운 화살표를 클릭해 흰색을 선택하자.

4 서식, 배경을 클릭하고, 글꼴색의 드롭다운 목록에서 검정색을 선택해 **적용**을 클릭하자. 이제 눈앞에 보이는 화면은 그림 4-10과 같은 모양일 것이다. 슬라이드의 배경색을 검정과 같이 어두운 색으로 바꾸면 이 가이드들은 스토리보드에 있는 여타 흰색 슬라이드들 가운데 쉽게 눈에 띄게 되며, 3단계에서 했듯이 글꼴색을 흰색으로 바꾸면 흰색 텍스트를 검은색 배경과 대조시켜 읽을 수 있게 된다.

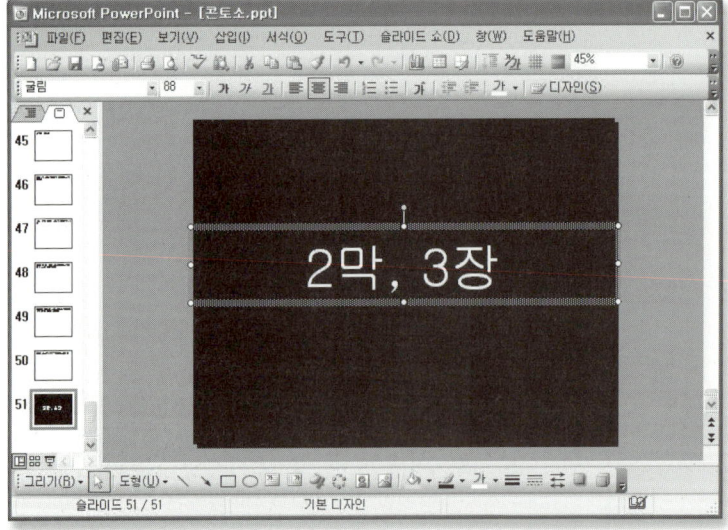

▶ 그림 4-10

서식 지정이 완료된 상태의 스토리보드 가이드

5 보기, 여러 슬라이드를 클릭하고, 방금 만든 슬라이드를 선택하자. Ctrl+D 키를 네 번 눌러서 이 슬라이드의 복사본을 네 개 만들자. 첫 번째 슬라이드를 더블클릭한 다음 기본 보기 상태에서 이 슬라이드의 텍스트를 편집하고, 이어지는 슬라이드들의 텍스트도 순서대로 편집하자. 이 다섯 개의 슬라이드에는 각각 다음과 같은 텍스트가 들어가야 한다.

- 1막
- 2막, 1장
- 2막, 2장
- 2막, 3장
- 3막

6 보기, 여러 슬라이드를 클릭하고 첫 번째 스토리보드 가이드를 선택한 다음 **Shift** 키를 누른 채로 마지막 스토리보드 가이드를 클릭하자. 그림 4-11에서 볼 수 있는 것처럼 슬라이드 다섯 개가 모두 선택된 상태에서 아무 슬라이드에나 대고 마우스 오른쪽 버튼을 클릭한 다음 **슬라이드 숨기기**를 클릭하자. 이제 스토리보드 가이드는 모두 숨겨져 있게 되는데, 이 말은 발표자가 실제로 프레젠테이션을 하기 위해 보기, 슬라이드 쇼를 클릭할 때 스토리보드 가이드들은 보이지 않는다는 뜻이다. 이처럼 프레젠테이션이 진행되는 동안 화면상에는 스토리보드 가이드들이 어차피 나타나지 않기 때문에, 파워포인트 파일 안에는 항상 스토리보드 가이드들을 원래대로 남겨 두는 편이 좋다. 스토리보드를 출력할 때 스토리보드 가이드가 나타나지 않게 하고 싶으면, **인쇄** 대화상자에서 **숨겨진 슬라이드 인쇄** 확인란이 체크되어 있지 않게 하면 된다.

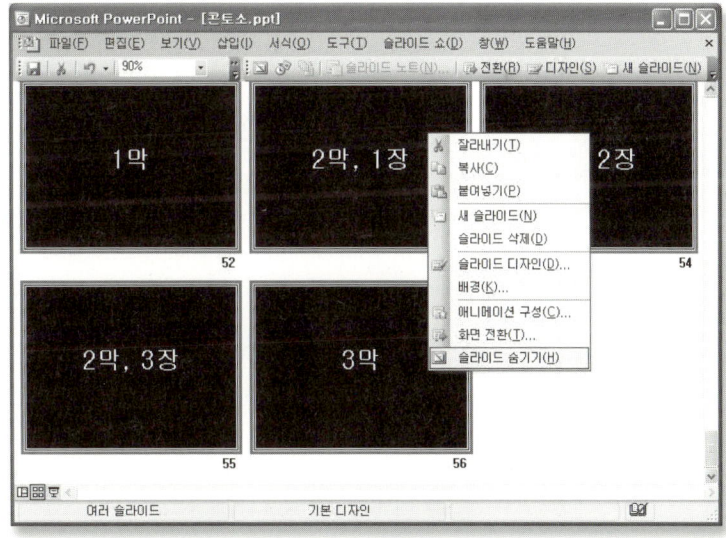

▶ **그림 4-11**
모든 스토리보드 가이드에 슬라이드 숨기기 기능 적용하기

슬라이드 숨기기 기능을 사용하면 그림 4-12에서 볼 수 있는 것처럼 숨겨진 슬라이드 아이콘(아이콘 안쪽에는 슬라이드 번호가 있다)이 나타난다. 숨겨진 슬라이드를 프레젠테이션에서 첫 번째 위치에 놓지 않도록 주의하자. 그렇게 할 경우 숨겨진 슬라이드가 화면상에 보이게 된다.

프레젠테이션에 **할리우드**를 더하라

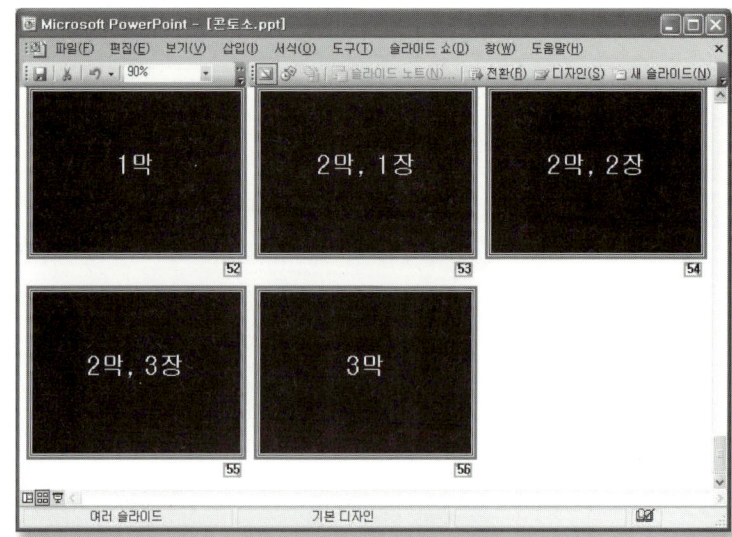

▶ 그림 4-12
슬라이드 숨기기 기능이 적용되면 슬라이드 번호는 숨겨진 슬라이드 아이콘으로 바뀐다.

숨겨진 스토리보드 가이드를 만들었으니 이제 이 숨겨진 스토리보드 가이드들을 적재적소에 놓을 차례다.

스토리보드 가이드의 위치 조정하기

스토리보드 가이드를 이용하면 관련된 막과 장들을 여러 슬라이드 보기로 빠르게 파악할 수 있다. 스토리보드 가이드의 위치를 조정하면서 발표자는 슬라이드들의 순서가 앞서 3장의 '파워포인트 스크립트 소리 내어 읽기' 절에서 파워포인트 스크립트를 예행연습했을 때와 동일한지 확인하는 검사도 함께 하게 된다.

스토리보드 가이드를 만들고 나면 아래 단계대로 이 스토리보드 가이드들을 이야기 템플리트에 설정되어 있는 슬라이드 배열 순서에 의거해 적절한 위치에 가져다 놓도록 하자.

스토리보드 가이드의 위치를 조정하려면

1 이야기 템플리트를 참조해, 1막 스토리보드 가이드를 1막 첫 번째 장의 왼편에 끌어다 놓자.

2 처음 다섯 개의 슬라이드에서 헤드라인들을 검토해 그 슬라이드들이 이야기 템플리트와 동일한 순서로 되어 있는지 확인하자. 그런 다음 그림 4-13에서 볼 수 있는 것처럼 2막 1장 가이드를 2막 첫 번째 5분 짜리 열 슬라이드의 왼편에 끌어다 놓자.

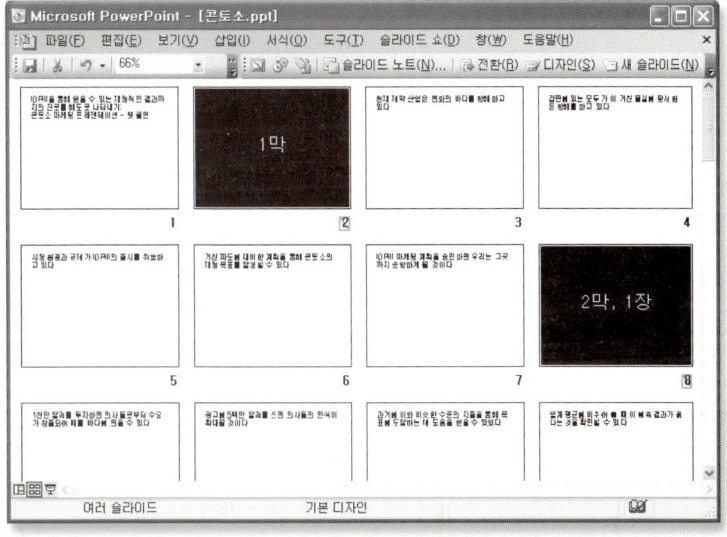

그림 4-13 ▶
위치를 조정한 후의 두 스토리 보드 가이드

3 이어지는 일련의 슬라이드들을 검토해 그 슬라이드들이 이야기 템플리트의 순서를 따르는지 검증하자. 슬라이드의 순서를 바꿀 필요가 있을 경우, 해당 슬라이드를 새로운 위치로 끌어다 놓자. 두 번째 5분 짜리 열 헤드라인에 이르면, 2막 2장 가이드를 바로 그 두 번째 5분 짜리 열 헤드라인의 왼편에 끌어다 놓자.

4 세 번째 5분짜리 열 헤드라인에 이를 때까지 이어지는 일련의 슬라이드들을 검토한 다음 2막 3장 가이드를 바로 그 세 번째 5분짜리 열 헤드라인의 왼편에 끌어다 놓자.

5 2막 4장에 이를 때까지 이어지는 일련의 슬라이드들을 검토하자. 그런 다음 3막 가이드를 3막 첫 번째 슬라이드의 왼편에 끌어다 놓자.

스토리보드의 구획을 훨씬 더 상세하게 나타내려면, 이야기 템플리트의

15분짜리 열과 45분짜리 열에 해당하는 슬라이드들의 위치를 표시한 스토리보드 가이드를 추가로 만들면 된다. 이 수준의 세부사항은, 발표자가 쓸 수 있는 프레젠테이션 시간이 줄어들어 애초에 보여 주려던 슬라이드의 개수를 급히 줄여야만 하는 동시에 이야기가 원래 가지고 있던 통일성은 여전히 유지해야 할 경우 여러모로 편리하다. 그런 경우 어떻게 하는지 알아보려면 이 장의 뒤에 나오는 '팁 2: 시간에 맞게 조정하기'를 참조하기 바란다.

주요 스토리보드 가이드들이 적재적소에 놓이게 되었으니 이제 발표자는 여러 슬라이드 보기 상태에 있을 때면 언제나 프레젠테이션의 주요 구획들을 한눈에 볼 수가 있다. 그러나 스토리보드는 이렇게 발표자가 여러 슬라이드 보기로 슬라이드들을 보고 다루는 데에만 도움이 되는 것은 아니다. 스토리보드는 발표자가 상대적으로 덜 알려진 파워포인트 보기를 이용해 자신이 이야기하는 말들을 보고 다루는 데도 도움이 될 수 있다.

이야기할 말 계획하기

어떤 파워포인트 슬라이드도 그 슬라이드만으로는 의미를 가질 수가 없다. 파워포인트 슬라이드는 항상 발표자가 이야기하는 말들의 맥락 속에 존재하기 때문이다. 따라서 일관성 있는 프레젠테이션을 만들려면 슬라이드뿐만 아니라 그 슬라이드를 화면 위에 영사하는 동안 할 말들도 계획할 필요가 있다. 여기서 슬라이드 노트라고 하는, 잘 알려지지 않은 파워포인트 보기를 이용하게 된다. 이 슬라이드 노트 보기의 기능들을 둘러보기 전에 우선 해야 할 일은 슬라이드 노트 마스터를 설정하는 것이다.

슬라이드 노트 마스터 설정하기

슬라이드 마스터가 모든 슬라이드에 대해 서식을 지정하는 것과 마찬가지로 슬라이드 노트 마스터는 모든 슬라이드 노트에 대해 서식을 지정한다. 슬라이드 노트 마스터를 약간만 조정하면, 슬라이드 노트를 이용해 슬라이드와 이야기할 말 양쪽 모두를 효과적으로 계획할 수 있다.

슬라이드들이 이야기할 말에 어떤 식으로 관련되는지 계획하기 전에 먼저 아래 단계에 따라 슬라이드 노트 마스터의 서식을 정해야 한다.

슬라이드 노트 마스터의 서식을 정하려면

슬라이드 노트 마스터의 서식을 정하는 데 드는 시간을 절약하기 위해 www.sociablemedia.com으로 가서 스토리보드 포매터 (Beyond Bullet Points Storyboard Formatter, BBP Storyboard Formatter.pot)를 다운로드하자. 그 사용법은 부록 B에 나와 있다.

1 보기, 마스터, 슬라이드 노트 마스터를 차례로 클릭하고, 페이지의 위쪽 절반을 차지하고 있는 슬라이드 개체 틀을 선택하자. **서식, 개체 틀을** 클릭한 다음 **개체 틀 서식** 대화상자에서 **크기** 탭을 클릭하자. **가로 세로 비율 고정** 확인란을 선택하고, **크기 및 회전** 영역에서 **너비** 설정을 **15.24cm**로 변경한 다음 **확인**을 클릭하자. 그러면 이 영역의 **높이** 설정은 그림 4-14에서 볼 수 있는 것처럼, 11.43cm로 자동 조정될 것이다.

그림 4-14 ▶
슬라이드 개체 틀의 모양을 그대로 유지하기 위해 '가로 세로 비율 고정'을 선택한다.

2 탭의 아래쪽 절반을 차지하고 있는 **슬라이드 노트 본문 영역** 상자를 선택하고, **서식, 개체 틀을** 클릭하자. **도형 서식** 대화상자에서, **가로 세로 비율 고정** 확인란이 체크되지 않게 하고, **높이**는 **11.43cm**로, **너비**는

15.24cm로 각각 설정되어 있는지 확인한 다음 **확인**을 클릭하자. 나중에 글꼴 모양 및 크기를 변경하고 싶으면 여기서 하면 된다.

3 파워포인트 파일의 어딘가에 발표자의 로고를 포함시키고 싶을 경우에는 슬라이드 노트 마스터에 그 로고를 삽입하자. **머리글 영역, 날짜 영역, 바닥글 영역, 번호 영역**을 포함한 그 밖의 다른 슬라이드 노트 마스터 개체 틀들을 편집하거나 삭제할 수도 있다. 이 예에서는 콘토소 사의 로고가 왼쪽 아래 구석에 추가되어 있고 **번호 영역**은 오른쪽 아래 구석에 그대로 남아 있다. **머리글 영역**과 **날짜 영역**은 페이지 상단에서 삭제되어 있다.

NOTE
슬라이드 노트 마스터에 로고를 놓으면 발표자가 속한 조직의 브랜드는 인쇄물을 통해 퍼져 나가게 된다. 슬라이드 노트 마스터에 로고를 놓아도 이 로고가 슬라이드 영역 안으로 들어오지는 않는다. 슬라이드 영역 안에 로고가 들어오면 그 로고로 인해 발표자의 생각에 집중되던 청중의 주의가 쉽게 분산될 수 있고 화면상에서 발표자가 이용할 수 있는 창조적인 옵션들의 수가 감소될 수도 있다. 이 권고사항을 뒷받침하는 연구를 개관해 보려면 부록 A를 참조하기 바란다.

4 **Shift** 키를 누른 채로 슬라이드 개체 틀과 슬라이드 노트 본문 영역 둘 다를 클릭한 다음 그리기 도구 모음에서 **그리기, 맞춤/배분, 가운데 맞춤**을 차례로 클릭하자. 그런 다음 페이지에 있는 두 개의 상자를 클릭한 채 끌어서 원하는 위치에 수직 및 수평으로 가지런해지도록 그 상자들의 위치를 정하자. 슬라이드 노트 마스터상의 어떤 개체 틀이든 좀더 정확하게 정렬시키고 싶을 경우에는 **보기, 눈금 및 안내선**을 클릭한 다음 필요에 따라 여러 가지 설정들을 구성하면 된다.

5 슬라이드 개체 틀만을 다시 선택해 **서식, 개체 틀**을 클릭한 다음 **색 및 선** 탭을 클릭해 그림 4-15에서 볼 수 있는 것처럼 선 영역의 색 드롭 다운 목록에서 **선 없음**을 선택한 다음 **확인**을 클릭하자.

그림 4-15 ▶
슬라이드 개체 틀을 둘러싸고 있는 선을 제거하기 위해 '선 없음'을 선택한다.

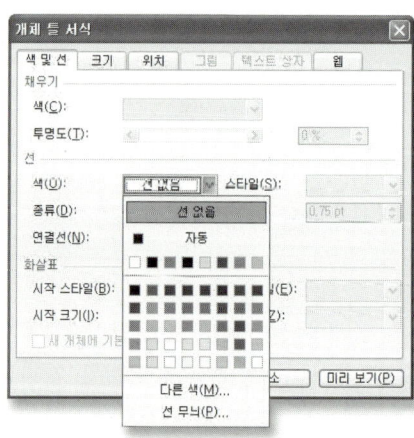

이제 눈앞에 보이는 화면은 그림 4-16과 비슷한 모양일 것이다. 이 그림에서 슬라이드 개체 틀은 그 바깥 경계선들이 보이도록 선택되어 있다.

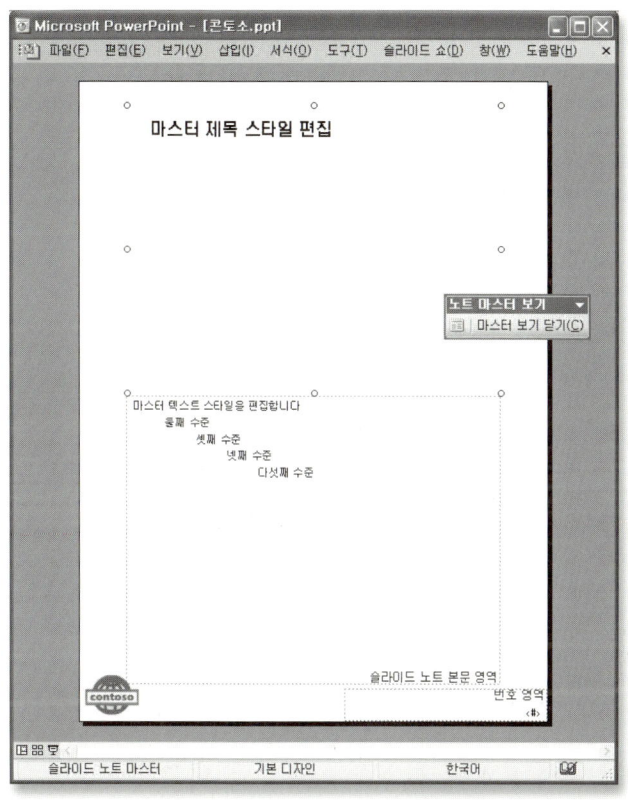

그림 4-16 ▶
서식을 다시 정하는 모든 작업이 끝난 상태의 슬라이드 노트 마스터

6 마스터 보기 닫기를 클릭해 이전 보기로 되돌아가자.

이제 콘토소 프레젠테이션에 들어갈 특정한 슬라이드 노트를 살펴보자.

내러티브 작성하기

스토리보드에서 임의의 슬라이드를 선택한 다음 보기, 슬라이드 노트를 클릭해 그림 4-17에서 볼 수 있는 것처럼 전형적인 슬라이드 노트가 표시되게 하자. 페이지의 위쪽 절반을 차지하고 있는 상자는 프레젠테이션

중 화면상에 나타날 슬라이드를 보여 준다. 이 시점에서 우리는 슬라이드의 제목 영역에서 헤드라인만을 볼 수 있다. 5장과 6장에서 기본 보기로 슬라이드를 디자인할 때 이 헤드라인 아래에 그래픽을 추가하게 될 것이다.

페이지의 아래쪽 절반을 차지하고 있는 상자는 바로 위의 슬라이드에 연결된 텍스트 상자로, 프레젠테이션 중 화면에는 나타나지 않는다. 다른 텍스트 상자와 마찬가지로 여기에 텍스트를 타이핑하면 된다.

슬라이드 노트 보기가 가진 힘을 제대로 활용하려면 우선 페이지의 위쪽 절반에 들어 있는 슬라이드 헤드라인을 검토한 다음, 슬라이드 노트 영역을 확대한 그림 4-18에서 볼 수 있는 것처럼, 이 헤드라인에 관해 말하고자 하는 내용을 텍스트 상자 안에 적어 두자.

▶ 그림 4-17
전형적인 슬라이드 노트

Chapter 04 스토리보드 준비 및 계획하기

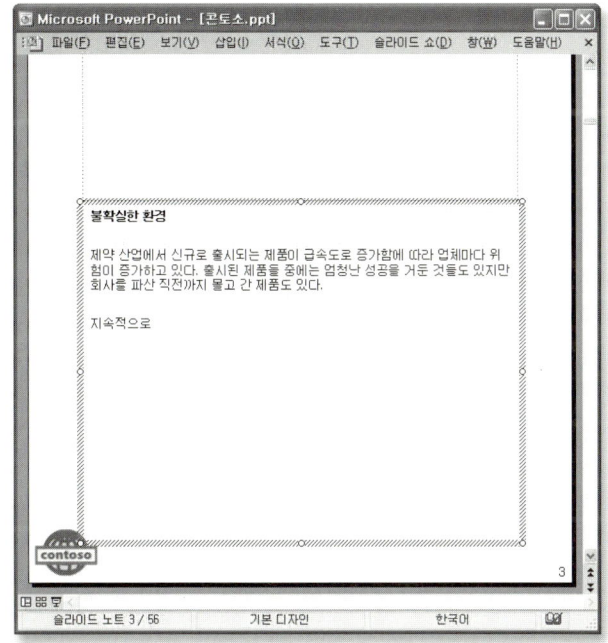

그림 4-18 ▶
하나의 생각이 완전한 문장과 단락들로 기술되어 있음을 보여 주는 슬라이드 노트 보기의 슬라이드 노트 영역을 확대해서 본 것

기억해 둡시다

앞으로 말하게 될 내용의 전체 맥락을 잡을 수 있도록 이야기할 말들을 슬라이드 노트 보기의 슬라이드 노트 영역에 적어 놓자. 노트를 추가할 때 슬라이드 노트 보기에서 계속 할 수도 있고 기본 보기에서 슬라이드 노트 영역에 추가할 수도 있다. 뒤에 나오는 '팁 9: 여러 슬라이드 보기에서 작성하기'에 자세히 설명된 것처럼 여러 슬라이드 보기에서도 노트를 추가할 수 있다.

이때 헤드라인에 관해 자신이 말하고자 하는 내용을 완전한 문장과 단락으로 적어 놓아야 한다. 생각한 것들을 슬라이드 노트 영역에 완전한 문장으로 적어 놓으면 그 생각들에 자연히 살이 붙게 될 뿐만 아니라 발표자의 입장에서 이야기하려는 주제에 대해 더욱 큰 확신을 갖게 된다. 또한 헤드라인에 관해 말하고자 하는 내용을 적어 놓은 덕분에 발표자는 헤드라인과 밀접하게 연관된 이야기를 펼치게 되어 나중에 실제로 말을 할 때 도움이 된다. 프레젠테이션이 진행되는 동안 헤드라인은 슬라이드가 담고 있는 생각을 청중에게 한눈에 보여 줄 것이다. 또 발표자는 이 헤드라인을 보고 화제를 너무나 잘 알고 있는 데서 나오는 편안한 목소리로 작성해 놓은 상세한 설명에 더해 재치 있는 즉흥적인 설명을 덧붙일 여유를 가질 수 있다. 또 각 슬라이드에 관한 설명을 적어 놓고 나면 효과적인 유인물을 만들 수 있게 된다(이에 대해서는 5장과 6장에서 살펴볼 것이다).

슬라이드 노트 영역에는 이 단계에서 할 수 있는 한 많은 설명을 하나도 생략하지 말고 전부 써 넣도록 하자. 시간에 쫓기고 있다면, 이 시점에서는 간략한 메모를 적어 놓았다가 나중에 스토리보드를 디자인하거나

111

제작을 위해 스토리보드를 전개시킬 때 그 메모한 내용들을 좀더 상세히 이야기하면 된다.

파워포인트 파일을 준비해서 검토까지 마쳤으면 이제 몇 가지 기본 원칙을 염두에 두고서 스토리보드 작성을 시작할 차례다.

스토리보드 작성의 세 가지 기본 원칙

새로운 파워포인트 스토리보드는 할리우드 스토리보드의 아이디어에서 영감을 얻은 것이기는 하지만 사실 할리우드의 스토리보드보다 훨씬 더 정교한 도구이다. 우리가 만들어낸 파워포인트 스토리보드는 발표자가 이야기하는 말과 화면으로 보여 주는 시각적 표현을 모두 다루는 완전하면서도 통합된 그리고 일관된 미디어 문서의 토대이기 때문이다. 이 도구의 성능을 살펴보려면 파워포인트 프레젠테이션을 세 가지 스토리보드 작성 보기, 즉 여러 슬라이드 보기, 슬라이드 노트 보기, 기본 보기로 훑어보자.

여러 슬라이드 보기에서는 한 슬라이드에서 그 다음 슬라이드로 균일하게 흐르는 축소판 이미지들이 연속되어 이루어진 전체 이야기를 볼 수 있다. 슬라이드 노트 보기에서는 프레젠테이션의 흐름 속에서 임의의 지점에 있는 특정한 슬라이드를 볼 수 있을 뿐만 아니라 그 특정한 슬라이드가 표시되는 동안 할 말들을 적어 놓을 수도 있다. 그리고 기본 보기에서는 스토리보드에 들어 있는 슬라이드들 각각에 시각적인 요소를 추가할 수 있다. 이 세 가지 보기가 함께 모여서 발표자가 실황 프레젠테이션을 디자인하고 제작하는 데 이용할 파워포인트 스토리보드가 만들어진다.

이 스토리보드 도구를 이용해서 작업할 때 다음과 같은 세 가지 기본 원칙을 지키면 발표자와 청중 모두의 입장에서 스토리보드가 나타내는 큰 그림과의 연결고리를 유지하기가 수월해진다.

원칙 1: 큰 그림을 검토한다

스토리보드를 가지고 작업할 때 핵심은 바로 '이야기'라는 점을 명심하기 바란다. 우리는 이미 '탈 글머리 기호' 접근법의 여러 절차를 따르면서 이 점을 확인했다. 이야기 템플리트에 있던 진술들을 파워포인트로 보내고 나면, 각 파워포인트 슬라이드는 현재 스토리보드에서 볼 수 있는 바로 그 이야기의 일부가 된다. 여기에 스토리보드 가이드들을 추가하면 이야기의 주요 부분들이 명료해지고 그 결과 이야기의 시작, 중간, 끝을 볼 수 있다.

프레젠테이션을 준비하는 동안에는 반드시 정기적으로 여러 슬라이드 보기에서 이야기의 큰 그림을 검토하자. 그렇게 함으로써 개별 슬라이드에만 집중하는 오류를 피하고 슬라이드들 '전반에 걸쳐' 있는 전체적인 흐름에 집중할 수 있다. 이처럼 프레젠테이션의 중심 내러티브에 대한 연결고리를 계속 유지할 수 있으면 발표자가 말하고 보여 주는 모든 것에 확신과 권위가 부여될 것이다. 이 같은 연결고리가 끊어지지 않게 하려면, 여러 슬라이드 보기로 자주 되돌아가서 각각의 막과 장에서 무슨 일이 일어나고 있는지 검토하고 또 개개의 슬라이드가 전체 이야기에 어떻게 관련되는지 계속해서 검토해야 한다.

TIP
여러 슬라이드 보기에서 슬라이드의 크기를 변경하려면, 표준 도구 모음에서 확대/축소 드롭다운 화살표를 클릭한 다음 원하는 값을 클릭하면 된다.

스토리보드 작업을 하는 동안 이야기를 순조롭게 진행시킬 방법을 여러 가지로 모색해 보자. 예를 들어 1막에서 제시했던 프레젠테이션의 목적을 청중이 2막에서 잊어버릴까 봐 걱정이 되면 스토리보드 전체에 걸쳐 슬라이드들을 추가해 이 목적을 상기시킬 수 있다. 자세한 내용은 뒤에 나오는 '팁 1: 청중에게 프레젠테이션의 목적 상기시키기'를 참조하기 바란다.

어떤 기법을 시도하든, 청중이 이야기를 좀더 잘 이해하게 만들 수 있는 방법을 알아내기 위해 전체적인 큰 그림 검토가 필요하다는 점을 기억해 두자.

원칙 2: 일정한 속도를 유지한다

이야기 템플리트를 워드에서 파워포인트로 보낼 때 이야기가 템플리트에서 설정해 놓은 순서에 따라 한 슬라이드에서 그 다음 슬라이드로 자연스럽게 흘러가도록 이야기를 여러 개의 슬라이드에 균등하게 나누어야 한다. 스토리보드의 각 슬라이드들은 영화의 필름 스트립을 이루는 개개의 프레임들로 간주해야 한다. 이야기 템플리트에서 보자면 이 '필름스트립'은 이야기에 해당한다. 필름스트립을 구성하는 모든 프레임이 비슷한 양의 정보를 포함하기 때문에, 시간을 균등하게 배분해 슬라이드들을 전달하면 프레젠테이션에서 일정한 속도를 유지할 수 있다.

이야기 템플리트 2막에서 세 개의 열을 완성하면 결과적으로 45분짜리 프레젠테이션을 할 수 있도록 49개의 슬라이드가 있는 스토리보드를 만들게 되는데, 이때 속도는 슬라이드 한 개당 약 1분이 된다. 두 개의 열을 완성하면 결과적으로 22개의 슬라이드가 만들어지는데, 이때 속도는 15분짜리 프레젠테이션을 할 수 있도록 각 슬라이드마다 약 40초가 된다. 그리고 한 개의 열만을 완성하면 12개의 슬라이드를 갖게 되는데 이때 속도는 슬라이드 한 개당 약 25초가 된다. 프레젠테이션을 진행하는 데 걸리는 전체 시간이 얼마이든 각 슬라이드를 설명하는 속도를 일정하게 유지하면 화면상에 표시되는 것을 일정한 간격을 두고 바꾸게 된다. 이렇게 함으로써 청중이 같은 이미지를 너무 오랫동안 쳐다봐서 지루함을 느끼는 상황이 발생하는 것을 방지할 수 있다. 또 청중이 충분한 시간을 갖고 각 프레임에 들어 있는 작은 정보 덩어리를 적절하게 소화할 수 있다.

스토리보드 작성의 세 가지 기본 원칙

할리우드 스토리보드에서 영감을 얻은 파워포인트 스토리보드는 발표자가 전달하는 말과 보여 주는 이미지를 관리하는 데 모두 도움이 된다. 스토리보드가 처음부터 끝까지 일관성을 띠게 하려면 아래 세 가지 기본 원칙을 따르기 바란다.

❶ 큰 그림을 검토한다.
❷ 일정한 속도를 유지한다.
❸ 막과 장들을 한데 묶는다.

속도를 조절하는 또 다른 방법으로 각 프레임을 음악의 한 소절로 간주하는 방법이 있다. 다시 말해, 전체 스토리보드에 일정한 박자를 설정해 놓는 것이다. 스토리보드를 가지고 작업하면서 아름다운 프레젠테이션 음악을 만들기 위해 프레임들이 매끄럽게 흘러가게 할 방법을 생각해 보자. 가령 프레젠테이션에 사용할 모티프를 하나 선택한 다음, 그 주제를 첫 번째 헤드라인부터 마지막 헤드라인에 이르기까지 일정한 간격을 두고 훨씬 더 명료하게 엮을 수 있는 방법을 생각해 보자.

원칙 3 : 막과 장들을 한데 묶는다

'탈 글머리 기호' 이야기 템플리트를 사용하면 막과 장들을 쉽게 볼 수 있고 그 막과 장들이 서로 어떻게 관련되는지를 워드 문서로 쉽게 볼 수 있다. 이야기 템플리트는 생각을 시각적인 계층 구조로 보여 주기 때문에 2막의 장들을 편성할 때 특히 효과적인 도구이다. 각 열에 진술을 기입할 때 중요한 순서대로 위에서 아래로 적어 넣고 세부사항을 기입하기 위해 추가되는 열은 왼쪽에서 오른쪽으로 덧붙이면 된다.

그러나 이야기 템플리트를 스토리보드로 보내고 나면 이처럼 생각을 계층 구조로 보여 주었던 템플리트의 능력은 상실된다. 여러 슬라이드 보기에서 보는 모든 슬라이드는 동일한 무게를 지니고 있는 것처럼 보이고, 각 슬라이드는 균등한 배열 양상을 띠면서 그 다음 슬라이드로 이어진다. 물론 세 개의 막과 2막의 세 장에 쓸 숨겨진 스토리보드 가이드를 추가함으로써 약간의 조직력을 얻기는 했지만 너무나 많은 보조 슬라이드들이 연속으로 배열되어 있기 때문에 이 보조 슬라이드들이 2막에 있는 각 장의 주요 항목에 어떻게 관련되는지를 놓치기가 쉽다.

이 장의 뒤에 나오는 '팁 2 : 시간에 맞게 조정하기'에서 설명하는 것처럼, 숨겨진 스토리보드 가이드들을 더 추가하면 2막의 15분짜리 열과 45분짜리 열에 있는 슬라이드들을 식별하는 데 도움이 되어 그만큼 그 슬라이드들을 좀더 잘 다룰 수가 있다. 그러나 청중은 이 숨겨진 스토리보드 가이드들을 보지 못하기 때문에 청중이 2막의 세 가지 요지에 계속 집중할 수 있게 하려면 특별한 스토리보드 작성 기법들을 적용해 보아야 한다.

예를 들면 5장과 6장에 있는 슬라이드들에 그래픽을 추가할 때 비슷한 그래픽 요소들을 추가하거나, 서로 관련된 슬라이드들에 동일한 애니메이션 기법을 적용하는 방법으로 여러 개의 장을 통합할 수 있다. 여러 슬라이드 보기에서 헤드라인들의 표현에 특별히 주의를 기울여 그 헤드라인들을 좀더 단단히 결속시킬 수 있도록 표현을 고쳐 쓸 수 있는지 점검해 보자. 슬라이드 노트 영역에 설명을 적어 놓으면 나중에 말로 설명할 공통된 주제들을 일관되게 할 수 있다.

어떤 기법을 사용하든, 정기적으로 여러 슬라이드 보기로 모든 막과 장을 검토해 막과 장들이 모두 하나로 묶이는지 확인하기 바란다.

이 세 가지 기본 원칙은 이 장에서 스토리보드를 검토하고 다음 장에서 스토리보드에 그래픽을 추가하면서 살펴볼 기본적인 개념들을 알려 준다. 기초가 되는 스토리보드가 마련되었으니 이제 예행연습을 시작해 보자.

헤드라인을 이용해 예행연습하기

5장과 6장에서 슬라이드에 그래픽을 추가하는 작업을 하기에 앞서 슬라이드에 있는 헤드라인들만을 가지고 프레젠테이션을 예행연습하는 것이 좋다.

이 단계에서는 혼자서 예행연습하는 것이 더 편할 수도 있고, 초기에 약간의 피드백을 얻는 편이 더 낫다고 생각되면 팀원들과 함께 예행연습을 할 수도 있다. 우선 예행연습할 장소부터 찾아보자. 책상이나 회의실에서 할 수 있을 것이다. 3장의 '파워포인트 스크립트 소리 내어 읽기' 절에서 우리는 대중 앞에서 말할 때 흔히 발생하는 두 가지 문제(청중에게 이야기하는 것이 아니라 종이나 슬라이드를 보면서 이야기하는 것, 말하는 동안 무의식중에 의미 없는 손짓을 하는 것)를 검토한 바 있다. 예행연습을 하는 동안 이 두 가지 문제를 계속 유의해야 할 뿐만 아니라 컴퓨터 및 화면과 관련해 자신이 어떤 자세나 행동을 취하고 있는지 의식하려고 노력해야 한다.

자리에서 일어나 자신이 지금 대중 앞에서 말을 한다고 생각해 보자. 원격 조종 장치를 사용할 경우에는 슬라이드를 신중히 앞으로 넘길 수 있도록 장치를 주로 사용하는 손의 반대쪽 손에 쥐자. **보기, 슬라이드 쇼를**

클릭해 프레젠테이션을 시작하자. 청중이 지금 방 안에 있다고 상상하고 그들을 향해 얼굴을 돌리자. 곁눈질로 화면상에 나타나는 첫 번째 헤드라인을 슬쩍 보고 슬라이드 노트 영역에 적어 놓았던 상세한 설명을 떠올려 보자. 그 슬라이드가 표시되는 동안 말하고자 한 것을 거의 다 설명했으면, 신중하게 그 다음 슬라이드로 넘어가면서 동시에 다음 화제로 옮겨가 새 슬라이드상의 헤드라인이 일러주는 대로 이야기를 펼치면 된다.

TIP

프레젠테이션을 하는 동안 발표자가 범하기 쉬운, 주의를 가장 크게 분산시키는 행위 중 하나는 슬라이드를 앞으로 넘겨야 할 때마다 키보드로 되돌아가는 것이다. 이 같은 행위는 사람들의 주의를 시각적으로 분산시키고, 발표자의 입장에서 이야기 전달의 자연스런 흐름을 깨뜨리며, 발표자가 컴퓨터를 제어하고 있다기보다는 컴퓨터가 발표자를 제어하고 있다는 인상을 남긴다. 소형 원격조종 장치를 이용하면 이 문제로부터 자유로워질 수 있다. 이러한 장치들 가운데 다수가 특별히 파워포인트 프레젠테이션만을 위해 고안되어 있으며, 별도의 소프트웨어를 설치하지 않아도 USB 연결을 통해 컴퓨터에 부착된다. 전진과 후진 버튼만 있는 간단한 인터페이스를 특징으로 하는 것들도 있고, 레이저 포인터를 비롯해 프레젠테이션을 하는 동안 화면을 어둡게 만들 수 있도록 해 주는 버튼이 있는 것들도 있다.

어떤 사항을 강조하고 싶거나 발표자로서 자신이 갖고 있는 열의를 나타내고 싶을 때는 방 안 여기저기로 자연스럽게 몸을 움직이자. 이때 화면과 관련해 자신이 어디에 서 있는지 의식하고 있어야 한다. 프로젝터 불빛으로 인해 눈앞이 보이지 않게 되거나 영사되는 이미지의 앞쪽에 서 있지 않도록 주의해야 한다. 우리의 목표는 분명 몸과 목소리를 이용해 자연스럽게 청중과 소통하는 것이고 또 프레젠테이션에 집중된 주의를 흩트리지 않고 프레젠테이션을 보완하도록 화면을 이용하는 것이다. 앞의 예행연습에서도 그랬던 것처럼, 중요한 사항을 뒷받침하기 위한 제스처로 한쪽 손이나 양손을 올릴 때를 제외하고는 항상 두 손을 양 옆으로 내리고 있도록 하자.

슬라이드 헤드라인들만을 이용해 예행연습을 하면, 발표자는 자신이 다루고 있는 화제에 대해 좀더 많은 확신을 갖게 되고, 생각들이 어떤 속도와 흐름으로 이어지는지 확실히 납득하게 된다. 팀원들과 함께 작업하고 있다면 이와 같이 예행연습을 통해 디자인 단계로 넘어가기 전에 프레젠테이션의 이야기와 구조 및 배열을 슬라이드 형태로 검토하는 것이 좋다.

이제 운용 가능한 스토리보드가 마련되었으니 그 스토리보드를 가지고 한 단계 더 나아가 할 수 있는 열 가지 일을 이야기해 보자.

스토리보드를 강화하기 위한 열 가지 팁

스토리보드는 발표자가 프레젠테이션을 진행하는 동안 하는 말과 영사하는 시각적 표현 둘 다를 준비하고 계획하는 다목적 도구이다. 스토리보드와 관련된 기본 사항들을 습득했으므로 이제 아래의 열 가지 팁을 이용해 스토리보드를 강화시켜 보자.

팁 1: 청중에게 프레젠테이션의 목적 상기시키기

스토리보드의 핵심 슬라이드의 사본을 여러 개 만들어 다시 표시하는 방법으로 청중이 프레젠테이션의 목적을 항상 생생하게 기억하도록 만들자.

보기, 여러 슬라이드를 클릭한 다음 1막 3장 및 4장을 찾아 가자. 앞에서도 이야기했지만 3장의 불균형 상태와 4장의 바람직한 균형 상태가 서로 잘 맞지 않는 상황이 발표자가 프레젠테이션에서 해결하려고 하는 중심 문제를 만들어내고 또 프레젠테이션을 추진시키는 에너지를 창출한다. 그런데 2막을 스크롤해 가다 보면, 사람들이 발표자가 설정해 놓은 목적을 놓칠 수 있는 지점이 보일 것이다.

2막에서 청중에게 이 목적을 상기시키려면, 우선 3막 1장(위기), 즉 1막 3장 및 4장의 중심 문제를 요약해 놓은 슬라이드를 찾아 가자. 이 슬라이드를 선택한 다음 Ctrl+D 키를 두 번 눌러 해당 슬라이드의 복사본을 두 장 만들자. 이 슬라이드의 복사본 중 하나를 끌어다가 2막 2장 스토리보드 가이드의 왼편에 놓고, 나머지 복사본 하나는 2막 3장 스토리보드 가이드 왼편에 끌어다 놓자.

발표자가 2막 1장의 슬라이드들을 보여 주고 나면 그 다음에 이 복사된 슬라이드가 청중에게 프레젠테이션의 목적을 간략하게 상기시키면서 발표자와 청중 간의 정서적인 유대관계에 새로운 활력을 불어넣게 된다.

복사된 두 번째 슬라이드 역시 발표자가 2막 2장의 슬라이드들을 보여주고 난 이후에 같은 기능을 수행할 것이다. 이 기법은 청중에게 발표자의 목적을 상기시키는 것 외에 발표자가 말을 할 때 프레젠테이션의 목적에 비추어 말할 수 있도록 도와주는 시각적인 메모의 역할도 한다.

팁 2 : 시간에 맞게 조정하기

3장의 '파워포인트 스크립트 소리 내어 읽기'에서 이야기 템플리트의 진술들을 소리 내어 읽을 때 우리는 이야기의 통일성을 희생시키지 않고 이야기의 규모를 손쉽게 줄일 수 있었다. 즉, 15분짜리 이야기를 하기 위해 45분짜리 열의 진술들을 생략하거나 5분짜리 이야기를 하기 위해 15분짜리 열과 45분짜리 열의 진술들을 생략하는 방법을 사용했다. 이와 동일한 기법을 스토리보드에 적용할 때는 일련의 스토리보드 가이드들을 추가로 만들고 불필요한 슬라이드들을 숨기는 방식을 사용하면 된다.

이야기 템플리트의 15분짜리 열과 45분짜리 열로부터 만들어진 슬라이드들을 표시하기 위해, 아래 단계에 따라 스토리보드 가이드들을 추가로 더 만들어 보자.

스토리보드 가이드를 추가로 만들려면

1 이 장의 앞에 나왔던 '숨겨진 스토리보드 가이드를 만들려면' 절의 1단계부터 3단계까지 그대로 따르고 텍스트 상자에는 45분을 타이핑해 넣자. 그리고 배경색을 다른 스토리보드 가이드들과 확연히 구별되는 것(이 경우에는 짙은 회색)으로 바꾸자. 원한다면 서식 변경을 해도 좋다(사용자 지정 스토리보드 가이드를 디자인하는 것에 관한 아이디어들을 얻으려면, 뒤에 나오는 '팁 10: 스토리보드 가이드 사용자 지정하기'를 참조하기 바란다).

2 보기, 여러 슬라이드를 클릭한 다음 새 슬라이드를 선택하고 Ctrl+D 키를 여덟 번 눌러 총 아홉 개의 새 스토리보드 가이드를 만들자.

3 Shift 키를 누른 채로 첫 번째 스토리보드 가이드를 클릭하고 마지막 스토리보드 가이드를 클릭한 다음 아무 슬라이드에나 대고 오른쪽 마우스 버튼을 클릭하고 **슬라이드 숨기기**를 선택하자.

4 이야기 템플리트를 참조해 그림 4-19에서 볼 수 있는 것처럼 45분짜리 열 스토리보드 가이드 각각을 세 개의 45분짜리 열 슬라이드로 이루어진 각 시리즈 왼편에 끌어 놓자. 이야기 템플리트를 검토해, 모든 스토리보드 가이드가 파워포인트 스토리보드에서 올바른 위치에 배치되었는지 확인하자.

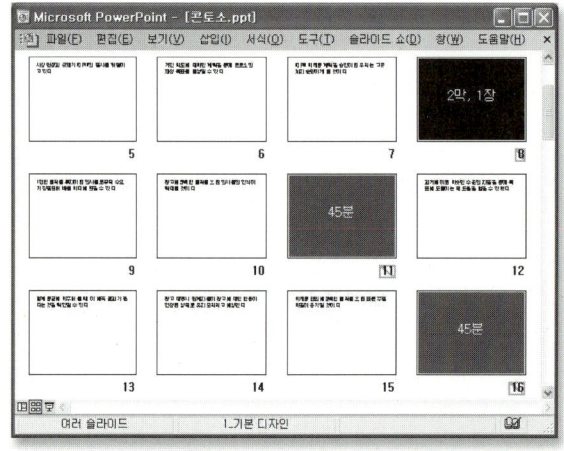

그림 4-19 ▶
두 개의 45분짜리 열 스토리보드 가이드가 적절한 위치에 표시된 여러 슬라이드 보기

이제 우리는 프레젠테이션에서 사용할 필요가 없는 슬라이드를 숨김으로써 스토리보드의 규모를 시간에 맞게 조정할 수 있다. 물론 현재 45분간 진행될 프레젠테이션을 만드는 중이라면 할 일은 아무것도 없다.

15분짜리 프레젠테이션을 준비하려면, 아래 단계에 따라 이야기 템플리트의 45분짜리 열에 해당하는 슬라이드들을 숨기면 된다.

15분짜리 프레젠테이션을 준비하려면

1 슬라이드들을 모두 한꺼번에 볼 수 있도록 여러 슬라이드 보기 상태에서 슬라이드들의 크기를 줄이자. 예를 들어 **표준** 도구 모음에서 **확대/축소** 드롭다운 화살표를 클릭한 다음 **33%**를 클릭해 보자.

NOTE

15분짜리 열 스토리보드 가이드 없이도 스토리보드를 관리할 수는 있지만 15분짜리 열 슬라이드 각각을 표시하는 것이 발표자에게 도움이 될 경우에는 15분짜리 열 스토리보드 가이드를 추가로 만들어 쓰자. 15분짜리 열 스토리보드 가이드를 만들려면, 우선 앞에 나온 절차의 1단계부터 4단계까지 그대로 따르고 텍스트 상자에 15분을 타이핑해 넣으면 된다. 그런 다음 다른 스토리보드 가이드들과 구별되는 배경색을 선택하고 15분짜리 열 진술로부터 만들어진 각 슬라이드의 왼편에 이 스토리보드 가이드들을 위치시키면 된다.

기억해 둡시다

슬라이드 숨기기 기능을 사용하면 해당 슬라이드 번호가 들어 있는 숨겨진 슬라이드 아이콘이 표시된다. 숨겨진 슬라이드들이 슬라이드 쇼에서 보이도록 재설정하려면 숨겨진 슬라이드들을 선택하고 아무 슬라이드에나 대고 마우스 오른쪽 버튼을 클릭한 다음 슬라이드 숨기기를 다시 한 번 클릭하자. 숨겨진 슬라이드들은 프레젠테이션을 진행할 때는 화면상에 나타나지 않지만, 인쇄 대화상자의 숨겨진 슬라이드 인쇄 확인란이 체크되어 있는 경우에는 출력된다는 사실을 명심하기 바란다.

2 Ctrl 키를 누른 채 첫 번째 45분짜리 열 스토리보드 가이드의 오른쪽 첫 번째 슬라이드를 클릭하고 그 다음에 이어지는 두 개의 슬라이드를 클릭하자. 그리고 마찬가지로 Ctrl 키를 누른 채 나머지 45분짜리 열 슬라이드들을 모두 선택하자.

3 45분짜리 열 슬라이드가 모두 선택된 상태에서, 아무 슬라이드에나 대고 마우스 오른쪽 버튼을 클릭한 다음 **슬라이드 숨기기**를 선택하자. 이렇게 하면 프레젠테이션을 할 때 5분짜리 열과 15분짜리 열 슬라이드들만이 보이고 45분짜리 열 슬라이드들은 숨겨질 것이다.

5분짜리 프레젠테이션을 준비하려면, 아래 단계에 따라 이야기 템플리트의 15분짜리 열과 45분짜리 열에 해당하는 슬라이드들을 숨기면 된다.

5분짜리 프레젠테이션을 준비하려면

1 15분짜리 프레젠테이션을 위한 앞의 절차에서 1단계와 2단계를 그대로 따르자.

2 45분짜리 열 스토리보드 가이드 각각의 오른편에 있는 세 개의 슬라이드를 선택하고, 45분짜리 열 스토리보드 가이드들의 왼편에 있는 슬라이드를 한 개씩만 선택하자. 그런 다음 아무 슬라이드에나 대고 마우스 오른쪽 버튼을 클릭한 다음 **슬라이드 숨기기**를 선택하자. 이렇게 하면 프레젠테이션이 진행되는 동안 5분짜리 열 슬라이드들만이 보이고 나머지 슬라이드들은 숨겨질 것이다.

어떤 길이의 프레젠테이션을 하든지 간에, 실제 프레젠테이션에 앞서 반드시 슬라이드들을 예행연습해서 슬라이드를 올바르게 숨겼는지 확인해야 한다.

시간에 맞게 규모를 조정할 때 슬라이드들을 숨기는 방법을 사용함으로써 발표자는 이야기의 통일성을 잃지 않으면서 상이한 길이의 프레젠테이션들을 수용할 만한 유연성을 갖는 단 하나의 프레젠테이션 파일을 유지할 수 있게 된다.

팁 3 : 인쇄된 스토리보드

스토리보드를 출력하면 여러 가지 방법으로 이야기를 보고 관리할 수 있게 된다. 인쇄된 스토리보드를 만들려면 **파일**, **인쇄**를 차례로 클릭한 다음 인쇄 대화상자에서 **인쇄 대상** 드롭다운 화살표를 클릭해 다음 옵션들 중 하나를 선택하자.

- 인쇄 대상 드롭다운 목록에서 슬라이드를 선택해 각 슬라이드의 사본을 출력한다. 이 출력된 사본들을 접착테이프로 벽에 붙여 놓거나, 낱장으로 뺐다 끼웠다 할 수 있는 공책에 모아 놓으면 각 슬라이드에 담길 생각들을 스케치하면서 편리하게 넘겨 볼 수 있다.
- 슬라이드 노트를 선택해 슬라이드 노트를 출력한다. 슬라이드 영역에서 시각적인 표현들을 스케치하거나 나중에 슬라이드 노트 영역에 추가할 메모를 할 수 있도록 출력한 것들을 공책에 모아 놓는다.
- 유인물을 선택한 다음 한 페이지에 넣을 슬라이드 수 드롭다운 화살표를 클릭하고, 1, 2, 3, 4, 6, 9 가운데 하나를 클릭해 해당하는 수만큼의 슬라이드들을 한 페이지에 넣어 출력한다. 여러 개의 슬라이드를 한 장에서 보도록 유인물을 출력하면 발표자가 슬라이드의 흐름을 개선하거나 시각적인 표현들을 스케치하는 일에 집중할 수 있다.

인쇄된 스토리보드용으로 어떤 서식을 선택하든, 헤드라인은 슬라이드를 관리하기 위한 안내역으로 쓰일 수 있도록 명확히 읽히도록 만들어야 한다. 인쇄된 스토리보드의 일부분을 변경할 경우에는 반드시 파워포인트 스토리보드에도 그에 상응하는 변경을 가해야 한다.

팁 4 : 중첩된 스토리보드

청중 앞에 설 때까지 두 가지 이야기 중 어느 것을 발표하고 싶은지 확신이 서지 않는 경우에는 어떻게 해야 할까? 2장의 '팁 4: 다수의 이야기, 다수의 서식 파일' 에서 관련이 있는 이야기 템플릿 두 개를 병행시켜 진개할 수 있는 가능성을 살펴본 바 있다. 두 이야기 모두 동일한 화제에 관련된 것일 것이므로, 1막 1장 슬라이드(배경)는 틀림없이 동일할 것이다. 이 1막 1장 슬라이드는 이야기의 배경에 관한 포괄적인 진술로, 모든 사람들이 동의할 진술이기 때문이다. 발표자는 두 이야기 중 어느 것을 발표하려고 선택하든 이 슬라이드를 선택한 이야기의 출발점으로 이용할 수 있다.

이렇게 하려면, 각 이야기 템플리트를 이용해 별개의 파워포인트 파일을 만든 다음 두 번째 프레젠테이션에 있던 슬라이드들을 모두 복사해서 첫 번째 프레젠테이션에 있는 마지막 슬라이드의 오른쪽에 붙여 넣자. 이렇게 하면 두 번째 이야기가 첫 번째 이야기와 같은 파일 안에 들어가 '중첩된' 스토리보드가 만들어진다. 두 번째 이야기의 1막 2장을 시작하는 슬라이드의 번호를 눈여겨보기 바란다.

1막 1장을 발표할 때, 청중에게 "A와 B 중 어느 옵션이 더 마음에 듭니까?"와 같은 질문을 하도록 하자. 청중의 반응에 따라 첫 번째 이야기와 더불어 A 진로에 있기로 결정하면 순서대로 슬라이드를 보여 주면 된다. B 진로를 택하기로 결정하면, 두 번째 이야기의 1막 2장에 있던 슬라이드 번호를 타이핑한 후 엔터 키를 눌러 해당 슬라이드로 가서 그 이야기를 시작하면 된다.

이 접근 방법의 불리한 점은 발표자가 관리해야 할 파워포인트 슬라이드가 백 개 이상이 될 수도 있다는 것이다. 따라서 이 접근 방법을 시도해 볼 때는 중첩된 스토리보드가 지니는 유연성과 규모가 큰 스토리보드가 야기하는 관리상의 어려움을 저울질해 보아야 할 것이다.

팁 5 : 디자이너를 위한 디자인

5장과 6장에서 스토리보드에 그래픽을 추가할 때 전문 디자이너와 함께 일하는 경우 발표자는 완성된 이야기 템플리트와 서식이 지정된 스토리보드(바로 이 장에서 준비한)를 디자이너에게 제공해야 한다. 디자이너와 회의를 할 때 이야기 템플리트는 이야기를 묘사해 주고 여러 가지 생각이 어떤 식으로 함께 모여 하나의 프레젠테이션을 이루는지 설명해 준다. 스토리보드는 발표자가 어떤 순서로 그 아이디어들을 등장시키고 싶은지, 그리고 프레젠테이션을 통해 전달하고자 하는 메시지를 어떤 방법으로 보강할 것인지를 보여 준다. 이렇게 하면 디자이너가 발표자가 무엇을 어떤 순서로 말하고 싶어하는지 알아내는 불필요한 일을 하지 않아도 되기 때문에 디자인 과정이 좀더 빨리 이루어지고 혼란도 피할 수 있다. 대신 디자이너는 디자이너라면 가장 잘 하는 것, 즉 디자인하는 데 그만큼 전념할 수 있게 된다. 이 접근 방법을 이용하면 연관된 모든 사람들에게 만족스러운 의사소통 체험을 제공하는 파워포인트 프레젠테이션을 순조롭게 만들어낼 수 있다.

팁 6: 만화로부터의 영감

이상하게 들릴지 모르지만, 연재만화를 공부해 보면 스토리보드 작성에 관해 상당히 많은 것을 배울 수 있다. 프레임들의 시퀀스를 이용해 의사소통하는 것에 관한 최고의 책들 중 하나는 스콧 맥클루드(Scott McCloud)의 『만화의 이해(Understanding Comics)』(Perennial Currents, 1994)[1]이다. 처음부터 끝까지 만화 형식으로 쓰인 맥클루드의 책은 연재만화의 범위를 훨씬 넘어서는 내용을 담고 있다. 그의 책은 시각적인 의사소통의 역사 속을 여행하는 것으로 시작해, 프레임들의 시퀀스(파워포인트 스토리보드와 같은)를 가지고 할 수 있는 것이 무엇인지에 관해 우리가 지니고 있던 생각들을 재구성하는 것으로 끝맺는다. 비록 맥클루드가 이 책에서 파워포인트를 언급하지는 않지만, "Understanding PowerPoint: Q&A with Scott McCloud"라는 논문(www.sociablemedia.com에서 구할 수 있다)을 보면 그가 파워포인트라는 주제에 관해 무슨 얘기를 하는지 읽을 수 있다.

팁 7: BBP 스토리보드 포매터 사용자 지정하기

일반적인 파워포인트 디자인 템플리트에 있는 기능들은 대부분 글머리 기호를 주로 사용하는 접근 방법에 유용한 것들이다. 가령 모든 슬라이

---

1) 스콧 맥클루드, 『만화의 이해』, 고재경 역(아름드리미디어, 1995) / 스콧 맥클루드, 『만화의 이해』, 김낙호 역(시공사, 2002)

드에 적용할 미리 디자인된 배경이나 각 슬라이드의 제목 영역 아래에 텍스트 상자를 두고 슬라이드 마스터에는 로고를 넣은 기본 슬라이드 레이아웃 등이 그렇다. '탈 글머리 기호' 접근 방법에서는 글머리 기호를 전혀 사용하지 않기 때문에 슬라이드를 완전히 다른 방식으로 구성해야 한다.

이 장에서 설명한 슬라이드 마스터 및 슬라이드 노트 마스터의 구성은 부록 A에 기술되어 있는 여러 연구 기반 원칙들과 보조를 같이한다. 이 원칙들 덕분에 5장과 6장에서 슬라이드에 그래픽을 추가할 때 효과적인 학습을 지원하는 디자인 접근법을 자동적으로 적용하게 될 것이다. '탈 글머리 기호' 접근법의 특징은 슬라이드의 빈 배경, 제목 영역 아래쪽에 시각적인 요소를 갖는 기본 레이아웃, 슬라이드 노트 마스터에 포함된 선택적인 로고 등이 있다.

이야기 템플리트를 워드에서 파워포인트로 전송할 때마다 매번 슬라이드 마스터와 슬라이드 노트 마스터를 설정하는 대신, 부록 B에서 설명하는 것처럼 BBP 스토리보드 포매터(Beyond Bullet Points Storyboard Formatter)를 다운로드해 사용할 수 있다. 문제가 발생하지 않게 하려면, '탈 글머리 기호' 접근법을 이용해 만든 프레젠테이션에는 일반적인 디자인 템플리트를 사용하지 말고, 글머리 기호를 이용해서 만든 프레젠테이션에는 BBP 스토리보드 포매터를 사용하지 말자.

BBP 스토리보드 포매터는 이 장에서 설명한 슬라이드 마스터 및 슬라이드 노트 마스터에 대한 서식 변경을 모두 포함한다. 원한다면 만들어내는 모든 프레젠테이션마다 스토리보드로 미리 서식이 정해져 있도록 이 스토리보드 포매터를 기본으로 해 놓을 수도 있다. 어떻든 간에 앞의 '슬라이드 레이아웃 변경하기' 절에서 설명한 것처럼 모든 슬라이드의 레이아웃을 '제목 및 내용' 서식으로 수동 변경하긴 해야 한다.

'탈 글머리 기호' 접근법의 원리를 습득한 후라면 BBP 스토리보드 포매터를 필요에 따라 수정할 수 있다. 예를 들어 슬라이드 마스터에서 제목 영역의 글꼴 모양이나 색을 변경하거나, 슬라이드 노트 마스터에서 슬라이드 노트 영역의 글꼴 모양 및 색을 바꿀 수 있다. 또 슬라이드 노트 마스터에 로고, 머리글, 바닥글, 페이지 번호 등을 추가할 수도 있다. 그러나 서식 변경을 하기 전에 먼저 반드시 부록 A를 검토해서 그 변경으로 인해 프레젠테이션이 '탈 글머리 기호' 접근법을 강화시키는 연구 기반 원칙에서 벗어나지 않도록 점검하자.

팁 8: 슬라이드 노트의 메모

앞에 나왔던 '슬라이드 노트 설정하기' 절의 지시사항에 따라 슬라이드 노트 마스터의 서식을 정할 때 슬라이드 노트 마스터에서 슬라이드 노트의 여백의 양을 조절해서 슬라이드(발표자가 화면상으로 제시하는)에 할애된 여백의 양과 슬라이드 노트 영역(발표자가 말로 설명하는 생각들이 들어 있는)에 할애된 여백의 양을 동일하게 맞추었다.

5장과 6장에서 슬라이드에 그래픽을 추가할 때 이 슬라이드 노트 보기를 이용해 청중을 위한 다용도 유인물을 만들 수 있다. 이 장의 앞에서 살펴본 것처럼 '슬라이드 노트 마스터의 서식을 정하려면' 따라야 할 절차 가운데 4단계에서 했던 것처럼, 슬라이드 개체 틀 주변의 선을 제거하면 인쇄되는 슬라이드 노트상에 흰 여백이 생긴다. 슬라이드 마스터와 슬라이드 노트 마스터 둘 다 흰 배경을 갖는데, 슬라이드 영역이나 슬라이드 노트 영역 중 어느 쪽도 선으로 경계가 지어져 있지 않을 것이기 때문에, 슬라이드의 헤드라인이 사실상 인쇄되는 페이지 전체의 생각을 요약하게 될 것이다. 슬라이드 노트를 인쇄하면 어떤 모양일지 미리 보려면 **파일, 인쇄 미리 보기**를 클릭한 다음 **인쇄 미리 보기** 대화상자에서 **인쇄 대상**의 드롭다운 화살표를 클릭하고 **슬라이드 노트**를 클릭하자. 미리 보기를 마쳤으면 **닫기**를 클릭해 이전 보기로 되돌아가자.

슬라이드 노트 영역의 효과를 증가시키려면 그림 4-18에서 보았던 것처럼 글로 작성된 메모에 부제목을 추가하자. 슬라이드 노트 보기에서 슬라이드의 헤드라인을 검토하고 그 헤드라인에 정보를 더 추가하는 몇 개의 단어들을 생각해 본 다음 그렇게 만들어진 텍스트를 슬라이드 노트 영역에 타이핑하자. 그리고 부제목의 글꼴 스타일에 '굵게' 서식을 추가한 다음 엔터 키를 누르고 설명을 적어 넣자. 콘토소 예제에서 첫 번째 헤드라인은 '제약 산업은 변화의 바다를 항해하고 있다'이다. '불확실한 주위 상황'이라는 부제목은 정보를 더 추가하는 동시에 헤드라인에 뒤따르는 텍스트 설명으로 넘어가는 데 도움이 된다.

팁 9 : 여러 슬라이드 보기에서 작성하기

여러 슬라이드 보기에서 작업하다가 다른 보기로 옮겨 가지 않고 슬라이드의 노트 영역에 텍스트를 추가하고 싶을 때는 발표자 노트 기능을 이용하면 된다. 우선 여러 슬라이드 보기에서 **보기, 도구 모음**을 클릭하고, **여러 슬라이드**가 선택되어 있는지 확인하자. 슬라이드 하나를 선택하고, **여러 슬라이드** 도구 모음에서 **슬라이드 노트** 버튼을 클릭하자. 그러면 **발표자 노트** 대화상자가 나타날 것이다. 이 상자 안에 아무 텍스트나 입력하고 입력을 마치면 **닫기**를 클릭하자. **발표자 노트** 대화상자에 입력하는 텍스트는 동일한 슬라이드를 기본 보기와 슬라이드 노트 보기로 보았을 때 각 보기의 노트 영역에서 자동으로 업데이트될 것이다.

이 편리한 대화상자를 이용하면, 여러 슬라이드 보기 상태에서 슬라이드들을 관리하고 선택한 어떤 슬라이드에든 텍스트를 추가할 수 있다.

팁 10 : 스토리보드 가이드 사용자 지정하기

앞에 나온 '스토리보드 가이드 만들기' 절에서는 기본적인 흑백 스토리보드 가이드 디자인 방법을 설명했다. 이 숨겨진 슬라이드들은 청중의 눈에는 보이지 않을 것이므로, 여러 슬라이드 보기에서 이야기의 각 구획들이 가장 잘 보이도록 해 주는 색과 모양을 사용해 이 슬라이드들을 마음 내키는 대로 디자인하자. 예를 들면, 스토리보드 가이드들이 눈에 확 뜨이도록 배경을 붉은색으로 해 놓을 수도 있고, 발표자가 속한 조직의 로고를 삽입할 수도 있을 것이다.

디자인을 마무리짓고 나면 디자인의 어떤 부분도 우연히 변경하게 되는 일이 발생하지 않도록 완성된 레이아웃을 변경할 수 없는 그래픽 요소로 바꾸는 것도 좋은 생각이다.

이처럼 스토리보드 가이드에 사용한 디자인에 뜻하지 않은 변경이 가해지지 않도록 해당 디자인을 고정시키려면 아래 단계에 따라 슬라이드상의 모든 그래픽 요소들을 변경할 수 없는 것으로 만들면 된다.

레이아웃을 변경할 수 없는 그래픽 요소로 바꾸려면

1 이 장의 앞에 나왔던 '숨겨진 스토리보드 가이드를 만들려면' 절의 1단계와 2단계를 그대로 따르자.

2 그리기 도구 모음에서 **직사각형** 버튼을 클릭한 다음 화면을 가로질러 크기 조정 핸들을 끌어 **직사각형** 개체가 전체 슬라이드를 채우게 하자. 채우기색 드롭다운 화살표를 클릭해 나열된 색들 중 하나를 클릭하자.

3 앞서 언급한 '숨겨진 스토리보드 가이드를 만들려면' 따라야 할 절차의 3단계, 5단계, 6단계를 이어서 계속하자. 이때 바로 위 2단계에서 선택한 직사각형의 색깔을 배경으로 했을 때 눈으로 보이는 글꼴색을 선택하자.

4 각각의 슬라이드로 되돌아가 **편집, 모두 선택**을 클릭하고, 서식 도구 모음에서 **잘라내기** 아이콘을 클릭하자. 편집, **선택하여 붙여넣기**를 클릭한 다음 **선택하여 붙여넣기** 대화상자에서 **그림(PNG)**을 클릭하거나 원하는 다른 그래픽 파일 서식을 클릭하고 확인을 클릭하자. 이렇게 하면 슬라이드상의 모든 요소들이 발표자가 선택한 파일 서식으로 되어 있는 단일하고 변경할 수 없는 이미지로 변형된다. 발표자는 이 이미지를 슬라이드의 중심에 놓아야 할 수도 있을 것이다.

'탈 글머리 기호' 접근법의 모든 부분이 그렇듯이 일단 기본 사항들을 터득한 다음 이를 창조적으로 마음껏 응용해 보기 바란다.

CHAPTER
05

스토리보드 디자인 스타일 선택하기

이 장에서 다루는 내용

1. 시각적 표현을 추가해서 스토리보드를 분명하게 한다.
2. 디자인의 세 가지 기본 원칙을 검토한다.
3. 슬라이드에 전화면 크기의 사진과 클립아트를 추가한다.
4. 헤드라인에 있는 단어 일부에 애니메이션을 적용한다.
5. 여러 기술을 결합해서 사용한다.

천 마디 말보다 그림 한 장이 낫다고들 하지만, 전문 삽화가가 아니고서야 딱 알맞은 그림을 구하기는 어려운 일이다. 말을 시각적 표현으로 바꾸는 작업은 누구에게든, 특히나 마이크로소프트 오피스 파워포인트 슬라이드를 대부분 글머리 기호로 작성하는 데 익숙해져 있는 사람에게는 더욱 버거운 일이 아닐 수 없다. 다행히, '탈 글머리 기호' 접근법을 이용하면 생각했던 것보다 일을 쉽게 처리할 수 있다.

디자이너에게 가장 어려운 일은 실제 디자인 작업이 아니라 그에 우선하는 계획 작업이다. 디자이너는 작업을 시작하기 전에 이 프레젠테이션의 목적이 무엇인지, 어떤 이야기 구조가 좋겠는지, 가장 중요한 것은 무엇이고, 어디서부터 시작하면 좋겠는지와 같은 일련의 질문들에 대한 답을 찾기 위해 노력한다.

우리는 이런 질문에 대해 이미 여러 차례 답을 찾아보았다. 2장과 3장에서는 프레젠테이션의 목적과 이야기 구조를 정의하고 정보의 우선순위와 순서를 정해 프레젠테이션의 토대가 되는 스크립트를 완성했다. 4장에서는 이 스크립트를 파워포인트로 옮기고, 텍스트 요소를 추가해 새로운 스토리보드를 준비하고 계획했다. 이제 5장과 6장에서는 이 스토리보드에 그래픽을 추가해 앞에서 만들어 놓은 토대 위에 시각적 구조를 만들어 넣을 차례다. 이 장의 그래픽 디자인 과정을 따라가다 보면 이야기에 시각적 힘을 불어넣게 될 것이다.

디자인의 세 가지 기본 원칙

파워포인트는 멋진 결과를 만들어낼 수 있는 사용하기 쉽고 강력한 미디어 도구이다. 그러나 파워포인트를 사용하는 대부분의 사람들은 학교에서 디자인을 전공으로 공부하지 않은 사람들일 것이다. 그리고 콘토소 프레젠테이션의 경우처럼 마감 시간이 촉박해서 교육 기관에서 디자인 과정을 수강할 만한 시간이 없는 경우가 대부분일 것이다. 그러나 다행히 새로운 파워포인트 스토리보드를 이용해 효과적인 결과를 만들어 내기 위해 디자인 교육을 받을 필요는 없다. 이 장에서는 파워포인트 프레젠테이션에 곧바로 적용할 수 있는 몇 가지 기본적인 디자인 기법을 소개하고 보여 줄 것이다.

> **디자인의 세 가지 기본 원칙**
>
> 파워포인트 파일에는 슬라이드 외에도 말과 상호작용, 유인물 등을 계획하는 데 도움이 되는 많은 것들이 포함되어 있다. 다음 세 가지 원칙을 따르면 완전한 경험을 디자인할 수 있다.
>
> ❶ 헤드라인을 중심으로 완전한 체험을 디자인한다.
> ❷ 청중과 교류할 수 있는 슬라이드를 만든다.
> ❸ 세 가지 표현 방법을 시도한다.

프레젠테이션을 디자인할 때, 화면에 영사되는 미디어와 말, 상호작용, 인쇄된 자료 등을 이용해서 살아 움직이는 환경을 계획할 것이다. 이렇게 여러 가지를 한꺼번에 관리하는 것은 어려운 일이므로 일련의 디자인 기본 원칙을 이용해서 가닥을 잡을 필요가 있다.

원칙 1: 헤드라인을 중심으로 완전한 체험을 디자인한다

파워포인트 프레젠테이션을 디자인할 때 반드시 염두에 두어야 할 점이 있다. 파워포인트 프레젠테이션을 디자인한다는 것은 슬라이드만을 디자인하는 것이 아니라 완전한 체험을 디자인하는 것이라는 점이다. 슬라이드의 글꼴이나 그래픽, 애니메이션 같은 세부사항에 몰두하다가 말과의 연결을 놓치고 전달하고자 하는 메시지를 청중에게 효과적으로 이해시킬 수 있는 완전한 체험을 잃는 경우가 많다.

화면에 보여 주는 것과 말하는 것이 잘 어울리게 하기 위해서 파워포인트 프레젠테이션을 디자인할 때 그림 5-1에 보이는 것처럼 항상 슬라이드 노트 보기에서 시작하는 습관을 들이자.

프레젠테이션에 **할리우드**를 더하라

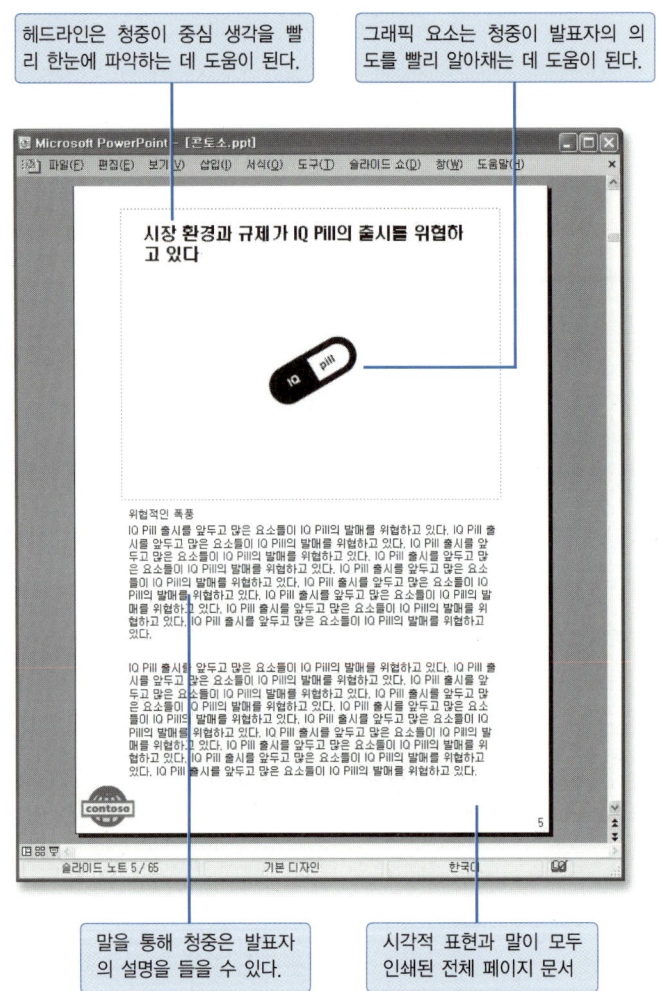

그림 5-1 ▶
영사되는 시각적 표현과 말이 나타나는 슬라이드 노트 보기

디자인을 시작하기 전에 우선 **보기, 슬라이드 노트**를 클릭해서 프레젠테이션에 있는 모든 슬라이드를 훑어보자. 이 보기에서 시작하면 영사될 시각적 표현과 말로 이루어진 체험을 디자인한다는 구성 개념이 강화된다. 그림 5-1에서 볼 수 있는 것처럼 페이지의 상단은 슬라이드에 나타나는 부분이고, 그 아래의 노트 영역은 말을 표시하는 부분이다. 슬라이드 노트 보기에서 슬라이드의 헤드라인은 두 가지 역할을 담당한다. 하나는 프레젠테이션 중에 화면에 나타날 중심 생각을 요약하는 것이고 다른 하나는 해당 슬라이드 노트 페이지의 의미를 요약하는 것이다.

슬라이드 노트 보기에서 디자인을 시작하면 결과적으로 디자인 작업이 끝난 후 멋지게 디자인된 슬라이드뿐만 아니라 훌륭한 유인물을 얻게 된다. 이 유인물은 페이지별로 세 층위의 정보 체계로 구성된다. 최상 층위는 헤드라인으로, 전체 페이지의 의미를 나타낸다. 두 번째 층위는 시각적 표현 요소로서, 헤드라인을 자세히 설명한다. 세 번째 층위는 노트 영역의 서술적 설명으로, 헤드라인과 시각적 표현 요소를 더 자세히 설명한다.

슬라이드 노트 보기 외에도, 기본 보기에서 개별 슬라이드의 그래픽을 작성하고, 여러 슬라이드 보기에서 슬라이드들 간의 이야기 진행 속도와 흐름 그리고 논리적 일관성을 디자인함으로써 파워포인트의 스토리보드 디자인 작업을 진행할 수 있다. 요약하면 다음과 같다.

헤드라인의 중요성

헤드라인은 '탈 글머리 기호' 접근법의 초석으로서 이야기, 스토리보드, 슬라이드, 유인물을 하나로 묶어 준다. 헤드라인은 설득력 있는 이야기 구조를 이용해서 발표자의 생각을 청중에게 명확히 전달할 수 있게 해 주는 이야기 템플리트의 진술에서 시작된다. 그 진술들을 파워포인트 슬라이드의 제목 영역에 표현하면 프레젠테이션의 스토리보드를 만들 수 있게 된다. 여러 슬라이드 보기에서 여러 슬라이드의 제목들을 읽고 이야기를 파악할 수 있고, 슬라이드 노트 보기에서 노트 영역에 헤드라인과 관련된 이야기를 작성할 수 있다. 기본 보기를 이용해 슬라이드에 그래픽을 추가할 때는 간단하고 명료하며 헤드라인과 밀접하게 관련된 이미지를 사용해야 한다. 그래야 디자인 작업 중에 불필요한 장식이나 미적 치장이 아니라 효과적인 의사소통에 집중할 수 있다. '탈 글머리 기호' 접근법에서는 헤드라인에 집중함으로써 이야기를 명료하게 하고, 말의 초점을 분명하게 다듬고, 시각적 표현을 적절하게 만들고, 유인물을 쓸모 있게 만들 수 있다.

- **슬라이드 노트 보기**: 말로 이야기할 내용과 종이에 표현할 내용을 디자인한다.
- **기본 보기**: 영사되는 시각적 표현에 나타낼 내용을 디자인한다.
- **여러 슬라이드 보기**: 체험의 흐름과 진행 속도를 디자인한다.

서로 다른 각 보기들이 완전한 체험을 제공하기 위해 다양한 차원에서 생각할 수 있는 기회를 제공한다는 점을 기억해 두자.

원칙 2: 청중과 교류할 수 있는 슬라이드를 만든다

프레젠테이션에 실제로 사람들이 참석할 필요가 없다면 서로에게 간단히 이메일로 문서를 보내면 그만이므로 많은 시간을 절약할 수 있을 것이다. 그러나 우리는 서로 마주보고 토론하고 함께 생각을 나누면서 의사 결정을 하는 것이 더 좋다는 사실을 알기 때문에 서로 모인 자리에서 프레젠테이션을 진행한다. 영사되는 시각적 표현은 서로의 생각을 나눌 수 있는 가능성을 열어 줌으로써 모임의 이러한 사교적인 속성을 지원한다.

청중의 관심과 참여를 이끌어내는 가장 좋은 방법은 그들이 알고 싶어 하는 확실한 정보를 적절한 분량으로 제때 전달하는 것이다. 이렇게 하려면 우선 이야기 템플리트를 이용해서 생각을 요약할 수 있는 크기의 조각들로 나눈 다음 요약한 문장들을 파워포인트 스토리보드에 붙여 넣자. 이 문장들은 나중에 각 슬라이드의 헤드라인이 될 것이다. 그 다음 슬라이드 마스터의 서식을 구성한 후, 모든 슬라이드의 기초가 되는 슬라이드 레이아웃을 상단에는 헤드라인이 오고 그 아래로는 관련된 시각적 표현이 올 수 있도록 간단하게 만들자.

슬라이드 레이아웃의 스타일이 간단하더라도 그 효과는 매우 크다. 헤드라인은 슬라이드가 디스플레이되는 동안 발표자가 말하고 싶은 것을 상기하는 데 도움을 준다. 그리고 헤드라인은 그 자체로 청중에게 주제를 명확하게 전달한다. 헤드라인은 청중에게 지나치게 많은 정보를 제공하지 않음으로써 발표자와 청중이 모두 해당 주제에 집중할 수 있게 하는 효과가 있다.

기억해 둡시다

이상하게 들릴지 모르지만, 슬라이드에 정보를 적게 표현할수록 청중의 관심은 더 커진다. 청중이 발표자의 설명에 의지하고 관심을 기울이게 되고 발표자도 청중의 반응에 의지하게 되기 때문이다.

청중이 슬라이드를 보면서 발표자가 말로 전달하는 설명을 들으면 간단한 슬라이드만으로는 얻을 수 없는 효과가 발생한다. 슬라이드 디자인이 간단하기 때문에 청중은 헤드라인과 시각적 표현을 읽고 슬라이드에 나타난 생각을 빠르게 이해할 수 있다. 그 다음에 그들의 주의는 바로 발표자가 의도했던 곳, 즉 발표자와 발표자의 말 그리고 그와 관련된 정보로 향하게 된다. 슬라이드에 있는 모든 내용을 지나치게 명시적으로 한 번에 알아볼 수 있게 만들지 않고 발표자가 말로 풀어 설명해 줄 여지를 남겨 둠으로써 청중이 발표자에게 의지하도록 할 수 있고 또 발표자도 청중과 더 적극적으로 소통할 수 있다.

프레젠테이션을 진행하는 동안 완전한 정보를 제공하고 싶으면 디자인 작업 중에 수시로 슬라이드 노트 보기를 이용해 슬라이드마다 설명하는 말이 있는지 확인하는 것이 좋다.

원칙 3 : 세 가지 표현 방법을 시도한다

눈으로 확인하기 전에는 어떻게 하는 것이 좋은지 정확히 알지 못하는 것들이 있다. 그래픽과 관련된 것들은 특히 더 그렇다. 슬라이드 디자인을 결정하기 전에 몇 가지 옵션을 만들어 보아야 하는 이유이다.

전문 디자인 업체에서는 고객이 의뢰한 일을 시작하면서 일반적으로 고객에게 세 가지 서로 다른 디자인 옵션을 보여 준다. 이렇게 하면 디자인 업체의 입장에서는 완전히 다른 세 가지 표현 방법을 시도함으로써 디자이너가 자유롭게 창조성을 발휘하도록 할 수 있고, 고객의 입장에서는 여러 가지 디자인을 검토하고 그 중에서 가장 어울리는 디자인을 선택할 수 있다. 디자인 업체와 고객 모두에게는 사적인 감정에서 한 걸음 뒤로 물러나 다른 디자인들을 검토해 보고 디자인의 방향을 어떻게 잡을 것인지 결정할 비교 판단의 기준을 제공하는 기회가 된다.

NOTE
이 세 가지 디자인 원칙을 스토리보드의 슬라이드에 적용할 수 있는 방법은 무수히 많다. 이 장과 다음 장에서 사진, 클립아트, 스크린숏 등의 그래픽 요소들을 이용해서 할 수 있는 효과적인 창조적 작업을 중심으로 십여 가지 방법을 설명하게 될 것이다. 이 두 장에 있는 예제에 사용된 그래픽들은 모두 office.microsoft.com의 마이크로소프트 오피스 온라인 클립아트 및 미디어 사이트에서 무료로 다운로드할 수 있는 것들이다.

오랜 사용 경험을 통해 증명된 이 방법은 파워포인트 스토리보드를 디자인할 때도 잘 들어맞는다. 프레젠테이션에서 슬라이드를 세 장 이상 선택해서 이 장에서 설명하는 대로 세 가지 서로 다른 디자인 표현 방법을 시도해 보자. 그리고 그 디자인 표현 방법들을 동료 팀원들에게 보여 주고 그 프로젝트의 내용을 잘 모르는 사람들에게 각 디자인을 평가하게 하자. 청중에게 효과적으로 영향을 미칠 수 있을 것으로 판단되는 디자인을 선택한 후 프레젠테이션의 모든 슬라이드에 이 디자인을 적용하자. 그러면 이제부터 콘토소 프레젠테이션에서 세 장의 슬라이드를 이용해 작업하는 방법을 살펴보자.

세 장의 슬라이드에 다양한 디자인 기법 적용해 보기

1막의 다섯 장은 청중에게 첫 번째 강한 인상을 준다. 2장의 '1막: 이야기 시작하기' 절에서 설명한 대로 이 다섯 개의 짧은 장들은 청중이 발표자의 이야기에 관심을 갖도록 하고 그 발표 내용이 청중에게 개인적으로 와 닿을 수 있는 체험으로 만드는 데 필요한 중요한 작업을 수행한다. 스토리보드에서 이 다섯 개의 장에 그래픽을 추가하면 1막에서 시작한 생각의 흐름을 명확하고 일관성 있게 보완할 수 있다.

사람들은 보통 처음에 받은 시각적 인상에 크게 영향을 받기 마련이다. 따라서 동일한 세 장의 슬라이드에 서로 다른 디자인 기법을 적용한 결과물들을 면밀하게 살펴보아야 한다. 이를 위해 '탈 글머리 기호' 접근법의 기본 디자인 과정을 검토하는 데 이용할 수 있는 테스트 파일을 하나 만들자.

테스트 파일 준비

전체 프레젠테이션에 적용할 일관된 스타일을 선택하는 일이 중요하지만, 몇 가지 옵션으로 직접 시도해 보기 전에는 어떤 스타일이 좋을지 알 수가 없다. 우선 디자인 아이디어를 테스트하는 데 이용할 파워포인트 파일을 하나 새로 만들자. 테스트 파일을 만들면 원래 파일에 의도하지 않은 변경을 가할 걱정 없이 여러 가지 디자인 기법을 자유롭게 시도해 볼 수 있다.

여러 가지 디자인 표현 방법을 시도해 보기 위해 다음 절차에 따라 프레젠테이션에서 견본 슬라이드 세 장을 뽑아 새로운 파워포인트 파일을 만들자.

테스트 파일을 만들려면

1 4장에서 만들었던 파워포인트 파일을 여러 슬라이드 보기로 연 후 **파일, 다른 이름으로 저장**을 클릭해서 **다른 이름으로 저장** 대화상자에 '테스트' 라는 단어를 포함하는 새로운 파일명(여기서는 콘토소_테스트.ppt)을 입력하자. 그리고 **저장** 버튼을 클릭하자.

2 **편집, 모두 선택**을 클릭한 다음 Ctrl 키를 누른 채로 프레젠테이션에서 견본 슬라이드 세 장(여기서는 1막 1장, 2장, 5장을 나타내는 슬라이드)을 클릭하자. **표준** 도구 모음에서 **잘라내기** 버튼을 클릭하면 선택된 슬라이드 세 장을 제외한 나머지 슬라이드가 모두 삭제된다. 그 다음 저장 버튼을 클릭하자.

3 **편집, 모두 선택**을 클릭한 후 **표준** 도구 모음에서 **복사**를 클릭하자. 마지막 슬라이드 오른쪽에 마우스 커서를 클릭한 후 **표준** 도구 모음에서 **붙여넣기** 버튼을 더블클릭하자. 그러면 이제 세 장짜리 슬라이드가 세 세트가 되어 전체 슬라이드는 아홉 장이 된다.

4 **표준** 도구 모음에서 **확대/축소** 드롭다운 화살표를 클릭해서 그림 5-2처럼 세 장의 슬라이드가 한 줄로 나란히 표시되도록 확대/축소 비율을 조정하자. 파워포인트 창의 모서리를 클릭한 후 드래그해서 화면의 크기를 변경하는 방법을 사용해도 무방하다.

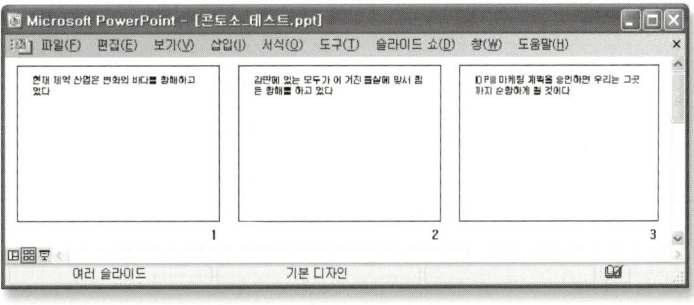

그림 5-2 ▶
여러 슬라이드 보기로 표시된 테스트 파일에 있는 세 장의 선택된 슬라이드

디자인 시작하기

테스트 파일이 준비되었으면 그림 5-2와 같이 보이는 세 개의 헤드라인을 읽고 이 세 장의 슬라이드를 통해 전달하고자 하는 것이 무엇인지 다시 한 번 정리해 보자. 이 장에서는 이 슬라이드들에 적용할 수 있는 여섯 가지의 디자인 기법을 설명할 것이다. 그 여섯 가지 기법을 모두 검토해 본 후 프레젠테이션을 디자인할 준비가 되면, 그 중 세 가지 기법을 선택해서 시도해 보자. 자신만의 독특한 기법을 시도해 보아도 좋다.

그러면 우선, 그림 5-3처럼 슬라이드 노트 보기로 가서 출발점을 검토해 보자.

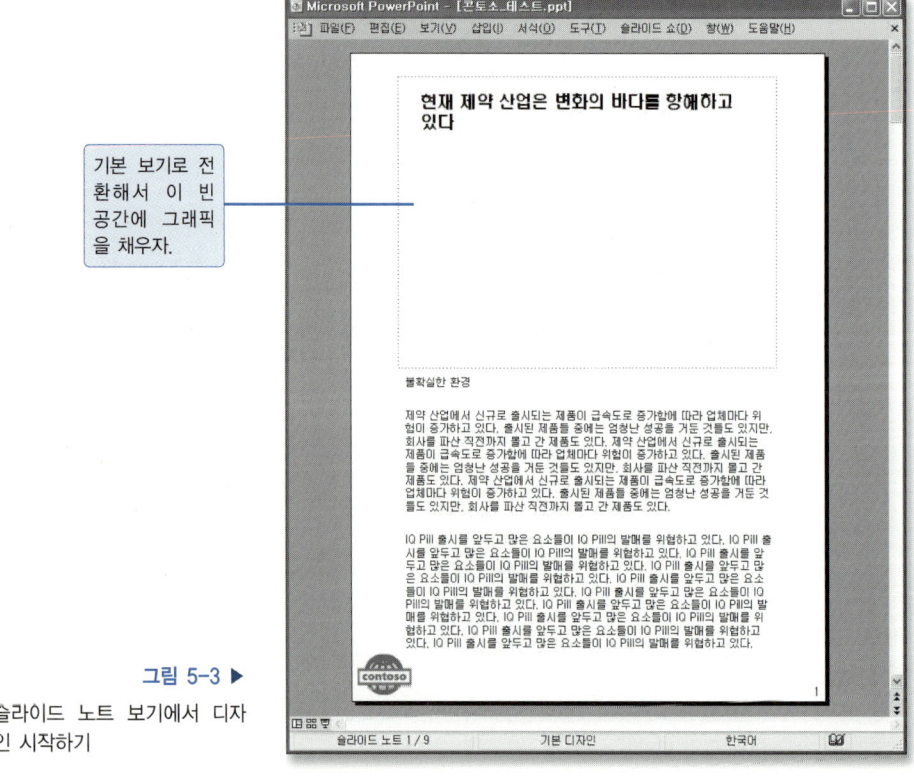

◀ 그림 5-3
슬라이드 노트 보기에서 디자인 시작하기

이 슬라이드 노트 예제에는 이미 슬라이드 영역에 헤드라인이 입력되어 있고 노트 영역에 텍스트 설명이 입력되어 있다. 지금 할 일은 헤드라인

Chapter 05 스토리보드 디자인 스타일 선택하기

과 노트 영역 사이의 빈 공간에 그래픽을 채워 넣는 것이다. 그래픽을 추가하려면 우선 슬라이드 영역을 더블클릭해서 슬라이드가 기본 보기로 표시되게 하자.

말을 통해서 이미 많은 의미전달이 이루어지고 있으므로, 슬라이드에 어떤 그래픽을 선택해서 넣더라도 헤드라인과 노트 영역 사이에서 구두로 전달되는 정보를 보충할 수 있다. 4장의 '슬라이드 레이아웃 변경하기' 절에서 모든 슬라이드에 '제목 및 내용' 레이아웃을 적용했기 때문에 각 슬라이드를 기본 보기로 보면 그림 5-4와 같을 것이다.

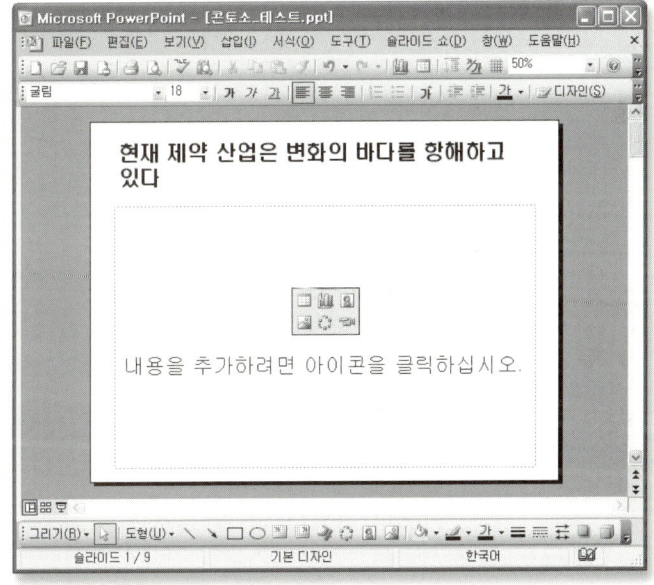

그림 5-4 ▶
'제목 및 내용' 레이아웃이 적용된 슬라이드

이 슬라이드에 그래픽 요소를 추가하려면 '내용을 추가하려면 아이콘을 클릭하십시오' 라는 개체 틀 텍스트 위에 있는 버튼들을 이용하면 된다. 여기에는 여섯 개의 버튼이 있는데 각각 **표 삽입**, **차트 삽입**, **클립아트 삽입**, **그림 삽입**, **다이어그램 또는 조직도 삽입**, **미디어 클립 삽입**이 있다. 원하는 형태의 그래픽 버튼을 클릭한 다음 대화상자가 나타나면 적절한 값을 채워 넣으면 된다. 이 절차를 거치지 않고 슬라이드에 그래픽을 직접 붙여 넣으면, **내용을 추가하려면 아이콘을 클릭하십시오** 개체 틀이 슬라이드에 그대로 남는다.

139

이 개체는 프레젠테이션을 실행할 때는 보이지 않으므로 그대로 두어도 크게 상관은 없지만, 눈에 거슬린다면 이 개체 틀을 마우스 오른쪽 버튼으로 클릭한 다음 나타나는 바로 가기 메뉴에서 **잘라내기**를 클릭하면 된다.

콘토소 프레젠테이션에서 뽑아낸 이 세 예제 슬라이드가 가질 수 있는 시각적 표현 가능성의 범위를 알아보기 위해, 1막 1장의 스냅숏을 찍어 두자.

더 간단한 레이아웃

'제목 및 내용' 레이아웃에서 그래픽을 삽입하면 그래픽이 헤드라인 아래에 있는 내용 영역의 한 가운데에 삽입된다. 이 레이아웃은 새로운 디자인 접근법을 습득할 때까지 사용할 기본 레이아웃이다. 내용을 추가하려면 아이콘을 클릭하십시오 개체 틀이 눈에 거슬리는 사람들은 '제목 및 내용' 레이아웃을 사용하지 않는다. 모든 슬라이드의 레이아웃을 더 간단한 서식으로 바꾸고 싶으면, 여러 슬라이드 보기에서 편집, 모두 선택을 클릭하고, 서식, 슬라이드 레이아웃을 클릭한 후 제목만 레이아웃을 클릭하면 모든 슬라이드에 제목만 있는 레이아웃이 적용된다. 이렇게 하면 슬라이드 상단에 제목만 있고 그 아래 부분은 비어 있는 기본 레이아웃이 만들어진다. 기타 고급 레이아웃이나 눈금 옵션 등의 이용 방법은 6장의 '팁 1: 고급 레이아웃'에서 설명할 것이다.

화면에 사진 넣기

2장의 '1막: 이야기 시작하기' 절에서 설명한 것처럼 1막의 장들은 주로 감정에 호소하는 방법으로 청중에게 마법을 건다. 감정에 대한 호소를 강화하는 가장 효과적인 방법으로 전화면 사진을 넣는 방법이 있다.

프레젠테이션에 어울리는 사진을 구할 수 있는 방법은 매우 많다. 사진을 잘 찍는 사람이라면 디지털 카메라를 이용해서 직접 사진을 찍으면 될 것이다. 마이크로소프트 클립아트 및 미디어 사이트에서는 사진들을 무료로 다운로드할 수 있다. 일부 사진 사이트에서는 프레젠테이션용 사진을 할인 가격으로 다운로드할 수도 있다. 자신이 속한 회사 내부에 사진 자료실이 있다면 그 자료실을 이용할 수도 있을 것이다. 어떤 방법을 이용하든, 프레젠테이션에 사용한 사진이 사용해도 좋다는 허가를 받은 것인지 반드시 확인해 보아야 한다.

2장에서 살펴본 것처럼 하나의 주제 또는 '모티프'를 반복함으로써 프레젠테이션에 통일감을 부여하고 사람들이 발표자의 말에 귀 기울이게 하고 발표자의 개성과 확신을 드러내 보일 수 있다. 1장 슬라이드에 추가할 사진을 찾으면서 모티프의 힘이 되살아나는 것을 확인할 수 있을 것이다. 콘토소 프레젠테이션의 모티프는 바다이므로 바다, 항해, 태풍,

배, 해변, 나침반 같은 키워드 검색 용어를 이용해서 사진을 찾아보자. 그림 5-5는 마이크로소프트 클립아트 및 미디어 사이트에서 검색한 결과를 나타낸 것이다.[1]

이 사진은 이사회 임원들이 발표자와 함께 프레젠테이션이라는 항해를 시작하면서 사용할 지도나 항해, 여행을 암시하는 나침반의 자침을 나타낸 것으로 1장에 잘 들어맞는다.

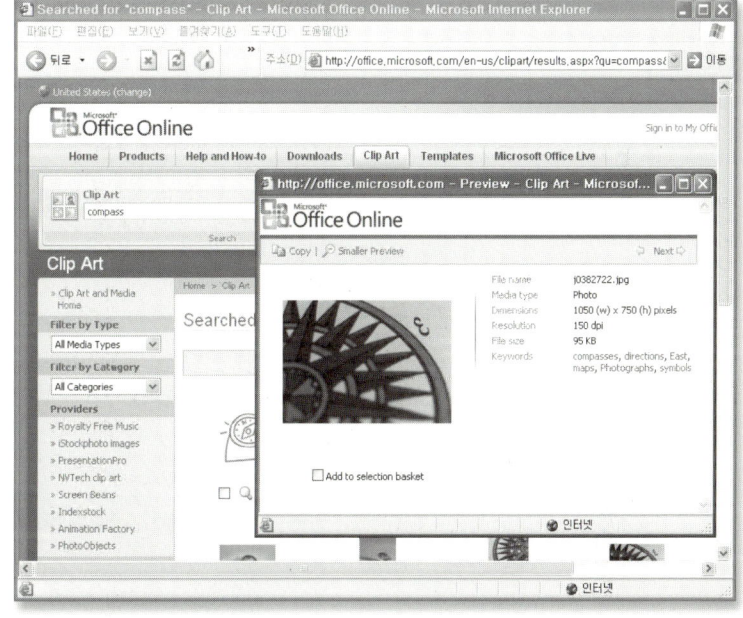

◀ 그림 5-5
마이크로소프트 클립아트 및 미디어 사이트의 검색 결과 페이지

마이크로소프트 사이트와 같은 대부분의 사진 데이터베이스에서 특정 사진의 검색 결과에는 아직 생각해 보지 못한 다른 용어를 이용해서 검색할 수 있도록 영감을 주는 관련 키워드 검색 용어가 포함되어 있다.

---

1) 그림 5-5에 나타난 그림은 office.microsoft.com의 영문 사이트(미국)에서 영문 'compass'로 검색했을 때 검색되는 결과이다. 한글 브라우저에서 기본으로 설정되는 한글 사이트에서는 '나침반'으로 검색하든 'compass'로 검색하든 이 그림과 동일한 결과는 나타나지 않는다. 한글 사이트에서 유사한 모티프의 그림을 선택해 사용해도 좋겠지만, 책에 사용된 것과 동일한 그림을 사용하고 싶다면 영문 사이트를 이용해서 검색하기 바란다.

프레젠테이션에 **할리우드**를 더하라

마음에 드는 스타일의 사진이 있으면 스타일 링크를 이용해서 관련된 스타일의 다른 사진들도 검색할 수 있다.

기억해 둡시다

사진 편집 작업을 할 때 필요한 가장 중요한 기법은 크기 조정과 자르기 그리고 압축이다. 더 많은 사진 관리 기능을 원한다면, Microsoft Office 2003에 포함되어 있는 Microsoft Office Picture Manager나 Microsoft Digital Image Pro처럼 시장에 출시되어 있는 사진 편집 소프트웨어 패키지를 이용해 보기 바란다.

어떤 사진을 선택하든, 그 사진이 원하는 대로 슬라이드에 꼭 맞거나 파일 크기가 파워포인트 프레젠테이션에 정확하게 들어맞는 경우는 거의 없을 것이다. 이 문제를 해결하기 위해 사진을 편집할 때 이용할 세 가지 중요한 기법, 즉 크기 조정, 자르기, 압축 기법을 적용해야 한다.

슬라이드에 이 사진을 삽입하면 이 사진이 화면의 일부분에만 채워져서 시각적 표현의 전달력을 완전히 활용할 수 없게 된다. 전달력을 강화하려면 사진이 전체 화면에 꽉 차도록 사진의 크기를 조정해야 한다. 이렇게 하려면 우선 사진을 클릭하자. 그러면 그림 5-6처럼 사진의 네 모서리와 면에 크기 조정 핸들이 나타난다.

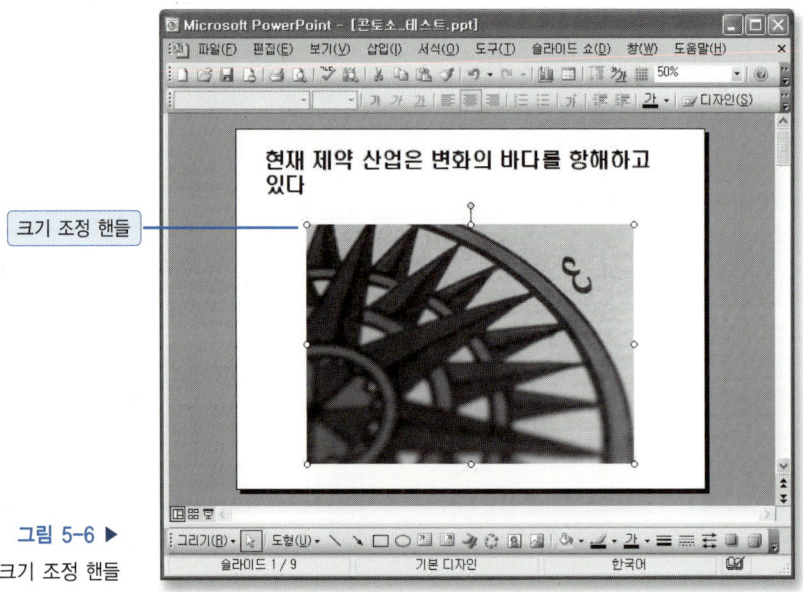

그림 5-6 ▶
선택된 사진과 크기 조정 핸들

Shift 키를 누른 채 크기 조정 핸들을 끌어서 사진이 전체 슬라이드 영역을 채우도록 확대하자. **Shift** 키를 누른 채 크기 조정 핸들을 끌면서 사진의 비율을 유지하는 것이 좋다. 그러지 않으면 사진이 일그러질 것이다 [모서리 핸들에서만 해당, 가운데 핸들에는 적용하지 않음].

기억해 둡시다

사진의 크기를 변경할 때 이미지의 비율이 유지되도록 Shift 키를 누른 채 크기 조정 핸들을 끌어서 변경하자.

크기를 변경한 사진이 또렷하고 분명한지 확인해 보자. 그렇지 않다면 다른 이미지를 찾아야 한다. 초점이 맞지 않거나 입자가 거칠거나 흐릿하거나 불분명한 사진은 사용하지 말아야 한다. 이런 사진을 사용하면 전달하고자 하는 메시지의 주의가 분산되고 발표자의 신뢰성이 떨어진다. 사람들은 전문적인 미디어를 통해 초점이 잘 맞은 선명한 사진들을 많이 보아 왔기 때문에 슬라이드에 선명한 사진을 보여 주지 않는다면 청중은 내용이 아무리 좋더라도 그 프레젠테이션을 하찮게 여길 것이다.

사진의 크기를 변경하고 선명하고 또렷하게 보이는지 확인한 다음에는 사진이 슬라이드의 경계를 벗어나는지 확인하자. 그런 경우에는 슬라이드 영역에 나타낼 부분만을 남겨 두고 이미지를 잘라야 한다. 그림을 자르려면 우선 **보기**, **도구 모음**을 클릭한 다음 **그림**을 선택해서 **그림 도구 모음**을 표시하자. 그 다음, **사진**을 클릭하고 **그림 도구 모음**에서 **자르기** 버튼을 클릭하자. 그러면 그림 5-7처럼 사진에 자르기 핸들이 나타날 것이다. 이 예제에서는 사진의 오른쪽 면을 자르기 위해 이미지의 오른쪽 면에 있는 자르기 핸들을 왼쪽으로 끌어서 이 그림의 경계를 슬라이드 영역의 경계에 맞추었다.

▶ 그림 5-7
선택된 사진과 그림 도구 모음 및 자르기 핸들

선명하고 뚜렷한 사진을 슬라이드에 가득 차게 채운 다음 마지막으로 적용할 도구는 마이크로소프트 오피스 파워포인트 2002 이후 버전에서 사용할 수 있는 기능인 그림 압축이다. 일반적으로 고해상도 사진 한 장의 크기가 수백 메가바이트에 달하기 때문에 그대로 사용하면 파워포인트 파일의 크기가 커져서 파워포인트 파일을 이메일로 보내거나 다른 사람과 공유할 때 문제가 발생할 수 있다. 이러한 문제는 사진을 화면에 선명하게 나타내는 데 필요한 최소한의 크기까지 압축함으로써 해결할 수 있다.

사진을 압축하려면 사진을 선택하고 **그림 도구 모음**에서 **그림 압축** 버튼을 클릭하자. 그러면 **그림 압축** 대화상자가 나타난다. 이 대화상자의 **해상도 변경** 부분에 있는 **웹/화면** 버튼을 클릭하자. 프레젠테이션에 있는 모든 그림들을 한꺼번에 압축하고 싶으면 적용 대상 부분에 있는 **문서에 있는 모든 그림** 버튼을 클릭하자. 모든 사항을 다 선택했으면, **확인**을 클릭하자. 이 방법을 이용하면 사진의 해상도가 자동적으로 96dpi(dots per inch, 1인치당 도트 수)로 줄어든다. 이 이미지는 파워포인트 파일에서 공간을 많이 차지하지 않으면서 화면에는 선명하게 표시된다.

사진이 전체 화면을 가득 채우도록 사진의 크기를 조정하고 자르고 압축한 다음에는 청중이 헤드라인을 읽을 수 있게 만들어야 한다.

헤드라인을 읽을 수 있게 만들기

슬라이드에 사진을 삽입할 때 사진이 헤드라인을 가려서 헤드라인이 보이지 않게 될 수가 있다. 이런 경우 그 사진을 마우스 오른쪽 버튼으로 클릭한 다음 바로 가기 메뉴에서 **순서**, **뒤로 보내기**를 클릭하면 그림 5-8처럼 사진이 헤드라인 뒤로 가서 제목 영역이 사진 앞에 나타난다.

▶ 그림 5-8
헤드라인이 보이도록 사진을
뒤로 보내기

프레젠테이션 룸의 가장 뒷좌석에 앉은 청중도 명확하게 읽을 수 있도록 사진 위에 있는 헤드라인이 분명하게 잘 보이도록 해야 한다. 그림 5-8처럼 헤드라인을 읽기가 어려운 경우 헤드라인을 읽기 쉽게 만드는 방법이 두 가지 있다. 첫 번째 방법은 글꼴색을 사진과 대조를 이루는 색으로 변경하는 것이다. Shift 키를 누른 채(텍스트 편집 모드를 차단하기 위해) 제목 영역을 클릭하자. 서식 도구 모음에서 **글꼴색** 버튼을 클릭하고 드롭다운 목록에서 **흰색**을 선택하거나 사진과 대조를 이루는 다른 색을 선택하자. 이렇게 해도 헤드라인을 읽기가 어려우면 제목 영역을 클릭하고 서식 도구 모음에서 **굵게**를 클릭해 제목 영역에 있는 텍스트의 글꼴을 굵게 변경해 보자.

그래도 헤드라인을 읽기가 어려우면, 제목 영역 아래에 투명한 직사각형을 추가해서 문제를 해결할 수 있다. 이 직사각형은 청중이 헤드라인을 더 쉽게 읽을 수 있도록 사진과 텍스트 사이에 뚜렷한 차이를 만드는 데 이용될 것이다.

이 방법을 이용해서 헤드라인을 읽기 쉽게 만들려면 다음과 같은 절차에 따라 직사각형을 만들고 투명도를 설정하자.

제목 영역 아래에 투명한 직사각형을 추가하려면

1 그리기 도구 모음에서 **직사각형** 버튼을 클릭한 다음 커서를 클릭하고 끌어서 그림 5-9처럼 제목 영역 전체를 덮는 직사각형을 만들자. 이 직사각형의 크기를 변경하려면 크기 조정 핸들을 이용해서 면이나 모서리를 조정하면 된다.

그림 5-9 ▶
슬라이드의 제목 영역 위에 놓인 직사각형

2 이 직사각형을 더블클릭해서 **도형 서식** 대화상자를 열고, 그림 5-10 처럼 **색 및 선** 탭의 선 부분에서 색 드롭다운 화살표를 클릭한 다음 **선 없음**을 클릭하자.

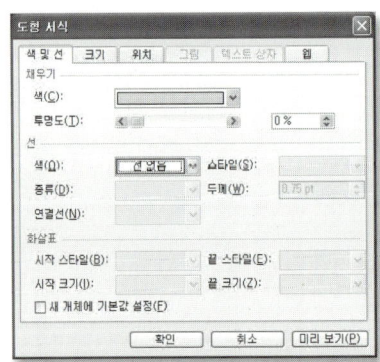

그림 5-10 ▶
색 드롭다운 목록에서 선 없음을 클릭해 직사각형의 선 제거하기

3 그 다음, 채우기 부분에서 색 드롭다운 화살표를 클릭하고, 채우기 효과를 클릭한 다음 나타나는 채우기 효과 대화상자에서 그라데이션 탭을 클릭하자. 색 부분에서 두 가지 색을 선택하고 색 1과 색 2에 모두 검정색을 설정하자. 투명도 부분에서, 시작 슬라이더는 0%로 두고, 끝 슬라이더는 100%로 끌어 놓자. 음영 스타일 부분에서 세로를 클릭하자. 여기까지 하고 나면 채우기 효과 대화상자는 그림 5-11처럼 보일 것이다. 확인을 클릭해서 채우기 효과 대화상자를 닫고, 다시 확인을 클릭해서 도형 서식 대화상자를 닫자.

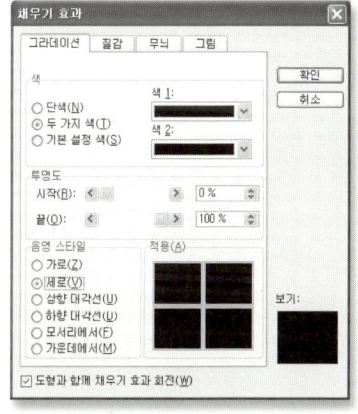

그림 5-11 ▶
직사각형에 그라데이션을 설정하는 채우기 효과 대화상자

4 이 직사각형을 마우스 오른쪽 버튼으로 클릭한 다음 나타나는 바로 가기 메뉴에서 순서, 뒤로 보내기를 클릭하자. 그 다음, 사진을 마우스 오른쪽 버튼으로 클릭해서 나타나는 바로 가기 메뉴에서 순서, 뒤로 보내기를 클릭하자. 그러면 이제 제목 영역이 맨 위로 오게 될 것이다.

5 이 절차를 거쳐 최종적으로 만들어지는 슬라이드는 그림 5-12에 있는 예제와 유사할 것이다.[2]

---

[2] 앞에서 제목 영역의 글꼴색을 변경하지 않았다면 글꼴색을 흰색으로 변경하자.

◀ 그림 5-12
헤드라인 아래에 그라데이션이 적용된 직사각형을 추가해 헤드라인을 뚜렷하게 한 슬라이드

이제 슬라이드 상단에 있는 제목 영역의 헤드라인이 선명하고 읽기 쉽게 되었다. 다른 사진을 사용했다면 사진에 따라 텍스트가 선명하게 보이고 읽기 쉽게 하기 위해서 직사각형의 **채우기 효과**에서 색을 검정색이 아닌 흰색으로 바꾸거나 투명도를 조정하거나 음영 스타일을 변경해야 할 것이다. 첫 번째 슬라이드를 완성하고 나면, 이 슬라이드에 있는 투명한 직사각형을 복사해서 두 번째와 세 번째 슬라이드에 붙여 넣고 첫 번째 슬라이드에서 한 것처럼 사진에 맞게 직사각형을 정리하자.

완성된 예제는 그림 5-13과 같을 것이다. 두 번째 슬라이드의 헤드라인이 '힘든 항해'를 언급하고 있으므로 여기에는 거친 물결 그림이 잘 어울린다. 이 슬라이드에서 제목 영역과 투명한 직사각형을 슬라이드의 상단에 두면 거친 파도의 마루가 나타내는 시각적 효과가 저하된다. 이런 경우에는 Shift 키를 누른 채 제목 영역과 직사각형을 선택해서 슬라이드의 아래쪽으로 끌어 놓자. 세 번째 헤드라인은 '순조로운 항해'를 언급하고 있으므로 여기에는 잔잔한 물결 그림이 잘 어울린다.

Chapter 05 스토리보드 디자인 스타일 선택하기

그림 5-13 ▶
전화면 사진을 넣은 세 장의
테스트 슬라이드

각 슬라이드에 헤드라인과 사진을 결합하면 이야기 흐름에 힘을 실어주는 상승효과가 발생한다. 여기에 사용된 사진들은 개별적으로 사진만 보았을 때는 일반적이고 별다른 특징이 없는 것들이지만, 헤드라인과 함께 배치되면서 새로운 층위의 의미를 갖게 되었다. 가령 두 번째 슬라이드에 있는 파도의 이미지는 어디에든 사용될 수 있는 것이지만, 헤드라인 덕분에 이 파도의 이미지와 모든 이사회가 직면하게 되는 힘든 항해의 이미지가 연결되면서 새로운 의미가 환기된다. 애초에 이 그림에 담긴 정서적인 의미가 무엇이었든 간에 이제 이 그림은 발표자가 이야기를 통해 비유적으로 물결을 헤치고 항해하도록 청중을 끌어들인 가상의 세계로 확장된다. 이 흡인력으로 인해 청중은 이야기에 더욱 깊이 빠져들고, 잊히지 않는 인상적인 체험을 하게 된다.

이 세 장의 사진은 청중의 주의를 딴 데로 돌리지 않고 이야기에 집중할 수 있도록 하는 훌륭한 시각적 무대 장치를 제공한다. 이 사진들은 또 배치된 순서대로 주제와 잘 어울린다. 이와 같은 순서로 배치된 슬라이드에 사용할 수 있는 사진들은 무수히 많다. 어떤 사진들을 선택해서 배치하느냐에 따라 청중에게 각각 다른 감흥을 불러일으킬 수 있을 것이다. 단순하지만 우아한 사진을 사용해서 슬라이드의 기본적인 느낌을 보강하고, 말을 통해 이 느낌을 강화하고 확대하도록 하자.

슬라이드가 모두 준비되면, 그림 5-14처럼 슬라이드 노트 보기에서 디자인을 점검하고 슬라이드 영역이 이야기할 스크립트와 잘 어울리는지 살펴보자. 이 프로젝트를 잘 모르는 사람이 이 프레젠테이션의 일부 슬라이드 영역 외에 다른 것을 볼 수 없다면 그림 몇 장 말고는 별로 특별한 것이 없다고 생각할 것이다. 그러나 슬라이드 노트 보기에서는 말로 전달되는 완전한 프레젠테이션 경험 속에서 슬라이드의 문맥을 볼 수 있을 것이다.

그림 5-14 ▶
슬라이드 영역에 전화면 사진이 있고 아래쪽에 노트가 있는 슬라이드 노트 보기

이 예제에 있는 헤드라인들은 슬라이드에서 표현하고자 하는 생각을 효과적으로 잘 전달하고 있다. 이 헤드라인들이 없으면 청중은 무언가 다른 체험을 하게 될 것이다.

헤드라인 숨기기

슬라이드에 사진을 추가한 후에 헤드라인을 숨기는 새로운 디자인 기법을 테스트해 보자. 헤드라인을 숨기려면, 각 슬라이드에 있는 사진을 마우스 오른쪽 버튼으로 클릭한 다음 바로 가기 메뉴에서 **순서, 앞으로 가져오기**를 클릭하자. 그러면 그림 5-15처럼 슬라이드에서 헤드라인이 보이지 않게 된다.

▶ 그림 5-15
전화면 사진으로 채워지고 헤드라인이 보이지 않는 세 장의 테스트 슬라이드

각 슬라이드에서 그 생각을 곧바로 알 수 있는 헤드라인을 빼더라도 슬라이드의 의미는 전달되지만 전달 방식은 조금 달라진다. 이미지들은 마찬가지로 바다의 모티프를 전해 주지만, 헤드라인이 없기 때문에 발표자의 설명에 대한 청중의 의존도가 더욱 커진다. 이 기법을 효과적으로 이용하려면, 사진만 보고도 그 다음에 할 이야기를 기억할 수 있도록 각 슬라이드를 숙지하고 있어야 한다.

TIP

헤드라인 숨기기는 시각적 표현만으로도 각 슬라이드에 나타난 생각을 잘 전달할 수 있고 청중이 시각적 표현에 더 깊은 관심을 갖기를 원하는 경우에 사용하는 것이 좋다. 프레젠테이션에서 헤드라인을 숨기더라도 각 슬라이드는 이야기 템플리트를 이용해 구축한 탄탄한 이야기 구조와 시퀀스 위에 자리잡고 있다. 이 기법을 사용하려면 이야기를 숙지하고 있어야 하는데, '탈 글머리 기호' 접근법을 따랐다면 각 단계를 거치면서 하고자 하는 이야기를 충분히 익혔을 것이므로 문제가 되지 않는다.

슬라이드 노트 보기로 보아도 슬라이드 노트의 중심 생각을 나타내는 헤드라인은 보이지 않는다. 이 페이지들을 유인물로 인쇄하면 그림 5-16처럼 헤드라인이 보이지 않는다. 청중이 유인물을 보고 각 페이지의 중심 생각을 재빨리 이해할 수 있도록 다시 헤드라인이 보이게 하려면, 기본 보기로 돌아가서 각 사진을 마우스 오른쪽 버튼으로 클릭한 다음 바로 가기 메뉴에서 **순서, 뒤로 보내기**를 클릭하자.

그림 5-16 ▶
헤드라인이 보이지 않는 슬라이드의 슬라이드 노트 보기

슬라이드에 헤드라인 없이 사진만 사용하면, 말하고자 하는 것을 생각나게 하거나 이미지의 힘을 이용해 청중의 상상력을 자극하는 시각적 트리거를 만드는 셈이다. 이러한 기법을 약간 변형한 것이 시각적 소품을 사용하는 것이다.

시각적 소품 추가하기

전형적인 구두 프레젠테이션 기법 중에 소품을 보여 주면서 그것이 진행 중인 프레젠테이션과 어떤 관련이 있는지 설명하는 방법이 있다. 제품 데모를 하고 있다면, 그 제품을 보여 주고 그것이 어떻게 작동하는지 보여 줄 수 있을 것이다. 보편적인 이야기를 하고 있다면, 아무것이나 보여 주고 그것이 이야기와 다양하게 관련되는 의미를 즉흥적으로 설명할 수 있을 것이다.

그림 5-17처럼 슬라이드에 간단한 사물의 사진을 추가해서도 이와 같은 작업을 할 수 있다.

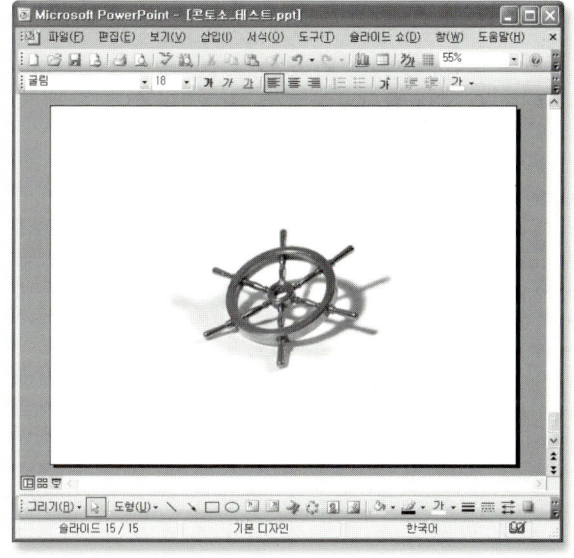

그림 5-17 ▶
흰색 배경과 간단한 사물로 이루어진 시각적 소품이 있는 슬라이드

앞의 예제 슬라이드에 사용된 완전한 바다 사진과 달리, 이 사진에는 흰색 배경에 하나의 사물만 있다. 시각적 소품은 이 예제처럼 흰색을 배경으로 찍은 실제 사진이거나 큰 사진에서 잘라내 흰색 배경 위에 놓은 사진일 수 있다. 소품으로 사용할 수 있도록 사물을 일반적인 배경에서 떼어내서 흰색 배경 위에 표시한 이런 유형의 사진에서는 전적으로 그 사물이 강조된다.

시각적 소품은 단순하지만 멋진 효과를 만들어낼 수 있다. 이 이미지 역시 이미지 자체만으로는 큰 감흥을 얻을 수가 없다. 그러나 이 이미지에 설명을 덧붙이면 새로운 의미가 발생한다. 많은 조직에서 시각적 의사소통에 사용하는 일반적인 스타일에 싫증난 청중에게 이처럼 아주 단순한 이미지가 참신하고 놀라운 느낌을 줄 수 있다. 시각적 소품을 사용하면 부수적으로 기존의 사고방식에 제한되지 않고 새로운 의미를 발굴해내는 기회를 얻을 수 있다. 시각적 소품을 사용하면 즉흥적인 창작의 가능성이 커지고 좀더 편안하고 확실한 생각이 떠오르기 쉽다. 이 시각적 소품이 개인적인 관심사와 관련된 경우에는 더욱 그렇다.

시각적 소품도 헤드라인과 함께 보여 주거나 헤드라인을 빼고 보여 줄 수 있다. 헤드라인을 숨기고 사진이 슬라이드 전체를 꽉 채우게 하려면 앞에서 살펴본 '헤드라인 숨기기' 절을 참고하자. 사진이 너무 작고 흰색 배경의 가운데에 놓여 있어서 헤드라인을 사진 뒤로 숨길 수 없는 경우에는 제목 영역을 선택하고 **서식 도구 모음**에서 **글꼴색** 드롭다운 화살표를 클릭한 다음 **흰색**을 선택하자. 이렇게 하면 그림 5-17처럼 헤드라인의 글꼴색이 배경과 같은 흰색이므로 헤드라인이 보이지 않게 된다. 그림 5-18처럼 슬라이드 노트 보기에 헤드라인이 표시된 유인물을 출력하고 싶으면 기본 보기에서 슬라이드의 제목 영역을 다시 검정색으로 변경하면 된다.

▶ 그림 5-18
슬라이드 영역에 시각적 소품이 있고, 헤드라인이 보이고, 아래쪽에 노트 영역이 있는 슬라이드 노트 보기

사진 이외에 클립아트도 제법 쓸모 있는 그래픽 요소이다.

클립아트 사용하기

간혹 혹평을 받기도 하지만 잘만 사용하면 클립아트도 꽤 쓸모가 있다. 마이크로소프트 클립아트 및 미디어 사이트를 검색하다 보면 그림 5-19 처럼 '크기 조정 가능'이라는 설명이 있는 클립아트를 자주 볼 수 있다. 이러한 유형의 클립아트를 다른 소프트웨어 애플리케이션에서는 '벡터 아트(vector art)'라고 부르기도 한다. 클립아트 중에는 여러 개의 구성 요소를 결합해서 만들어진 것들이 있는데, 이런 클립아트에서는 각각의 구성 요소를 떼어내서 그 일부만 따로 사용할 수 있다. 이것이 클립아트의 장점이라고 할 수 있다. 크기 조정 가능 클립아트의 또 다른 장점은 크기를 변경해도 선이 뚜렷하고 선명하다는 것이다.

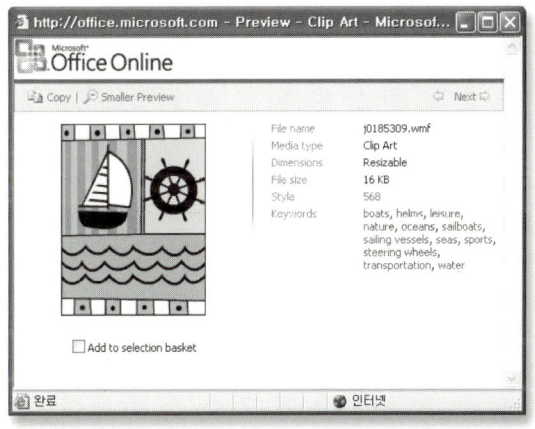

▶ 그림 5-19
마이크로소프트 클립아트 및 미디어 사이트에서 검색한 크기 조정 가능 클립아트 미리 보기

다음에 설명하는 콘토소 프레젠테이션 예제에서 볼 수 있는 것처럼 파워포인트 내에서 크기 조정 가능 클립아트를 분해하고 크기를 조정할 수 있다. 크기 조정 가능 클립아트의 일부분만을 사용하려면 다음에 설명하는 단계에 따라 그 클립아트를 구성하는 조각들을 분해해서 원하는 조각을 선택해 슬라이드에 사용하고 크기를 변경할 수 있다.

크기 조정 가능 클립아트를 슬라이드에 맞추어 사용하려면

1 크기 조정 가능 클립아트 그래픽을 복사해서 그림 5-20의 왼쪽에 있는 것처럼 파워포인트 슬라이드에 붙여 넣자.

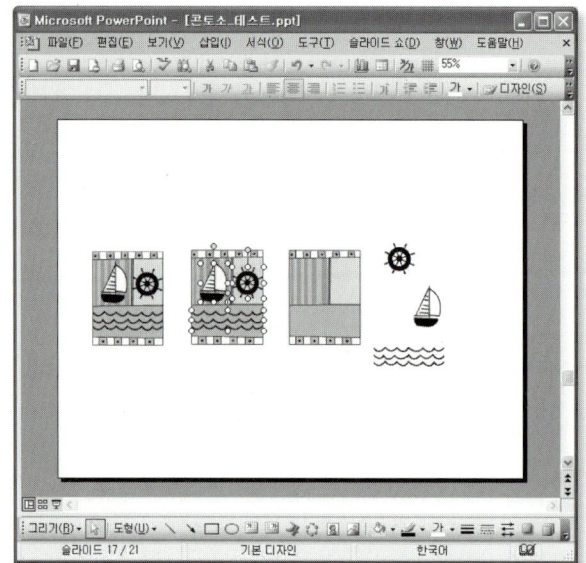

▶ 그림 5-20
크기 조정 가능 클립아트의 각 구성 요소를 분리해낸 예제

2 클립아트를 마우스 오른쪽 버튼으로 클릭한 다음 바로 가기 메뉴에서 **그룹화, 그룹 해제**를 클릭하자(바로 가기 메뉴에 **그룹 해제** 옵션이 활성화되어 나타나지 않는 경우가 있는데 이는 해당 클립아트가 크기 조정이 불가능한 클립아트이기 때문이다). '그룹이 아닌 가져온 그림입니다. Microsoft Office 그리기 개체로 변환하시겠습니까?' 라는 메시지 상자가 나타나면 예를 클릭하자. 이 클립아트를 다시 마우스 오른쪽 버튼으로 클릭한 다음 바로 가기 메뉴에서 다시 한 번 **그룹화, 그룹 해제**를 클릭하자. 그러면 이 클립아트가 그림 5-20의 가운데에 있는 그래픽처럼 각각의 구성 요소로 분해될 것이다.

3 그림 5-20의 오른쪽에 나타난 것처럼 사용할 그래픽 조각들을 선택해서 클릭한 다음 끌어내자.

4 끌어낸 그래픽 조각들을 복사해서 각 슬라이드의 슬라이드 영역에 붙여 넣자.

5 각 슬라이드에 붙여 넣은 그래픽 조각의 크기를 변경해 보자. 그래픽 조각을 클릭하면 크기 조정 핸들이 표시된다. Shift 키를 누른 채 크

기 조정 핸들을 끌어서 원하는 크기로 조정하자(Shift 키를 누른 채 크기 조정 핸들을 끌면 크기를 변경하는 동안 그래픽의 비율이 유지된다 (모서리 핸들에만 해당, 가운데 핸들에는 적용되지 않음). Shift 키를 누르지 않고 크기를 변경하면 그래픽이 왜곡되기 쉽다). 이 예제의 최종 슬라이드는 그림 5-21과 유사할 것이다.

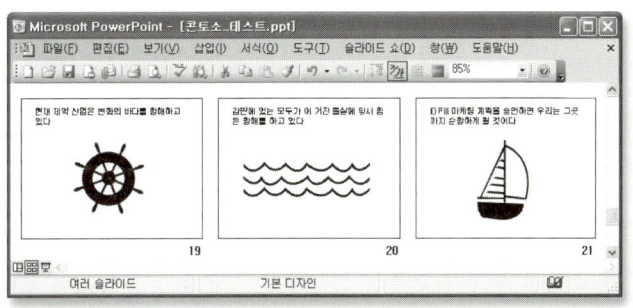

그림 5-21 ▶
개별 구성 요소로 분리해서 테스트 슬라이드에 삽입한 후 크기를 변경한 크기 조정 가능 클립아트

그림 5-21처럼 크기 조정 가능 클립아트를 사용한 세 장의 슬라이드는 그림 5-13이나 그림 5-15처럼 사진을 이용한 슬라이드와 상당히 다르다. 클립아트가 사진만큼의 정서적인 효과를 전달하지는 못하지만, 이 슬라이드들도 구두 메시지에 의지해서 핵심 주제를 전달한다. 이렇게 하나의 스타일로 이루어진 슬라이드들을 여러 슬라이드 보기로 보면 전체 슬라이드에 걸쳐 시각적으로 일관된 이야기 구조를 관리할 수 있다.

앞에서 살펴본 간단한 시각적 소품처럼 간단한 클립아트도 지나치게 디자인되었거나 천편일률적인 시각적 표현에 싫증난 청중에게 간혹 신선한 변화의 느낌을 줄 수 있다. 복잡한 주제를 논할 때 거의 원시적인 스타일이라고 할 수 있는 클립아트가 대조를 이루어 회의 분위기를 가볍게 하고 흥미를 이끌어내는 데 도움이 될 수 있다. 물론 클립아트가 언제나 좋은 것은 아니다. 디자인을 결정할 때 항상 그렇듯이 발표자와 청중 모두에게 적합한 스타일과 기법을 선택해야 한다.

이 그래픽 스타일을 그림 5-22처럼 슬라이드 노트 보기로 보면, 이 그래픽들이 가볍고 단순하긴 하지만 구두 설명과 동일한 맥락을 가지고 주제에 근거하고 있다는 것을 알 수 있다.

사진, 시각적 소품, 클립아트 외에 단어 자체도 그래픽 요소로 사용할 수 있다.

그림 5-22 ▶
슬라이드 영역에 클립아트가 있고 아래쪽에 노트 영역이 있는 슬라이드 노트 보기

단어 애니메이션

슬라이드의 헤드라인에 있는 키워드를 애니메이션 그래픽으로 만들어서 간단하지만 멋진 효과를 얻을 수 있다. 이 기법을 이용해 직접 그래픽을 만들면 기존 그래픽을 검색하는 시간을 아낄 수 있다.

슬라이드에 애니메이션 단어를 만들려면 다음과 같은 단계를 거쳐 간단한 애니메이션 텍스트 상자를 추가하면 된다.

Chapter 05 스토리보드 디자인 스타일 선택하기

슬라이드에 애니메이션 단어를 만들려면

1 첫 번째 슬라이드를 선택하자. 이 예제에서는 콘토소 프레젠테이션의 1막 1장을 나타내는 슬라이드를 선택하자. 기본 보기에서 **그리기 도구 모음**에 있는 **텍스트 상자** 버튼을 선택하자. 커서를 슬라이드의 중간으로 옮긴 다음 커서를 슬라이드의 왼쪽 끝에서 오른쪽 끝으로 끌어 텍스트 상자를 그리자. 헤드라인에 있는 단어나 문구 중에서 핵심 개념을 잘 전달하는 것을 골라 이 상자에 적어 넣자. 이 예제에서는 '산업'으로 했다.

2 텍스트 상자를 선택하고 서식 도구 모음에서 **가운데 맞춤**을 클릭한 다음 글꼴 크기 드롭다운 화살표를 클릭해서 글꼴 크기를 큰 것으로 선택하자. 이 예제에서는 그림 5-23처럼 60으로 했다.

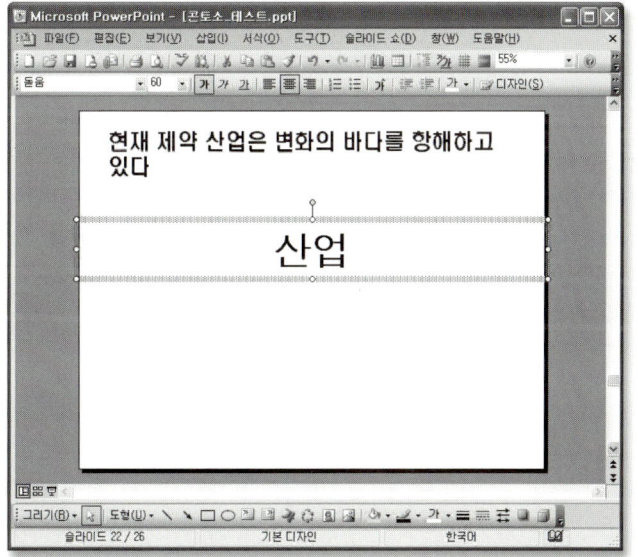

▶ 그림 5-23
산업이라는 단어를 적어 넣은 텍스트 상자

3 텍스트 상자가 선택된 상태에서(선택되어 있지 않으면 선택해서) **편집, 복제**를 클릭해서 동일한 서식의 텍스트 상자를 하나 더 만들자. 이 상자에 헤드라인에 있는 또 다른 핵심어를 적어 넣자. 이 예제에서는 '변화'를 적어 넣었다. 그 다음 그림 5-24처럼 이 상자를 첫 번째 상자 바로 아래로 옮기자.

프레젠테이션에 **할리우드**를 더하라

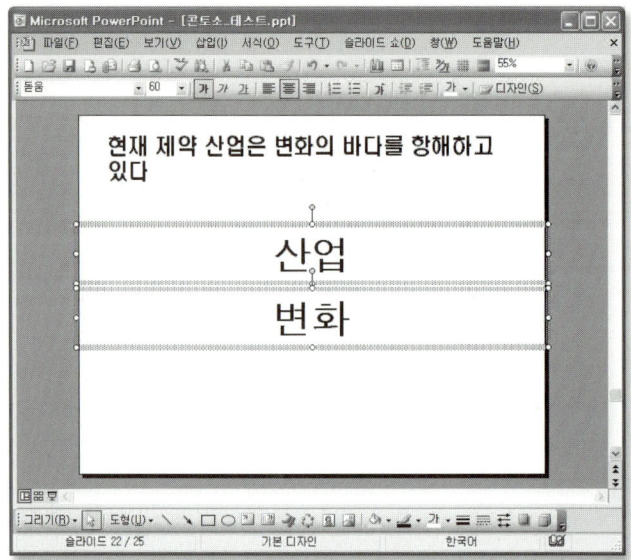

◀ 그림 5-24
변화라는 단어를 적어 넣어 첫
번째 텍스트 상자 아래에 놓은
두 번째 텍스트 상자

4 Shift 키를 누른 채 두 텍스트 상자를 모두 선택한 다음 슬라이드 쇼,
사용자 지정 애니메이션을 클릭하자. 사용자 지정 애니메이션 창에서 효과
적용 드롭다운 목록을 클릭한 다음 **나타내기, 밝기 변화**를 클릭하자. 효
과 적용 버튼 아래에 있는 수정 : **밝기 변화** 부분의 시작 난에 있는 화살
표를 클릭한 다음 드롭다운 목록에서 **이전 효과 다음에**를 클릭하자.

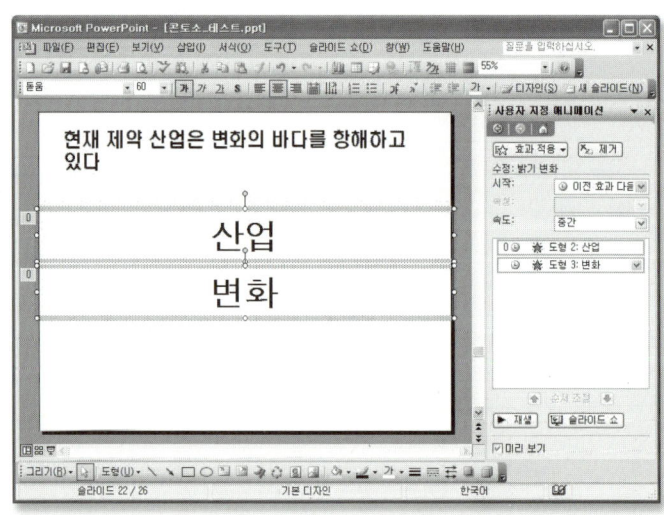

◀ 그림 5-25
단어 애니메이션을 설정한 슬라
이드

Chapter 05 스토리보드 디자인 스타일 선택하기

5 두 텍스트 상자가 모두 선택된 상태에서(선택되어 있지 않으면 선택해서) 서식 도구 모음에 있는 **글꼴색** 드롭다운 화살표를 클릭해서 **흰색**을 클릭하자. 그 다음, 서식, **배경**을 클릭해서 배경색을 **검정색**으로 변경하자.

6 **사용자 지정 애니메이션** 창의 아래쪽에 있는 **재생**을 클릭해서 애니메이션 효과를 미리 보자. 프레젠테이션 중에 이 슬라이드를 보면 제약 산업에 관해 이야기하는 동안 '산업'이라는 단어가 서서히 나타나고, 그 다음 변화의 바다를 항해하는 이야기가 진행되는 동안 '변화'라는 단어가 서서히 나타난다.

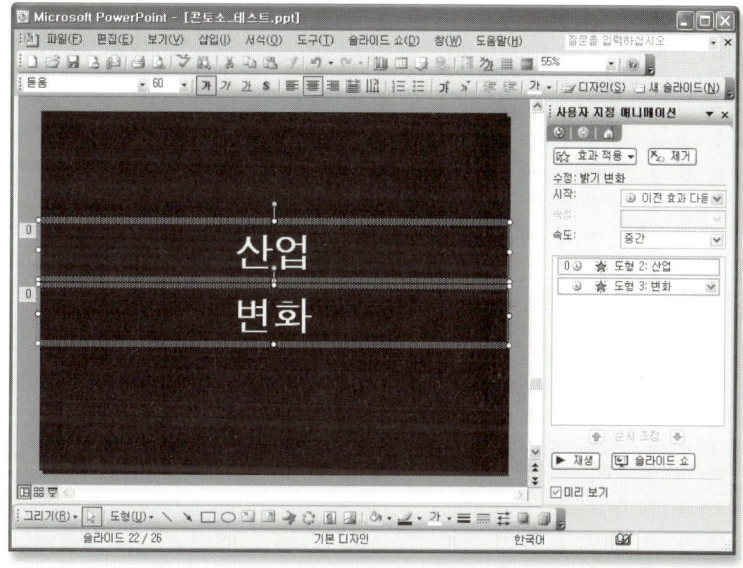

▶ 그림 5-26
단어 애니메이션 기법이 적용된 슬라이드

7 두 번째 슬라이드와 세 번째 슬라이드에도 동일한 방법으로 두 개씩의 핵심어를 추가하자. 완성된 세 장의 슬라이드를 여러 슬라이드 보기로 보면 그림 5-27과 같을 것이다.

161

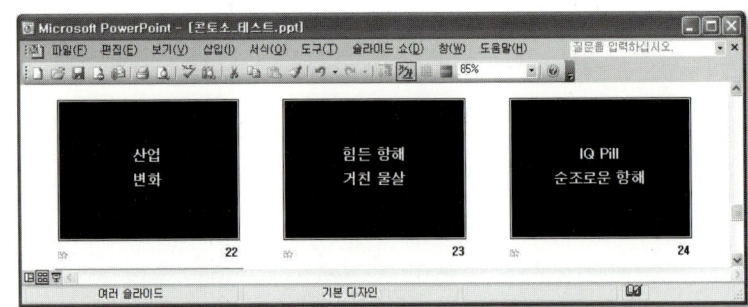

▶ 그림 5-27
단어 애니메이션이 추가된 세 장의 테스트 슬라이드

이 슬라이드들을 순서대로 보여 주면 화면에 단어들이 나타났다가 사라지는 한 장의 슬라이드처럼 보인다. 이 기법을 이용하면 발표하는 동안 관심을 끄는 움직임을 만들어낼 수 있다. 이 예제에서처럼 한 단어나 문구만을 보여 주면 그 단어나 문구가 일상적인 문맥에서 지니는 의미와 다른 새로운 의미를 지니게 된다. 그러면 청중은 발표자가 프레젠테이션의 문맥에서 이 단어나 문구를 사용하는 방법에 세심한 주의를 기울이게 된다.

이 기법은 여러 가지로 응용할 수 있다. 가령, 텍스트 상자들의 채우기 색을 검정색으로 바꿔서 한 곳에 쌓아 두고 애니메이션 효과를 '클릭할 때'로 변경하면 한 번에 한 단어나 문구만이 화면에 나타난다. 이렇게 하면 가령 두 번째 슬라이드에서 발표자가 이사회가 직면한 어려움에 관해 이야기하는 동안 첫 번째 문구 '힘든 항해'가 서서히 희미해지면서 사라지고 두 번째 문구 '거친 물살'이 서서히 밝아지면서 나타난다. 어떤 식으로 응용하든 장황한 글머리 기호를 제거하고 본질적인 것에 집중함으로써 슬라이드를 시각적으로 더 강력하게 만들 수 있는 방법에 관심을 기울여야 한다.

모든 슬라이드에 동일한 기법을 적용하면 시각적인 일관성이 확보되어 이야기의 효과가 더해진다. 슬라이드 노트 보기에서 볼 수 있는 것처럼, 인쇄된 페이지에도 시각적인 힘이 발생한다. 헤드라인에서 뽑아낸 이 단어들이 슬라이드의 요점을 잘 전달해 주기 때문에, 그림 5-28처럼 슬라이드 노트 페이지를 출력할 때 검정색 배경을 그대로 둔 채로 출력해도 무난하고, 배경을 흰색으로 변경해서 헤드라인이 보이도록 출력할 수도 있다.

Chapter 05 스토리보드 디자인 스타일 선택하기

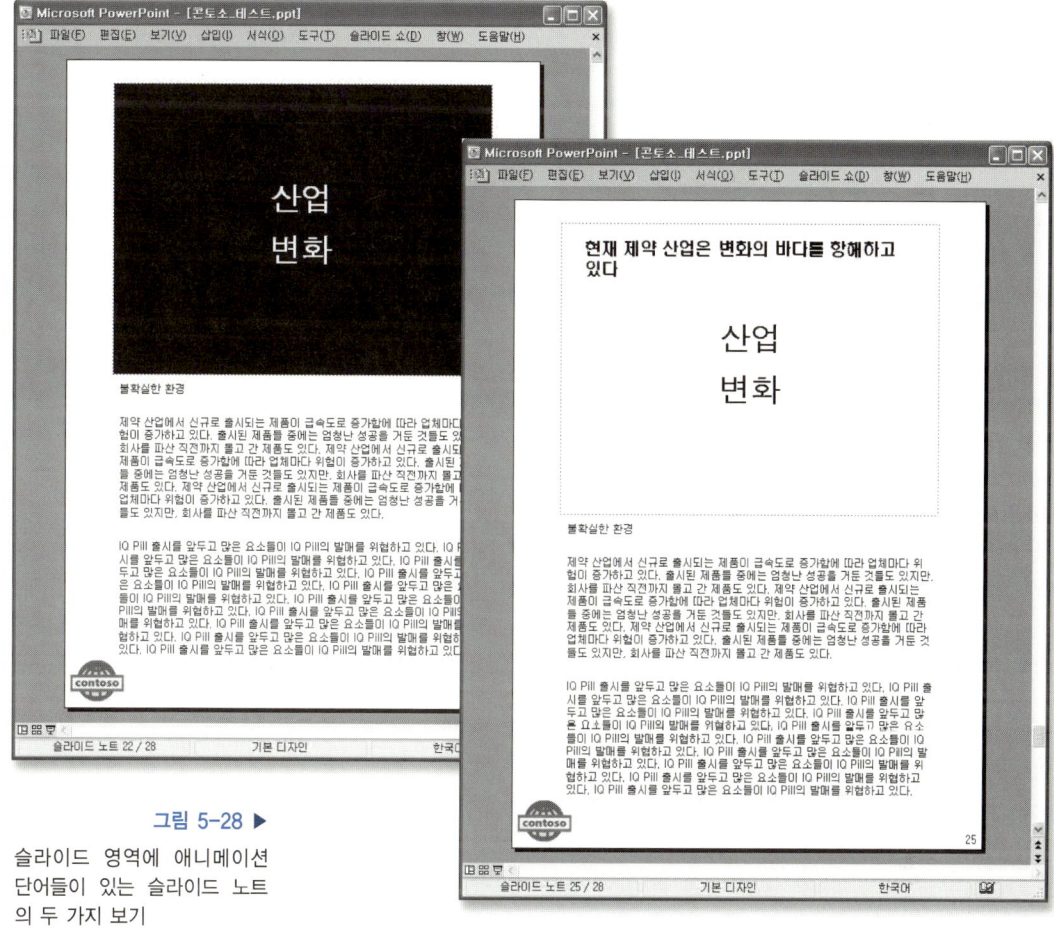

그림 5-28 ▶
슬라이드 영역에 애니메이션 단어들이 있는 슬라이드 노트의 두 가지 보기

슬라이드에 사진을 넣은 채로 단어 애니메이션을 적용할 수도 있을 것이다.

여러 가지 기술 결합하기

그래픽을 여러 가지 방식으로 적용해 보면서 서로 다른 기법들을 결합해 볼 수도 있을 것이다. 가령 그림 5-15에 나타난 전화면 사진 이미지와 그림 5-26에 나타난 애니메이션 텍스트를 결합하면 그림 5-29와 유사한 효과를 만들어낼 수 있다.

163

프레젠테이션에 **할리우드**를 더하라

▶ 그림 5-29
전화면 사진 기법과 애니메이션 단어 기법을 결합한 세 장의 슬라이드

어떤 경우에든 한 막이나 한 장에 속한 슬라이드 전체에 동일한 그래픽 기법을 적용해서 이야기가 시각적으로 일관된 스타일하에서 진행되도록 하는 것이 좋다.

스타일 선택하기

지금까지 테스트 파일을 이용해 세 가지 디자인 기법을 적용해 보았다. 각자 독창적인 방법으로 디자인한 경우도 있을 것이다. 이때 이 세 가지 디자인은 마음에 들고 청중과 소통하기 편한 것을 선택해 사용할 수 있도록 서로 완전히 다르게 만들어야 한다.

각 슬라이드에 적용한 세 가지 방법들을 검토한 후, 같은 팀의 팀원들에게 보여 주고 의견을 들어 보자. 그들의 다양한 관점과 의견을 통해 발표자와 청중에게 가장 적절한 디자인을 선택하는 데 도움을 얻을 수 있을 것이다.

가장 마음에 드는 디자인을 결정한 후에는 그 디자인이 적용된 세 장의 슬라이드를 복사해서 실제로 사용할 프레젠테이션 파일에 붙여 넣고, 이 세 장의 슬라이드와 동일한 내용을 담고 있는 원본 슬라이드 세 장을 삭제하자. 그 다음 이 새 스타일을 1막의 다른 모든 슬라이드에 적용하

자. 새로 디자인한 이 슬라이드들은 2막과 3막을 관통하는 기본 스타일로 삼아야 할 것이다. 그래야 전체적으로 시각적인 일관성이 유지된다.

나머지 슬라이드를 디자인할 때 4장에서 살펴본 스토리보드 작성 기본 원칙을 염두에 두자.

- **원칙 1**: 큰 그림을 검토한다.
- **원칙 2**: 일정한 속도를 유지한다.
- **원칙 3**: 막과 장들을 한데 묶는다.

2막에는 1막이나 3막보다 슬라이드의 수가 더 많기 때문에, 그래픽 옵션이 더 많이 필요할 것이다. 이 옵션에 대해서는 6장에서 설명할 것이다. 다음 단계로 넘어가기 전에, 창조 욕구를 자극하는 열 가지 팁을 살펴보자.

> **NOTE**
>
> '탈 글머리 기호' 접근법을 처음 접하는 사람은 이 장에서 설명한 기법들을 배워서 적용하기까지 꽤 많은 시간이 필요하리라고 생각할 수 있다. 그러나 조금만 익숙해지면 곧 능숙하게 되고, 테스트 파일을 이용해서 창조적인 개념의 시각적 프로토타입을 빠르게 만들 수 있다. 프레젠테이션을 많이 만들수록 나중에 다른 프로젝트에서 영감을 얻는 데 긴요하게 사용될 개인적인 스타일 자료가 축적된다. 자기 자신과 청중에게 모두 흥미 있는 프레젠테이션을 만들 수 있도록 디자인 기법과 스타일을 지속적으로 변경하고 다양하게 시도해 보는 것이 좋다.

슬라이드의 품질을 높이기 위한 열 가지 팁

'탈 글머리 기호' 접근법에 기반해서 슬라이드를 디자인할 수 있는 방법은 매우 많다. 프레젠테이션에 적용할 스타일을 결정하기 전에 다음 열 가지 팁을 살펴보고 테스트 슬라이드에 몇 가지 기법을 적용해 본 후 마음에 드는 것을 선택하도록 하자.

팁 1: 팔레트 만들기

팔레트란 미술가가 작업 중에 사용하는 몇 가지 색의 조합을 말한다. 프레젠테이션의 팔레트를 선택하는 것은 전체 프레젠테이션의 시각적 일관성을 유지하고 분위기와 색조를 정하는 가장 효과적인 방법이다. 일반적인 그래픽 디자인 관련 서적을 통해 팔레트를 정의하는 방법을 배울 수 있을 것이다. 리자 사와하타(Lesa Sawahata)의 『Color Harmony

Workbook: A Workbook and Guide to Creative Color Combinations』(Rockport Publishers, 2001)와 같은 색 전문 서적을 참고해도 좋다. 팔레트를 선택할 때, 자신이 속한 조직의 브랜딩과 관련된 색 사용 지침에 주의를 기울이자. 이러한 지침은 보통 마케팅 부서에서 구할 수 있을 것이다. 팔레트를 결정하고 나면, 파워포인트 도움말에 있는 '색 구성' 주제에서 그 적용 방법을 찾아볼 수 있다.

팁 2: 디자인 영감 얻기

디자인 용어를 더 잘 이해하고 능숙하게 사용하게 되면 Communication Arts, HOW, 또는 Computer Arts와 같은 간행물 서가를 검색해서 윌리엄 리드웰(William Lidwell), 크리티나 홀덴(Kritina Holden), 질 버틀러(Jill Butler)의 『Universal Principles of Design』(Rockport Publishers, 2003) 같은 디자인 서적을 읽고 기본 및 고급 디자인 기법들을 더 배우도록 하자. 그래픽 디자인이나 방송 디자인 교육 과정을 듣는 것도 좋은 방법이다.

허버트 제틀(Herbert Zettl)의 『Sight, Sound, Motion: Applied Media Aesthetics』(Wadsworth Publishing, 1998)와 제프리 쇼(Jeffrey Shaw)와 피터 웨이블(Peter Weibel)이 편집한 『Future Cinema: The Cinematic Imaginary After Film』(MIT Press, 2003)에서도 훌륭한 영감을 얻을 수 있을 것이다. 이 책들이 구체적으로 파워포인트에 관한 설명을 담고 있지는 않지만, 경험적인 미디어 기법과 기술을 이용해서 전통적인 프레젠테이션 체험에 새로운 국면을 여는 데 도움을 얻을 수 있을 것이다.

여러 가지 디자인 관련 예제에서 살펴본 것처럼, 프레젠테이션을 준비할 때 영사되는 시각적 표현 외에 말로 하는 이야기나 유인물 그리고 기타 주변 요소들도 디자인해야 한다는 것을 잊지 말자. 이 모든 요소들이 서로 어떻게 조화를 이루는지는 7장에서 살펴볼 것이다.

참고사항

www.beyondbullets.com의 Beyond Bullets 블로그에서 파워포인트와 관련된 디자인 영감을 지속적으로 얻을 수 있을 것이다. www.sociablemedia.com의 Sociable Media 웹 사이트에 있는 여러 기사와 인터뷰도 도움이 될 것이다.

팁 3 : 스토리보드 스케치북

연필로 스케치하는 데 익숙한 사람은 컴퓨터 화면보다 종이가 더 편할 것이다. 이런 경우라면, 디자인을 시작할 때 처음부터 컴퓨터로 하지 말고 스토리보드를 인쇄해서 각 슬라이드에 해당하는 시각적 표현을 손으로 스케치해 보자. 4장의 '팁 3: 인쇄된 스토리보드'에 설명된 내용에 따라 스토리보드를 작업하기 편한 형태로 인쇄하자. 연필을 이용해서 각 슬라이드에 해당하는 시각적 표현을 떠오르는 대로 스케치해 보자. 모든 슬라이드에 대한 스케치를 완성한 다음에 컴퓨터에서 각 스케치에 어울리는 시각적 표현을 찾아보자. 각 슬라이드에 해당하는 스케치를 먼저 만들어 두면 사진 및 그래픽 라이브러리를 검색해 사용할 수 있는 많은 시각적 표현들 중에서 필요한 것을 찾을 때 유사한 것들 중 어느 것이 적합할지 결정하지 못해 우왕좌왕하는 혼란을 겪지 않을 수 있다. 스케치를 만들어 두면 모든 슬라이드를 인쇄된 페이지로 한꺼번에 보고 디자인을 고려할 수 있기 때문에 일관된 스타일을 선택할 수 있다.

팁 4 : 영리한 단순성

경우에 따라서는 전략적으로 단순한 모양이나 세련되지 않은 스타일을 선택하는 것이 좋을 수도 있다. 모든 사람들이 동일하게 멋지고 세련된 완벽한 스타일로 프레젠테이션을 만든다면 모든 프레젠테이션이 똑같아 보일 것이다. 이럴 때 상대적으로 단순한 것을 선택하면 기억할 만한 인상을 줄 수 있다. 이것은 무엇을 원하느냐에 따라 전략적으로 선택할 사항이다. 항상 자신의 특성과 개성을 잘 표현할 수 있고 발표하기에 편안한 것으로 선택하자.

팁 5 : 사진 한 장으로 처리하기

콘토소 프레젠테이션 1막에 있는 다섯 장의 슬라이드에 적용할 수 있는 고급 기법을 하나 소개하면 다음과 같다. 다섯 장의 슬라이드에 모두 동일한 바다 사진을 삽입하자. 1장에는 바다 사진만 보여 주고, 2장에는 바다에 돛단배를 하나 추가하자. 3장에는 수평선 위에 폭풍 구름을 추가하고 4장에는 야자수가 있는 섬을 하나 추가하자. 그 다음 5장에는 돛단배의 돛 위에 마케팅 계획이 영사되게 하자. 이 슬라이드들을 순서대로 보여 주면, 하나의 프레임에 애니메이션이 재생되는 것처럼 보일 것이다.

팁 6: 파워포인트 디자인 라이브러리

'탈 글머리 기호' 접근법을 사용하는 동료가 있으면 리소스를 공유해서 파워포인트 디자인 라이브러리를 만드는 것도 고려해 볼 만하다. Microsoft SharePoint를 사용하고 있다면, 사람들이 각자 제작한 파워포인트 파일을 공유할 수 있는 웹 사이트를 만들어 보자. 가령, '사진 기법'이나 '클립아트 기법' 또는 '단어 애니메이션 기법'이라는 이름의 폴더를 만들 수 있을 것이다. 이 기법들 중 하나의 디자인 기법으로 생성한 프레젠테이션이 있으면 그 프레젠테이션을 해당 폴더에 게시하게 될 것이다. 이렇게 해서 여러 개의 프레젠테이션이 모여 라이브러리를 형성하게 되면 나중에는 프레젠테이션을 만들 때 처음부터 시작하지 않고 먼저 이 라이브러리를 검색해서 도움을 받을 수 있을 것이다.

팁 7: 광고판만큼 큰 영감

창조라는 자동차의 엔진에 시동을 걸려면 자동차 앞 유리를 내다보기만 하면 된다. 흥미로운 창조적 개념들이 광고판이라는 매우 큰 시각적 형태로 시야에 높고 넓게 들어올 것이다. 잘 디자인된 광고판은 시선을 사로잡고 정보를 전달하고 미소짓게 만들고 행동을 유발한다. 이것은 파워포인트 슬라이드에도 잘 어울리는 자격이다. 새로운 창조적인 생각을 찾을 때는 항상 이 점을 유념하고 있어야 한다. 파워포인트 슬라이드가 항상 효과적인 의사소통이라는 목표를 항히도록 하기 위해서 이 장에시 살펴본 세 가지 기본 디자인 원칙을 지키도록 하자.

팁 8: 세밀한 애니메이션

일반적으로 애니메이션은 보강하기를 원하는 부분을 강화하는 데 도움이 되는 경우에만 세밀하고 간단하게 사용하자. 가령, 다음 장으로 넘어갈 때 다음 슬라이드의 그래픽 요소에 세밀한 밝기 변화 애니메이션을 추가할 수 있다. 그림 5-21에 있는 세 장의 슬라이드에서 볼 수 있는 클립아트 예제에서 방향타를 조금 움직이게 하거나, 물결을 나타내는 세 줄이 차례대로 나타나게 하거나 돛단배가 왼쪽에서 오른쪽으로 움직이게 할 수 있을 것이다. 화면에 약간의 움직임을 만들어 줌으로써 청중의 관심이 다른 곳으로 분산되지 않고 발표자의 메시지에 집중되게 할 수 있다. 파워포인트 도움말 파일에서 파워포인트의 애니메이션 기능에 관해 더 자세한 정보를 얻을 수 있다.

팁 9: 전환하기

슬라이드 사이의 이동이 일관되도록 모든 슬라이드에 하나의 세밀한 전환을 추가할 수 있다. 그러나 이때 프레젠테이션에서 불필요한 이동으로 인해 청중의 주의가 분산되지 않도록 주의해야 한다. 이 작업을 하려면 여러 슬라이드 보기에서 **편집, 모두 선택**을 클릭한 다음 **슬라이드 쇼, 화면 전환**을 클릭하자. 화면 전환 창의 **선택한 슬라이드에 적용** 부분에서 **흐려졌다 나타내기**나 **검정에서 나타내기** 같은 세밀한 전환을 선택해서 적용하자. **전환 수정** 부분의 **속도** 옆에 있는 드롭다운 목록에서 속도를 선택하자. 화면을 수동으로 전환하고 싶으면 **화면 전환** 부분에서 **마우스를 클릭할 때** 확인란을 선택하면 된다. 어떤 전환을 선택하든 가장 중요한 기준은 사람들이 화면 사이의 이동이 아니라 슬라이드의 '메시지'를 기억할 수 있게 만드는 것이다.

팁 10 : 기타 그래픽 리소스

마이크로소프트 클립아트 및 미디어 사이트 외에도 많은 온라인 그래픽 리소스들이 있다. 코비스(www.corbis.com)를 방문하면 온라인 사진 데이터베이스를 볼 수 있다. 이곳에서는 파워포인트 사용자를 위한 특별 구독 가격을 제공한다. 역시 온라인 사진 데이터베이스를 가진 헤메라(www.hemera.com)도 사진 패키지와 이 장에서 살펴본 크기 조정 가능(벡터) 클립아트를 제공한다. 이 밖에도 게티이미지(www.gettyimages.com)와 무료 사진 사이트인 Stock.XCHNG(www.sxc.hu) 등의 사진 데이터베이스가 있다.

CHAPTER 06

그래픽 옵션 확장하기

이 장에서 다루는 내용

1. 슬라이드에 스크린숏을 추가한다.
2. 하나의 다이어그램을 이용해서 여러 장의 슬라이드에 걸쳐 생각을 설명한다.
3. 정량적 정보를 표현하는 여러 가지 방법을 알아본다.
4. 2막의 세 가지 핵심 요점을 보강한다.
5. 고급 디자인 기법을 시도해 본다.

5장에서 살펴본 모든 기법들을 2막에 있는 슬라이드들에도 적용할 수 있다. 그러나 2막에는 슬라이드의 수가 더 많기 때문에 훨씬 더 다양한 그래픽 옵션이 필요할 것이다.

2막에서는 이야기 템플리트가 감정에 대한 호소에서 이성에 대한 호소로 이동한다. 이성에 대한 호소력은 정량적 데이터, 사례 연구, 일화, 연구 보고서, 조사 결과 등을 근거로 강화할 수 있다. 다이어그램이나 차트, 비디오 클립 등 몇 가지 그래픽 요소들을 이용해서 생각을 보완할 수도 있다. 어떤 그래픽을 선택하든 지금까지 적용해 왔던 그래픽 기법들이 그랬던 것처럼 간결하고 슬라이드의 헤드라인에서 말하고자 하는 의미에 부합하는 것으로 해야 한다.

2막에서 가장 간결하면서도 가장 간과하기 쉬운 그래픽 공급원은 바로 자신의 컴퓨터 화면이다.

스크린숏 스냅 사진 찍기

슬라이드의 헤드라인을 설명하는 시각적 표현을 구할 때는 스크린숏도 고려해 볼 만하다. 데스크톱의 그림, 웹 페이지, 문서 등 컴퓨터 화면에 보이는 것은 모두 마이크로소프트 오피스 파워포인트 슬라이드에 표시할 수 있다. 화면을 갈무리하려면 **프린트 스크린**(Print Screen) 키를 누른 다음 파워포인트에서 **편집**, **붙여넣기**를 클릭해 이미지를 슬라이드에 붙여 넣으면 된다. 상용 스크린숏 프로그램을 이용하면 마이크로소프트 오피스 온라인 클립아트 및 미디어 사이트를 갈무리한 이미지에 그림자 효과를 주는 등 여러 가지 옵션을 이용해서 갈무리한 화면을 편집할 수 있다.

Chapter 06 그래픽 옵션 확장하기

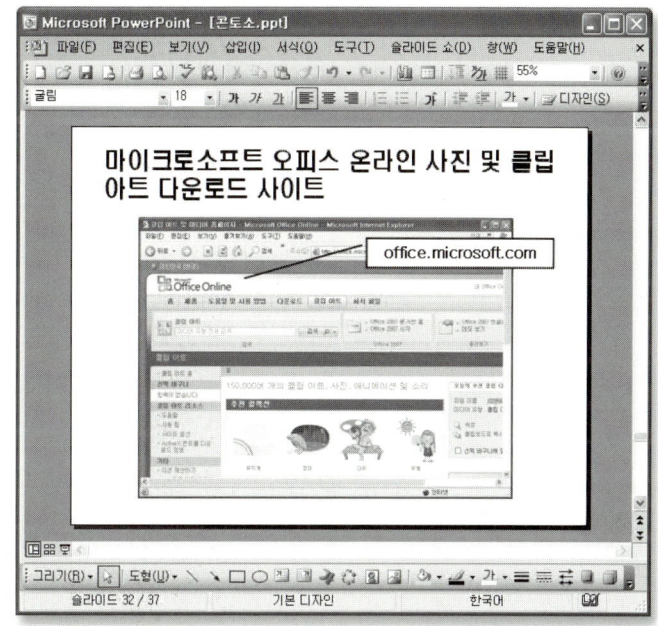

◀ 그림 6-1
마이크로소프트 클립아트 및 미디어 사이트의 스크린숏에 웹 주소를 나타내는 라벨을 추가한 슬라이드

그림 6-1에 있는 슬라이드에는 청중이 기억할 수 있도록 웹 페이지의 주소를 적은 라벨이 추가되어 있다. 핵심 요점을 분명히 하기 위해서 슬라이드의 어떤 그래픽에든 라벨을 추가할 수 있다. 라벨을 추가하려면 그리기 도구 모음에서 도형, 설명선을 클릭한 다음 원하는 스타일을 클릭하면 된다. 슬라이드에 라벨을 추가한 후에는 다른 파워포인트 도형과 마찬가지로 텍스트를 추가하거나 서식을 조정할 수 있다.

스크린숏을 만든 방법에 따라서, 5장의 '화면에 사진 넣기' 절에서 사용했던 기법을 이용해서 스크린숏의 크기를 조정하거나 스크린숏을 자르거나 압축해야 할 것이다. 그림 6-1의 스크린숏은 상세한 텍스트까지는 나타내지 않고 웹 페이지만 보여 주고 있다. 스크린숏의 상세한 내용을 보여 주고 싶으면 전달하려는 생각에 반드시 필요한 것을 제외한 모든 것을 잘라내고, 보여 주고자 하는 상세 내용을 발표장의 맨 뒤에 있는 사람도 읽을 수 있을 만큼 크게 만들어야 한다.

스크린숏을 좀더 효과적으로 이용하려면 상세한 정보를 보여 주는 방법을 잘 알고 있어야 한다.

173

구체적인 숫자 표시하기

프레젠테이션을 진행할 때 정보를 표현하는 매체를 슬라이드로만 제한할 필요는 없다. 영사된 시각적 표현과 조화를 이루는 다른 방법을 이용해서 데이터를 전달할 수도 있다. 가령, 콘토소 프레젠테이션의 2막 2장과 3장에 있는 헤드라인들 중에는 '후원금으로 천만 달러를 쓰면 가시성이 커질 것이다' 처럼 특정한 활동에 필요한 비용을 나타내는 숫자가 들어간 것들이 많다.

참고사항

프레젠테이션을 진행하는 동안 정량적 데이터에 관해 구체적인 질문을 받은 경우, 금방 대답할 수 있으면 곧바로 대답하고 금방 대답할 수 없으면 양해를 구하고 대답을 나중으로, 질의 및 응답 시간이나 다른 날로 미루자. 7장의 'Q&A 처리하기' 절에서도 살펴보겠지만, 청중이 궁금해 할 만한 질문 사항을 예측하고 답변을 준비해서 이야기를 만드는 것도 '탈 글머리 기호' 접근법의 핵심 목표에 속한다. 역시 7장에서 살펴볼 '이야기에 대한 통제력 유지하기' 절에서 설명할 것처럼, 프레젠테이션을 진행하는 중에 청중으로부터 질문에 대한 답변이 안 되었다는 지적을 받더라도 장황하게 그 질문에 대한 답을 하느라고 진로를 잃지 않도록 주의해야 한다.

헤드라인에 포함된 비용 액수나 기타 양적 정보는 대체로 마이크로소프트 엑셀 스프레드시트나 상세한 분석을 나타내는 여타 데이터 원본에서 추출된 정보일 경우가 많다. 수치 하나를 가지고도 한 시간은 족히 옥신각신하는 경우도 충분히 발생할 수 있다. 그러나 그렇게 되면 초점을 잃고 프레젠테이션을 제 시간 내에 끝내지 못할 것이다.

프레젠테이션을 진행하는 동안 이처럼 늪에 빠져 시간을 허비하며 진땀만 흘리는 상황에 처하지 않도록 상세한 재무 분석 결과나 헤드라인을 뒷받침할 수 있는 설명을 담은 스프레드시트를 출력한 유인물을 준비하는 것도 좋은 방법이다. 그리고 실제 스프레드시트의 스크린숏을 만들어서 그림 6-2처럼 슬라이드에 추가하도록 하자.

이제 전달하고자 하는 요지가 헤드라인에 잘 나타나 있고, 깔끔하게 잘라 넣은 스프레드시트의 스크린숏이 구체적인 숫자를 표시하지 않고도 요점을 뒷받침할 수 있다는 것을 나타내고 있다. 이 슬라이드를 보여 줄 때 슬라이드의 내용을 뒷받침할 수 있는 정보가 출력된 스프레드시트 자료에 있다는 것을 알려 주고 그 구체적인 내용에 대해서는 프레젠테이션이 끝난 다음에 자세히 검토하고 논의해 보자고 제안하자.

Chapter 06 그래픽 옵션 확장하기

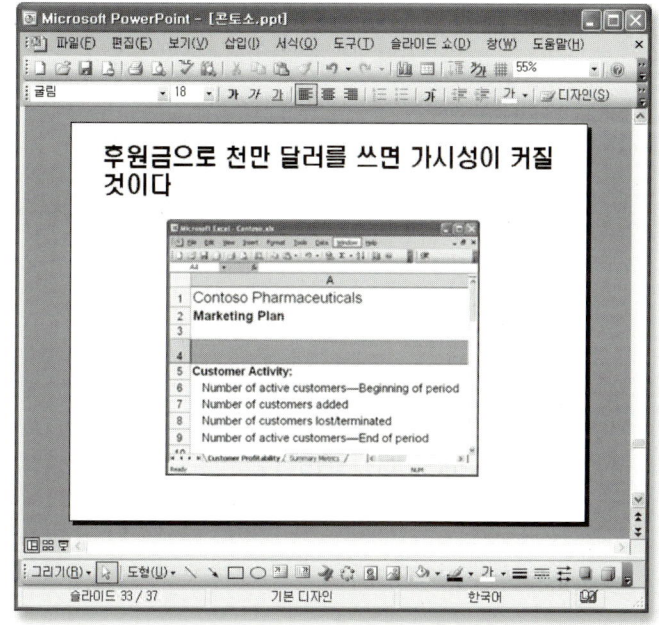

▶ 그림 6-2
엑셀 스프레드시트를 클로즈업한 스크린샷이 있는 슬라이드

NOTE

영사된 화면으로 발표장 안에 있는 모든 사람에게 상세한 정보를 보여 주는 데는 한계가 있다. 아주 작은 활자체는 발표장의 맨 뒤에 앉은 사람에게 보이지 않을 뿐더러 한 슬라이드에 너무 많은 정보가 담겨 있으면 청중이 압도되어 당혹감을 느낄 수 있다. 슬라이드에는 개요를 제공하고 상세 정보는 청중이 전체 데이터 원본을 보고 정황을 파악하고 분석 자료를 볼 수 있도록 유인물로 제공하는 것이 좋다.

이 슬라이드를 이용해 다른 형식의 정보가 있다는 것을 나타냄으로써, 파워포인트를 이용해서 화면에 나타나는 것뿐만 아니라 화면에 나타나지 않는 것까지도 관리하게 되는 것이다. 프레젠테이션의 어느 지점에서든 슬라이드의 헤드라인에는 전달하고자 하는 생각이 명확히 자리잡고 있어야 한다.

전달하고자 하는 내용을 보여 주기 위해서 스크린샷뿐만 아니라 다이어그램을 이용할 수도 있다.

다이어그램을 이용해서 요지 설명하기

다이어그램은 프로세스나 부분과 전체의 관계를 설명하기에 효과적인 도구이다. 다이어그램은 두 가지 방법으로 사용할 수 있다. 하나의 생각

175

을 여러 장의 슬라이드에 걸쳐 설명하는 방법이 있고 하나의 생각을 한 장의 슬라이드에 설명하는 방법이 있다. 설명에 사용할 수 있는 시간의 길이에 따라 설명하는 방법을 달리할 수 있다.

가령, 다이어그램을 이용해서 그림 6-3에 있는 콘토소 이야기 템플리트의 2막 2장 부분을 설명하는 방법은 프레젠테이션을 45분간 진행할 것인지 15분간 진행할 것인지에 따라 두 가지가 가능하다.

15-Minute Column: 어떻게?	45-Minute Column: 왜?
TV 광고에 2천 5백만 달러를 쓰면 소비자의 인식이 확대될 것이다	이 계획의 첫 번째 단계에는 LA 마켓에 인지도가 생긴다 두 번째 단계에는 급속하게 뉴욕 마켓으로 확장된다 세 번째 단계에는 전국적으로 또 유럽으로 진출한다

▶ 그림 6-3
콘토소 이야기 템플리트 2막 2장의 15분짜리 열과 45분짜리 열 예제

프레젠테이션 시간이 15분만 주어진다면 그림 6-4처럼 'TV 광고에 2천5백만 달러를 쓰면 소비자의 인식이 확대될 것이다' 라는 15분짜리 열 진술이 적힌 슬라이드만 표시해야 할 것이다. 전체 프레젠테이션을 15분 안에 끝내야 하므로 3장의 '파워포인트 스크립트 소리 내어 읽기'에서 설명한 것처럼 이 슬라이드에는 40초가량을 사용하게 될 것이다.

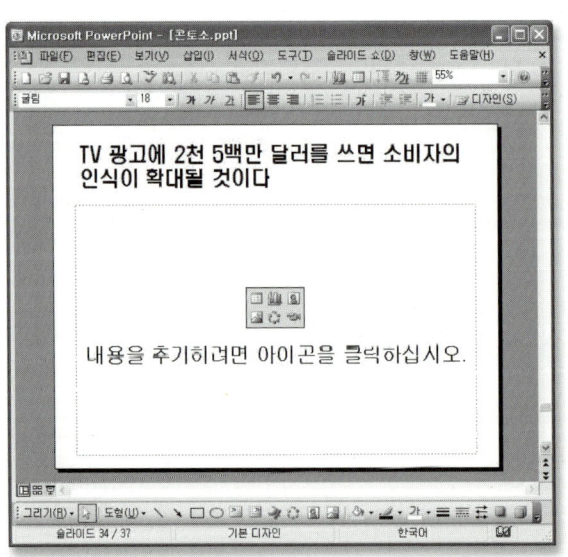

▶ 그림 6-4
2막 2장의 15분짜리 열에 있는 진술에 해당하는 슬라이드

전체 프레젠테이션 진행 시간이 45분이라면 그림 6-4에 있는 15분짜리 열 슬라이드뿐만 아니라 그림 6-5처럼 45분짜리 열에 있는 상세한 내용에 해당하는 세 장의 슬라이드도 표시해야 할 것이다. 이 세 장의 45분짜리 열 슬라이드들의 헤드라인은 각각 다음과 같다. '이 계획의 첫 번째 단계에는 LA 마켓에 인지도가 생긴다. 두 번째 단계에는 급속하게 뉴욕 마켓으로 확장되고, 세 번째 단계에는 전국적으로 또 유럽으로 진출한다.'

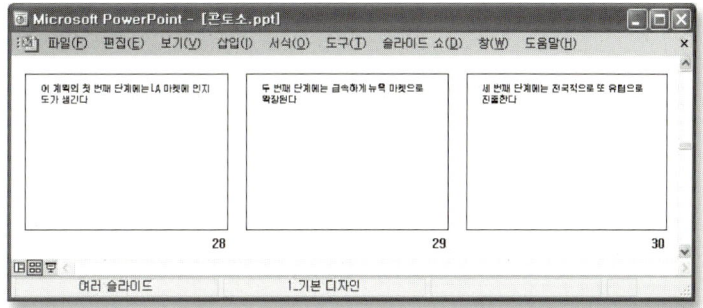

▶ 그림 6-5
2막 2장의 45분짜리 열에 해당하는 슬라이드

45분짜리 프레젠테이션의 진행 속도는 한 슬라이드당 1분가량이다. 이 예제에서는 15분짜리 열 문장을 설명하는 데 1분을 사용하고 세 개의 45분짜리 열 문장에 각각 1분씩을 사용해서, 이 아이디어와 관련된 네 장의 슬라이드에 모두 4분을 사용하게 될 것이다. 이처럼 시간이 많이 주어지는 프레젠테이션에서는 설명할 시간이 충분하므로 이 45분짜리 열 슬라이드 전체에 하나의 다이어그램을 나누어 넣어 사용할 수 있다.

세 장의 슬라이드에 다이어그램을 만들어 넣어 보자. 우선 그림 6-5처럼 여러 슬라이드 보기에서 헤드라인들을 읽어 보고 전달하려는 생각에 어떤 유형의 다이어그램이 가장 적합한지 결정하자. 이 예제에서는 헤드라인에서 계획을 세 단계로 설명하고 있으므로 선형 프로세스 다이어그램이 가장 적합하다. 선형 프로세스 다이어그램을 만들어 보자. 세 번째 슬라이드를 더블클릭하면 기본 보기로 표시된다.

다이어그램 만들기

다이어그램 형태를 고를 때 우선 파워포인트에 미리 디자인되어 있는 다이어그램들을 찾아보는 것이 좋다. 미리 디자인되어 있는 다이어그램을 보려면, '내용을 추가하려면 아이콘을 클릭하십시오' 개체 틀 위에 있는 다이어그램 또는 조직도 삽입 버튼을 클릭하면 된다. 다이어그램 갤러리 대화상자에 마음에 드는 다이어그램이 있으면 그 다이어그램을 클릭한 다음 확인을 클릭하자. 이 다이어그램도 파워포인트의 다른 도형들처럼 편집할 수 있다.

다이어그램 갤러리 대화상자에 적당한 다이어그램이 없으면 직접 다이어그램을 만들 수 있다. 가령, 그림 6-5의 세 헤드라인에 있는 3단계 프로세스를 설명하기 위해 다음에 나오는 단계적인 설명에 따라 파워포인트의 도형을 이용해서 프로세스 다이어그램을 만들 수 있다.

파워포인트의 도형을 이용해서 기본적인 다이어그램을 만들려면

1 내용을 추가하려면 아이콘을 클릭하십시오 개체를 마우스 오른쪽 버튼으로 클릭한 다음 바로 가기 메뉴에서 잘라내기를 클릭하자. 그리기 도구 모음에서 도형을 클릭한 다음 드롭다운 목록에서 도형 범주를 검색해 필요한 도형을 찾아보자. 그림 6-6의 예제에서는 도형, 블록 화살표, 갈매기형 수장을 선택했다.

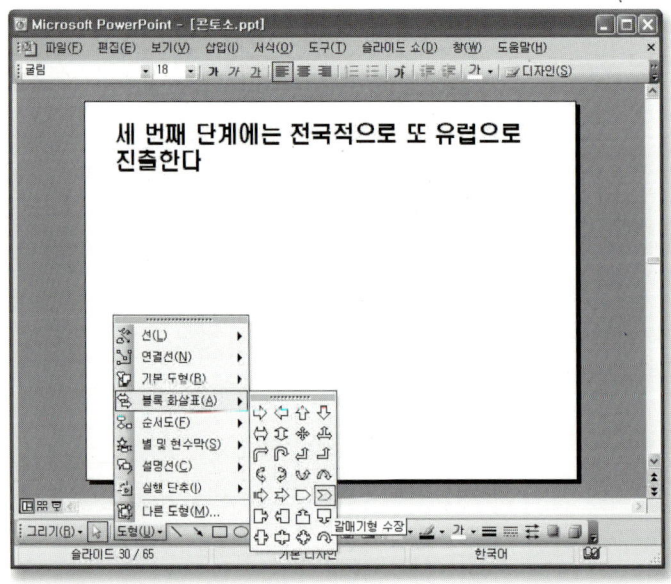

그림 6-6 ▶
화살표 도형 선택하기

2 화면을 클릭한 채로 마우스를 오른쪽으로 끌어서 그림 6-7처럼 갈매기형 수장을 그리자. 크기를 변경하려면 크기 조정 핸들을 클릭한 채로 끌어서 변경할 수 있다.

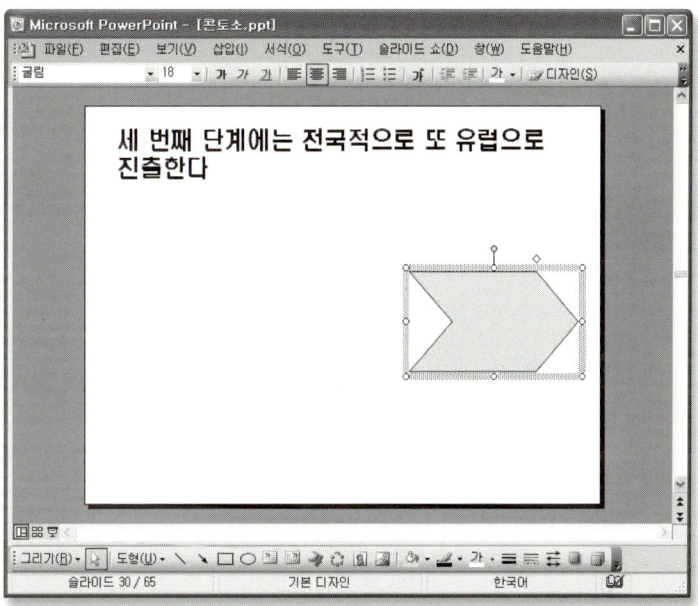

그림 6-7 ▶
화살표 도형 그리기

3 갈매기형 수장 도형을 선택하고 텍스트를 적어 넣자. 여기서는 '3단계'라고 적어 넣었다. 이 도형을 선택하고 서식 도구 모음에서 **글꼴색** 드롭다운 화살표를 클릭한 다음 **흰색**을 선택하자. **오른쪽 맞춤**을 클릭하고 **굵게**를 클릭한 다음 **글꼴 크기 크게**를 여러 번 클릭해서 글꼴을 원하는 크기로 만들자. 여기서는 글꼴 크기를 48로 했다. 이렇게 하면 결과가 그림 6-8의 예제와 유사하게 될 것이다.

프레젠테이션에 **할리우드**를 더하라

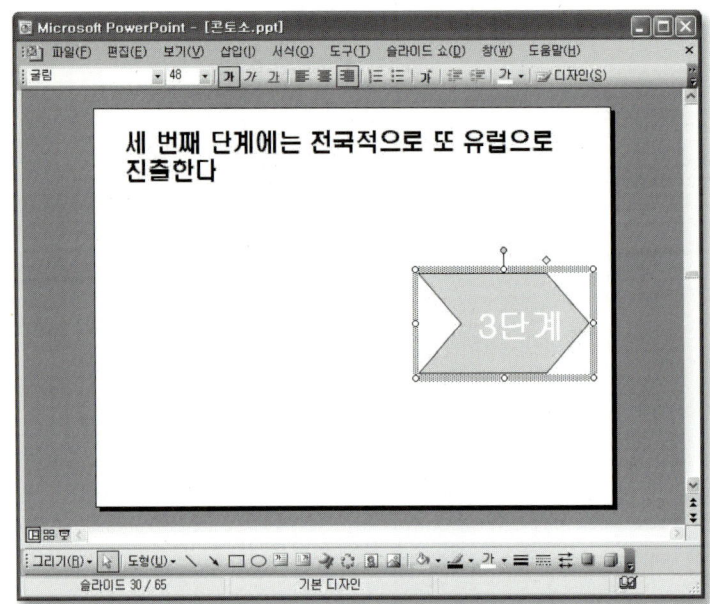

그림 6-8 ▶
도형에 텍스트 추가하기

4 이 도형을 더블클릭한 다음 나타나는 **도형 서식** 대화상자에서 **색 및 선** 탭을 선택하자. 채우기 부분에서, 색 드롭다운 화살표를 클릭해서 검정색을 선택하고, 선 부분에서 **두께**를 5pt로 변경하자. 이렇게 하면 대화상자가 다음과 같이 보일 것이다. 확인을 클릭하자.

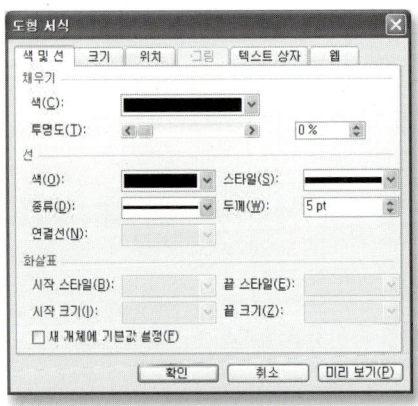

그림 6-9 ▶
도형 서식 적용하기

5 이 도형을 마우스 오른쪽 버튼으로 클릭한 다음 나타나는 바로 가기 메뉴에서 **복사**를 클릭하자. 그 다음 슬라이드를 마우스 오른쪽 버튼으로 클릭한 다음 **붙여넣기**를 클릭하자. 붙여 넣어 새로 만들어진 도형을 선택한 다음 그림 6-10처럼 원본 도형의 왼쪽으로 끌어 놓자. 이 두 번째 도형을 선택해서 텍스트를 편집하자. 여기서는 '2단계'로 변경하자. 그 다음, 이 도형을 선택하고 **그리기** 도구 모음에서 **채우기색** 드롭다운 화살표를 클릭해서 다른 색을 선택하자. 여기서는 진회색으로 하자.

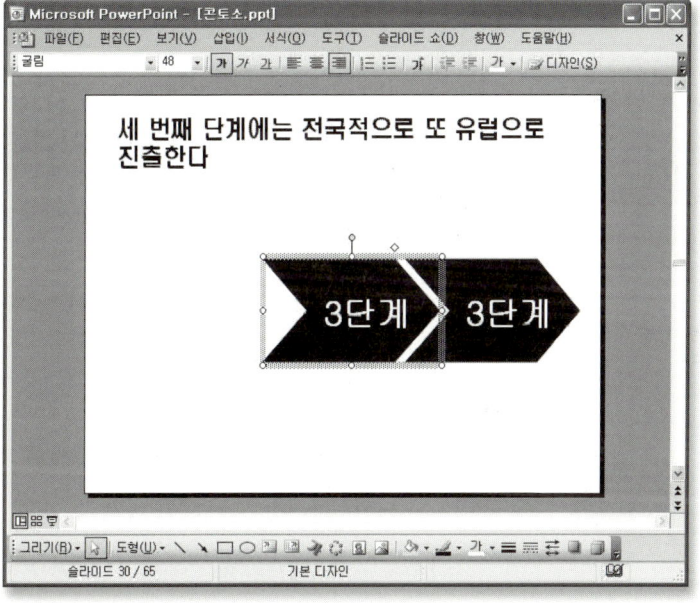

그림 6-10 ▶
두 번째 도형 추가하기

6 두 번째 도형을 마우스 오른쪽 버튼으로 클릭한 다음 바로 가기 메뉴에서 **복사**를 클릭하자. 그 다음, 슬라이드를 마우스 오른쪽 버튼으로 클릭하고 **붙여넣기**를 클릭하자. 붙여 넣어 새로 만들어진 도형을 선택한 다음 두 번째 도형의 왼쪽으로 끌어 놓자. 이 새 도형을 선택해서 텍스트를 편집하자. 여기서는 '1단계'로 변경하자. 그 다음, 이 도형을 선택하고 **그리기** 도구 모음에서 **채우기색** 드롭다운 화살표를 클릭해서 다른 색을 선택하자. 여기서는 연회색으로 하자.

7 슬라이드에 있는 세 도형을 보기 좋은 위치로 끌어 놓자. Shift 키를 누른 채 세 도형을 클릭한 다음, 그리기 도구 모음에서 그리기, **맞춤/배분**, **가로 간격을 동일하게**를 클릭하자. 슬라이드의 빈 영역을 클릭해서 도형의 선택을 해제하자. 여기까지 하면 결과 화면이 그림 6-11과 유사하게 보일 것이다.

▶ 그림 6-11
서식이 적용된 다이어그램

하나의 다이어그램을 이용해서 세 장의 슬라이드에 걸쳐 생각 설명하기

이제 완성된 다이어그램을 그림 6-12처럼 다른 두 장의 슬라이드와 함께 살펴보도록 하자.

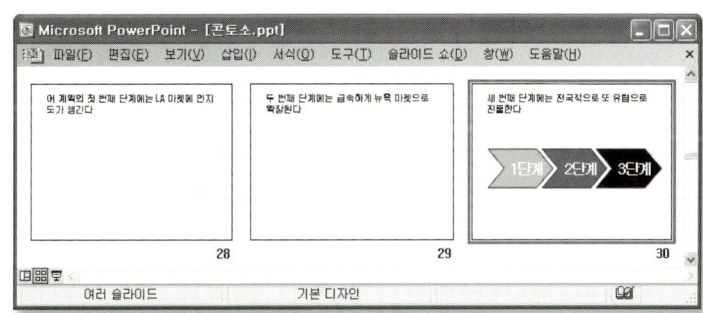

▶ 그림 6-12
세 번째 슬라이드에 하나의 다이어그램이 포함되어 있는 세 장의 관련된 슬라이드

이 세 슬라이드를 각 단계를 설명하는 프레임이 셋인 슬라이드 필름이라고 생각해 보자. 이 다이어그램을 앞의 두 슬라이드에서 이용하려면, 다음에 설명하는 단계에 따라 완성된 다이어그램을 복사해서 앞의 두 슬라이드에 붙여 넣은 다음 아직 설명하지 않은 단계를 삭제하면 된다.

세 장의 슬라이드에 걸쳐서 생각을 설명하는 다이어그램을 만들려면

1 완성된 다이어그램이 있는 세 번째 슬라이드를 더블클릭해서 기본 보기로 표시하자. Shift 키를 누른 채 다이어그램을 구성하는 세 도형을 선택한 다음 아무 도형에나 마우스 오른쪽 버튼을 클릭해서 바로 가기 메뉴가 나타나면 **복사**를 클릭하자.

2 두 번째 슬라이드로 이동해서 슬라이드를 마우스 오른쪽 버튼으로 클릭한 다음 바로 가기 메뉴에서 **붙여넣기**를 클릭하자. '3단계' 도형을 마우스 오른쪽 버튼으로 클릭한 다음 바로 가기 메뉴에서 **잘라내기**를 클릭하자. Shift 키를 누른 채 슬라이드에 있는 나머지 두 도형을 선택한 다음 아무 도형에나 마우스 오른쪽 버튼을 클릭해서 바로 가기 메뉴가 나타나면 **복사**를 클릭하자.

3 첫 번째 슬라이드로 이동해서 슬라이드를 마우스 오른쪽 버튼으로 클릭한 다음 바로 가기 메뉴에서 **붙여넣기**를 클릭하자. '2단계' 도형을 마우스 오른쪽 버튼으로 클릭한 다음 바로 가기 메뉴에서 **잘라내기**를 클릭하자. 이렇게 해서 만들어진 세 장의 슬라이드를 여러 슬라이드 보기로 보면 그림 6-13과 같다.

프레젠테이션에 **할리우드**를 더하라

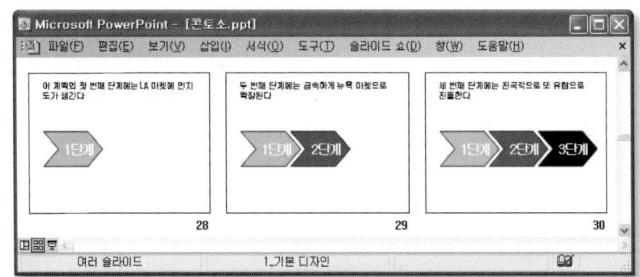

▶ 그림 6-13
세 장의 슬라이드에 걸쳐 설명된 다이어그램

이 세 장의 슬라이드를 순서대로 보여 주면, 청중은 애니메이션이 적용된 하나의 슬라이드를 보고 있는 것처럼 생각할 것이다. 이것이 애니메이션의 각 프레임을 이루는 연속적인 세 장의 슬라이드로 이루어져 있다는 것을 아는 것은 발표자뿐이다. 그림 6-14처럼 슬라이드 노트 보기로 보면 첫 번째 프레임의 노트 영역에 있는 설명을 볼 수 있을 것이다. 나머지 두 단계를 나타낸 슬라이드도 마찬가지다. 이러한 접근법이 일반적인 애니메이션과 어떻게 다른지 그리고 관련된 연구와 어떻게 보조를 맞추는지에 관한 더 자세한 정보를 이 장의 뒷부분에 있는 '팁 2: 틀에 박히지 않은 애니메이션'에서 볼 수 있다.

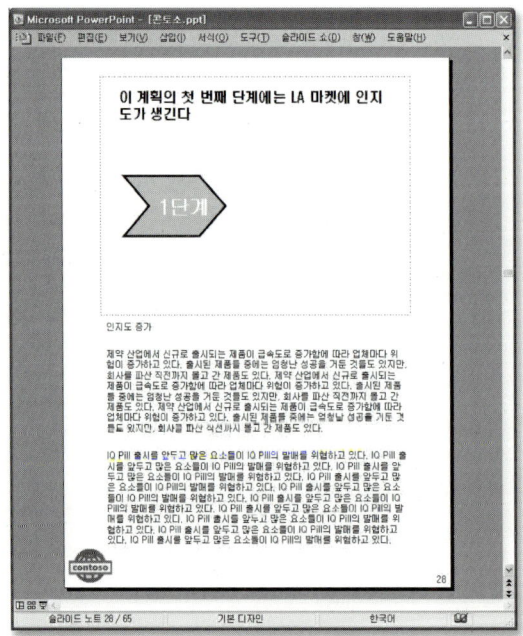

▶ 그림 6-14
슬라이드 영역에 다이어그램이 있고 노트 영역에 이에 해당하는 설명이 있는 슬라이드 노트 보기

이 방법을 이용하면 슬라이드에 나타낸 생각과 노트 영역에 포함된 설명이 제대로 연결되도록 할 수 있다. 또 청중이 소화할 수 없을 만큼 지나치게 많은 정보를 한꺼번에 제공해서 청중이 당황하지 않도록 조절할 수 있다. 일정한 속도로 일정한 양의 정보를 제공하면서 차근차근 다이어그램의 의미를 완성해 가는 것이다.

다이어그램을 이용해서 하나의 슬라이드에 생각 설명하기

그림 6-13처럼 하나의 다이어그램을 이용해 세 장의 슬라이드에 걸쳐서 생각을 설명하는 경우, 이 세 슬라이드 앞에 있는 15분짜리 진술을 보여주는 슬라이드에는 무엇을 넣어야 할까? 프레젠테이션의 길이에 따라 최소한 두 가지 옵션이 있다. 45분짜리 프레젠테이션이라면 앞에서 살펴본 그림 6-2처럼 15분짜리 슬라이드에 엑셀 스프레드시트의 스크린숏을 포함시킬 수 있다. 여기서는 텔레비전 광고에 사용할 2500만 달러를 설명하는 자세한 스프레드시트를 참조하고 있다.

프레젠테이션이 15분짜리라면, 이 슬라이드에 그림 6-11에 나타난 다이어그램을 보여 줄 수 있다. 이 다이어그램은 간단하므로 광고 캠페인의 세 단계를 검토하면서 슬라이드에 담긴 생각을 빠르게 요약 설명할 수 있다. 파워포인트에 내장되어 있는 애니메이션 기능을 이용해서 이 슬라이드에 있는 다이어그램에 애니메이션을 적용할 수도 있지만, 이 슬라이드에 사용할 수 있는 시간이 40초뿐이므로 애니메이션을 적용하지 않는 편이 나을 수도 있다.

다이어그램을 이용해서 생각을 설명하는 것도 효과적이지만, 차트를 이용하는 것도 좋은 방법이다.

여러 슬라이드에 하나의 차트를 이용해서 생각 설명하기

차트는 파워포인트 슬라이드에서 정량적 정보를 그래픽 형태로 설명하는 가장 일반적인 방법이다. 서로 관련된 일련의 헤드라인들을 설명할 때 애니메이션되는 하나의 차트를 이용하는 것이 가장 좋은 방법이라고 판단했다면, 다이어그램을 이용해서 여러 슬라이드에 걸쳐 생각을 설명했던 기법과 유사한 기법을 적용할 수 있다. 스토리보드에 일련의 헤드라인들이 만들어져 있으므로, 차트를 만들기 전에 전달하고자 하는 내용이 무엇인지 정확하게 알 수 있다.

예를 들어 그림 6-15에서 볼 수 있는 것처럼, 콘토소 이야기 템플리트 2막 2장에 있는 45분짜리 열의 헤드라인들은 시범 광고 캠페인 결과를 설명하고 있다. 45분짜리 프레젠테이션의 진행 속도를 감안해서 각 진술을 설명하는 데 1분가량을 사용할 수 있다.

그림 6-15 ▶
콘토소 이야기 템플리트 2막 2장에 세 문장으로 설명된 하나의 생각

이 세 헤드라인을 그림 6-16처럼 여러 슬라이드 보기로 보면 다음과 같이 한눈에 볼 수 있다. '시범 광고 캠페인 결과 IQ Pill이라는 이름에 대해 20퍼센트의 응답률을 보였지만, "영리한 사고"라는 표어를 추가하자 응답률이 10퍼센트 증가했고, "두 배 더 영리하게"라는 표어를 추가하자 응답률이 25퍼센트 증가했다.' 이 응답률들을 하나의 그래픽으로 나타내면 이사회에서 각 응답률을 한눈에 비교할 수 있을 것이다. 여기서는

막대그래프가 가장 적절하다.

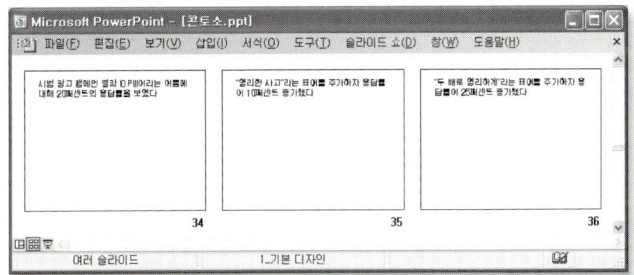

그림 6-16 ▶
콘토소 이야기 템플리트 2막 2장에 세 헤드라인으로 설명된 하나의 생각

이 예제에서 콘토소 광고 캠페인의 결과를 설명하기 위해 막대그래프를 만들고 이것을 세 장의 슬라이드에 걸쳐 설명할 수 있다.

차트를 이용해서 일련의 슬라이드에 걸쳐 생각을 설명하기 위해, 다음에 설명하는 단계에 따라 차트를 만들고 각 슬라이드에 맞게 조정해 보자.

차트를 이용하는 일련의 슬라이드를 만들려면

1. 세 번째 슬라이드를 더블클릭해서 기본 보기로 표시되게 하자. 그림 6-17에서 볼 수 있는 것처럼 '내용을 추가하려면 아이콘을 클릭하십시오.' 개체 틀에 있는 **차트 삽입** 버튼을 클릭하자.

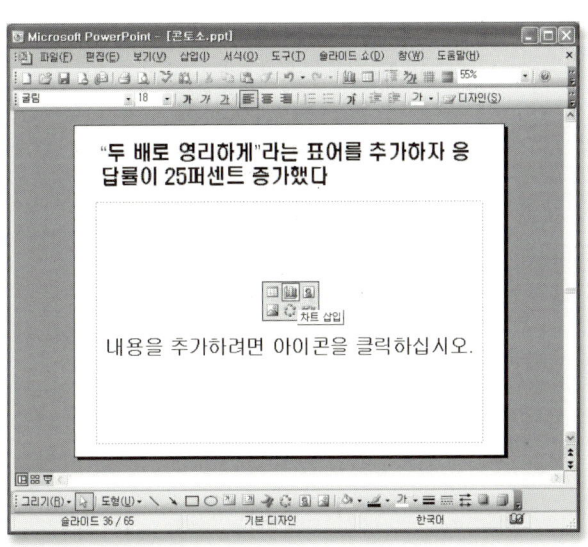

그림 6-17 ▶
차트 삽입 버튼이 선택된 슬라이드

2 슬라이드에 차트가 하나 자동적으로 삽입되었을 것이다. 이 차트의 데이터 소스를 알맞게 편집하자. 그림 6-18처럼 차트를 간단하게 디자인하자(차트의 서식을 지정하려면 약간 세부적인 작업이 필요하다. 이 장의 뒷부분에 있는 '팁 6: 숫자를 보여줘'에서 차트 디자인에 관한 일반적인 지침을 볼 수 있다). 차트를 마우스 오른쪽 버튼으로 클릭한 다음 바로 가기 메뉴에서 **복사**를 클릭하자.

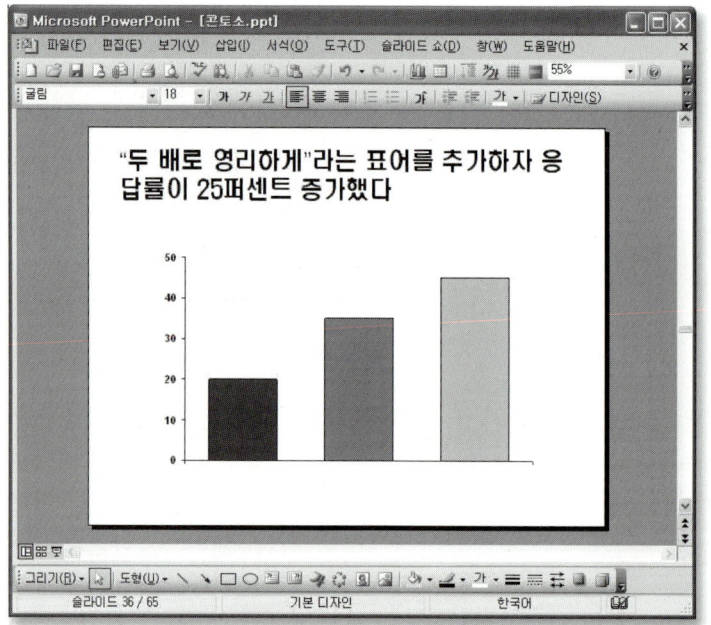

◀ 그림 6-18
슬라이드에 삽입된 간단한 차트

3 두 번째 슬라이드로 가서, 슬라이드를 마우스 오른쪽 버튼으로 클릭한 다음 바로 가기 메뉴에서 **붙여넣기**를 클릭하자. 차트를 마우스 오른쪽 버튼으로 클릭한 다음 바로 가기 메뉴에서 **그룹화**, **그룹 해제**를 클릭하자. 그림 6-19처럼 이 차트를 마이크로소프트 오피스 그리기 개체로 변환할 것인지를 묻는 메시지 상자가 나타날 것이다. **예**를 클릭하면 변환이 수행된다.

그림 6-19 ▶
차트를 그리기 개체로 변환할
것인지를 묻는 메시지 상자

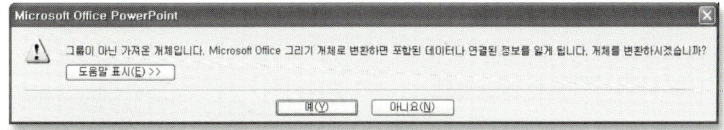

4 차트를 마우스 오른쪽 버튼으로 클릭한 다음 **그룹화, 그룹 해제**를 다시 클릭해서 그림 6-20처럼 차트를 각 구성 요소로 분리시키자.

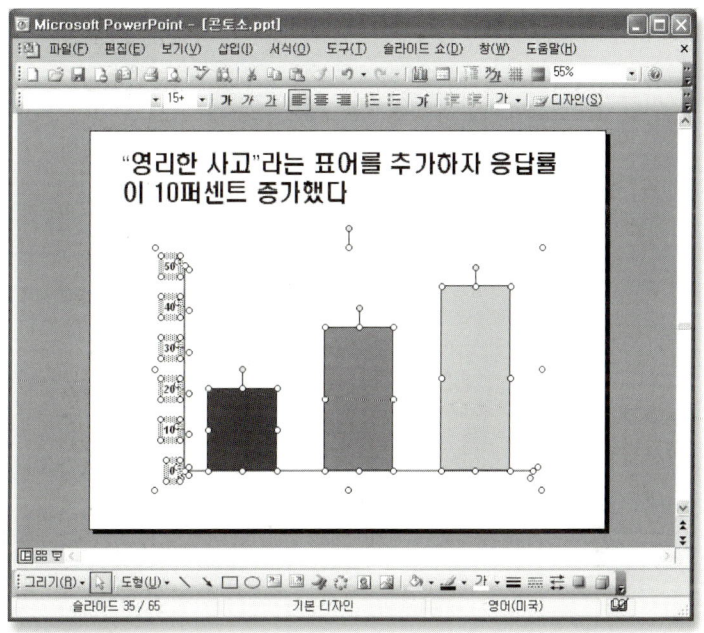

그림 6-20 ▶
차트를 각 구성 요소로 분리하기

5 이 슬라이드에 적합하지 않은 차트 구성 요소를 선택해서 삭제하자. 여기서는 세 번째 막대를 선택해서 삭제하면 된다. 그러면 이제 슬라이드가 그림 6-21처럼 보일 것이다. 이 차트의 구성 요소를 아무것이나 마우스 오른쪽 버튼으로 클릭한 다음 바로 가기 메뉴에서 **그룹화, 재그룹**을 선택하자. 차트를 마우스 오른쪽 버튼으로 클릭한 다음 바로 가기 메뉴에서 **복사**를 선택하자.

프레젠테이션에 **할리우드**를 더하라

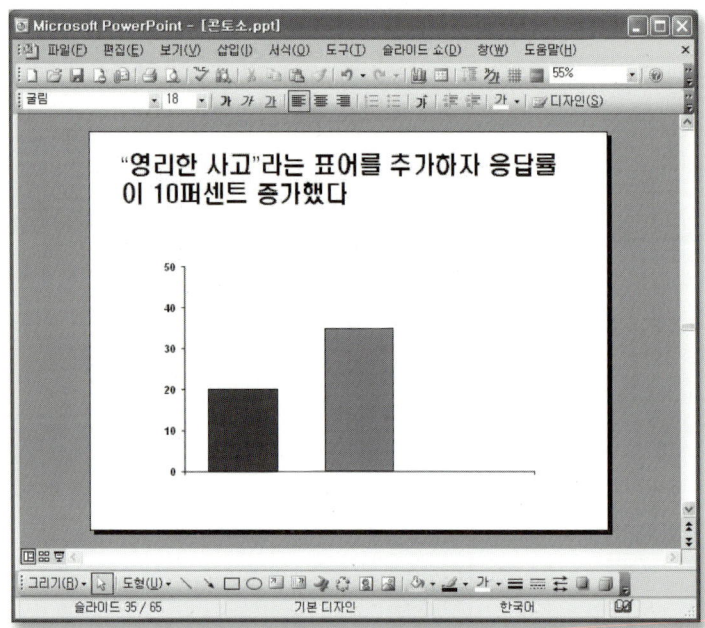

▶ 그림 6-21
두 번째 슬라이드에서 차트 구성 요소 삭제하기

6 첫 번째 슬라이드로 이동하자. 슬라이드를 마우스 오른쪽 버튼으로 클릭한 다음 바로 가기 메뉴에서 **붙여넣기**를 클릭하자. 붙여 넣은 차트를 마우스 오른쪽 버튼으로 클릭한 다음 바로 가기 메뉴에서 **그룹화, 그룹 해제**를 클릭하자. 이 슬라이드에 적합하지 않은 차트 구성 요소를 선택해서 삭제하자. 여기서는 두 번째 막대를 삭제하면 된다. 그러면 이제 슬라이드가 그림 6-22처럼 보일 것이다. 차트를 아무 부분이나 마우스 오른쪽 버튼으로 클릭한 다음 바로 가기 메뉴에서 **그룹화, 재그룹**을 클릭하자.

Chapter 06 그래픽 옵션 확장하기

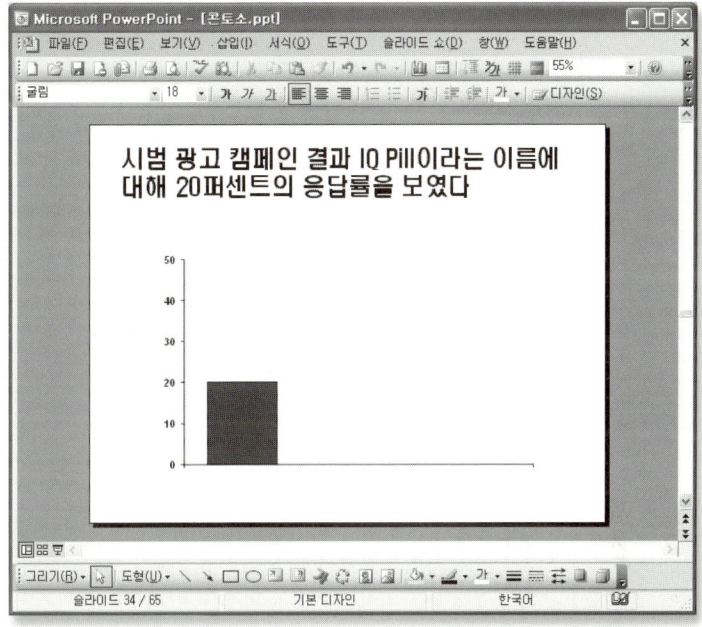

그림 6-22 ▶
첫 번째 슬라이드에서 차트 구성 요소 삭제하기

여러 슬라이드 보기로 보면 완성된 차트가 그림 6-23처럼 보일 것이다. 세 번째 슬라이드에 있는 차트가 파워포인트나 엑셀 스프레드시트의 데이터시트에 연결되어 있는 경우, 데이터가 업데이트되면 두 번째와 첫 번째 슬라이드를 수동으로 업데이트해야 할 것이다.

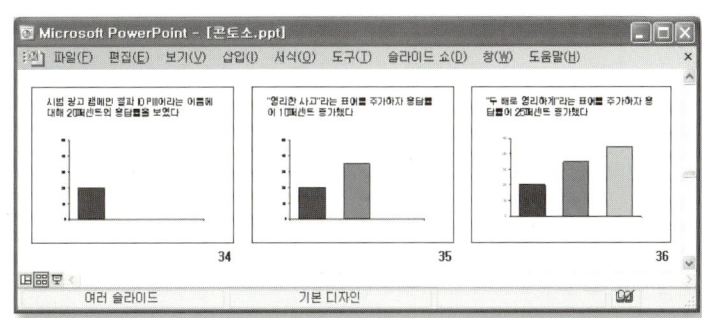

그림 6-23 ▶
세 장의 슬라이드에 걸쳐 설명된 차트

191

이 슬라이드를 연속적으로 청중에게 보여 주면 한 장의 슬라이드에서 차트가 애니메이션되는 것처럼 보인다. 이것이 실제로는 세 장의 슬라이드로 구성되어 있다는 것은 발표자만이 알 수 있다. 두 번째 슬라이드를 슬라이드 노트 보기로 나타낸 그림 6-24에서 볼 수 있는 것처럼 각 슬라이드에는 노트 영역이 연결되어 있다. 이렇게 노트 영역을 함께 나타냄으로써 애니메이션이 적용되는 각 액션과 노트 영역에 포함된 구두 발표 내용이 잘 어울리게 할 수 있다. 이 기법에 관한 더 자세한 정보는 부록 A를 참고하기 바란다.

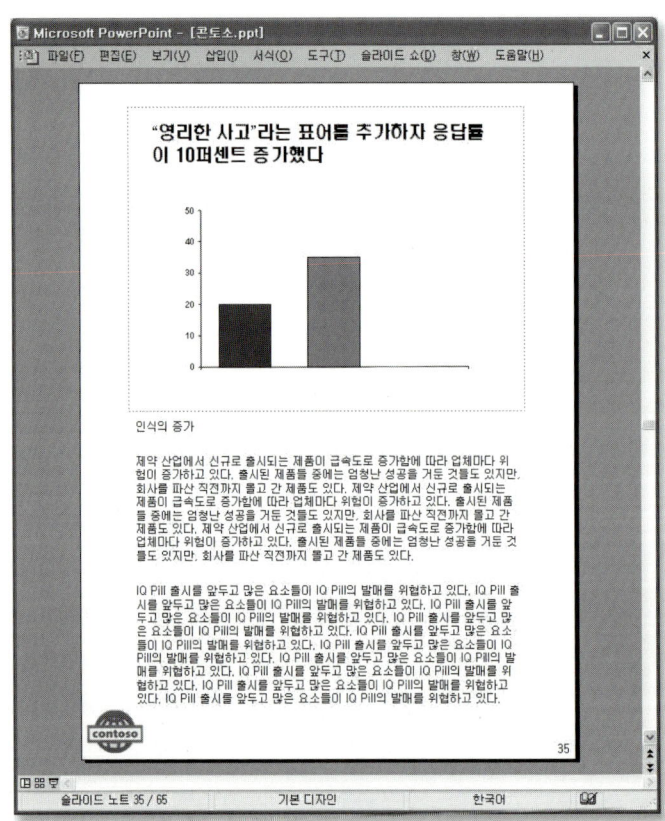

그림 6-24 ▶
슬라이드 영역에 차트가 포함되어 있고 노트 영역에 대응하는 설명이 있는 슬라이드 노트 보기

다이어그램 예제에서처럼, 프레젠테이션 시간이 15분이면 15분짜리 열 슬라이드에 그림 6-18처럼 완성된 차트를 보여 줄 수 있다. 이 차트는

매우 간단하므로 이 슬라이드의 내용을 40초 안에 빠르게 요약할 수 있다. 이 슬라이드에 파워포인트에 내장된 애니메이션 기능을 적용해서 차트를 애니메이션할 수도 있지만, 시간이 제한되어 있으므로 애니메이션을 적용하지 않는 것이 좋을 수도 있다.

몇 가지 그래픽 옵션을 살펴보았으니, 이제 스토리보드로 돌아가 이야기를 전체적으로 개선하는 방법을 살펴볼 차례다.

스토리보드 개선하기

4장에서 스토리보드를 준비하고 계획할 때 새로운 슬라이드를 추가하고 슬라이드의 속도와 흐름을 강화하는 방법을 검토했었다. 이렇게 마련된 기반 위에 프레젠테이션의 핵심 슬라이드에 시각적 표현을 추가해서 프레젠테이션의 완성도를 높일 수 있다.

제목과 클로징 크레딧에 그래픽 추가하기

할리우드 영화에서 오프닝 타이틀 시퀀스는 앞으로 진행될 이야기의 분위기를 결정한다. 제목 슬라이드에 그래픽을 추가해서 이와 유사한 효과를 얻을 수 있다. 4장의 '제목과 클로징 크레딧 추가하기' 절에서 3막 3장의 진술을 담고 있는 슬라이드를 복제해서 제목 슬라이드를 만들고 이 슬라이드를 프레젠테이션의 첫 번째 슬라이드 왼쪽에 붙여 넣었다. 그리고 여기에 그림 6-25처럼 이야기 템플리트 제목과 작성자명을 부제로 추가했다. 콘토소 예제에서 전체 제목은 다음과 같다. 'IQ Pill을 통해 얻을 수 있는 재정적인 결과까지의 진로를 해도로 나타내기: 콘토소 마케팅 프레젠테이션 – 팻 콜먼'

프레젠테이션에 **할리우드**를 더하라

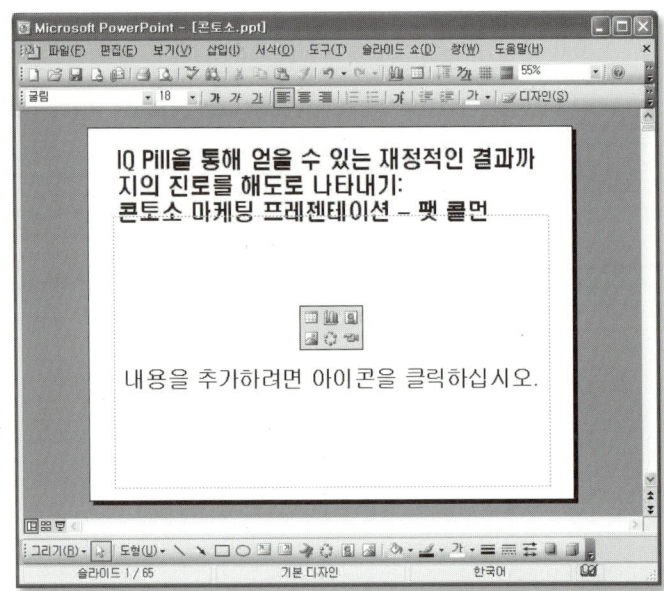

▶ 그림 6-25
4장에서 만든 제목 슬라이드

1막에 있는 슬라이드에 적용했던 스타일과 동일한 스타일을 제목 슬라이드에 적용하자. 가령 1막의 슬라이드에 사진 디자인 기법을 적용했다면, 그림 6-26처럼 제목 슬라이드에도 동일한 스타일을 사용할 수 있다.

▶ 그림 6-26
사진 스타일이 적용된 제목 슬라이드

이 슬라이드는 마이크로소프트 클립아트 및 미디어 사이트에서 구한 사진을 슬라이드의 왼쪽에 삽입해서 만들었다. 또 슬라이드 배경색을 검정색으로 변경하고 제목 영역의 글꼴색을 흰색으로 변경했다. 글꼴 크기를 적당하게 조정하고 제목을 대문자로 변경한 다음 텍스트 상자를 오른쪽으로 이동했다.

클로징 슬라이드에도 제목 슬라이드에 적용한 기법과 동일한 기법을 적용하고, 프레젠테이션이 끝난 후 청중에게 전달하고 싶은 텍스트나 간단한 이미지를 추가하자. 4장에서 언급한 것처럼, 이 슬라이드에는 발표자의 소속 조직명과 연락처 정보, 웹 주소, 프레젠테이션의 주제를 전달하는 간단한 이미지가 포함될 것이다.

세 가지 핵심 요지 보강하기

4장에서 강조했던 것처럼 스토리보드의 막과 장을 한데 묶는 것이 중요하다. 강력한 시각적 표현이 이 작업에 도움이 될 수 있다. 이 절에서는 2막에서 논증의 중추가 되었던 5분짜리 열 이야기 템플리트의 세 가지 핵심 요지를 발전시킬 것이다.

여러 슬라이드 보기에서 Ctrl 키를 누른 채 5분짜리 열 진술을 포함하고 있는 세 장의 슬라이드를 선택한 다음 이 슬라이드 중 하나를 마우스 오른쪽 버튼으로 클릭하고 **복사**를 클릭하자. 5장에서 만들었던 테스트 파일을 열고 마지막 슬라이드 뒤에 커서를 둔 다음 마우스 오른쪽 버튼을 클릭하고 **붙여넣기**를 클릭하자. 청중이 이 슬라이드들을 볼 때 프레젠테이션의 중요한 지점에 와 있다는 것을 인식할 수 있도록 일관된 디자인으로 이 세 장의 주요 슬라이드를 보강하는 방법을 생각해 보자.

그림 6-27은 콘토소 프레젠테이션의 세 가지 핵심 요지를 담은 세 장의 슬라이드를 나타낸 것이다. 이 슬라이드들에는 새로운 구성 요소, 즉 마이크로소프트 클립아트 및 미디어 사이트에서 구한 사진이 추가되었다.

프레젠테이션에 **할리우드**를 더하라

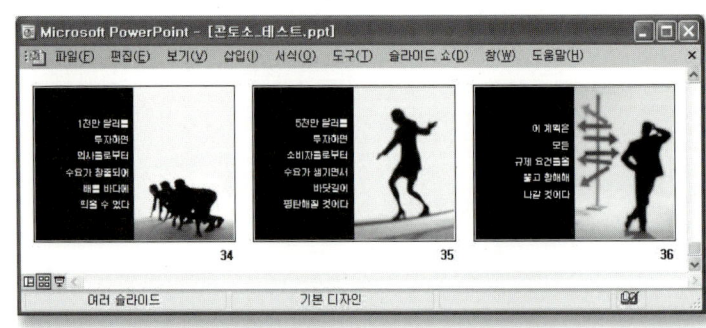

▶ 그림 6-27

콘토소 스토리보드의 2막에 있는 주요 장들을 소개하는 세 장의 슬라이드, 각 슬라이드에 동일한 그래픽 스타일이 적용되어 있다.

슬라이드마다 사진을 삽입하고 크기를 조정하고 잘라서 슬라이드의 오른쪽에 두고 슬라이드의 배경색을 검정색으로 변경했다. 제목 영역 글꼴색을 흰색으로 변경하고 텍스트 상자의 너비를 좁히고 텍스트 맞춤을 오른쪽 맞춤으로 변경했다. 사진들의 스타일이 동일하기 때문에 2막을 관통하는 이야기에 관해 시각적으로 뚜렷한 인상이 전달된다.

 NOTE

여기 사용된 사진들은 초점이 맞지 않아 또렷하게 보이지 않는다. 5장의 '화면에 사진 넣기' 절에서 살펴본 초점이 맞는 선명한 사진을 사용해야 한다는 법칙에 위배된다. 그러나 이 경우에는 의도적으로 미적 효과를 만들어 내기 위해 사진을 흐릿하게 만든 것이다. 기본적인 슬라이드 디자인 방법을 익힌 후에는 전달하고자 하는 메시지의 요지를 흐리지 않고 이야기를 청중이 이해할 수 있도록 분명하게 유지하는 범위 내에서 자유롭게 응용해 볼 수 있다.

▶ 그림 6-28

슬라이드 노트 보기. 기본 보기에서 볼 수 있는 특징을 슬라이드 노트 보기에서도 볼 수 있다.

196

그림 6-28에서 볼 수 있는 것처럼 이 슬라이드들은 슬라이드 노트 보기에서도 뚜렷이 구별된다.

2막에 있는 장들에 대해서 이와 유사한 시각적 표현을 시도해 볼 수 있다. 이 장의 뒷부분에 나오는 '팁 3: 색을 기호화한 슬라이드'에서 설명하는 것처럼 한 장에 있는 모든 슬라이드의 배경색을 변경할 수도 있다.

최근의 연구 결과 활용하기

디자이너들은 프로젝트의 창조적 가능성에 몰두하다가 청중을 고려하지 못하는 경우가 많다. 전달하고자 하는 바를 청중에게 잘 전달할 수 있는 디자인을 만들기 위해, 멀티미디어를 이용한 효과적인 학습의 배경이 되는 과학의 기본 원리를 배워 두는 것도 좋다. 교육심리학자인 리처드 마이어(Richard E. Mayer)와 그의 동료들은 디자인 과정에서 사람의 마음이 어떻게 작용하는지에 관한 가장 최근의 과학적 이해에 근거해서 디자인하도록 하는 연구 기반의 원칙을 개발했다. 이 원칙과 관련 리소스는 부록 A에 설명되어 있다. '탈 글머리 기호' 접근법은 이 연구와 보조를 같이하고 있으며, 공부하면서 단계적으로 디자인을 다듬을 수 있도록 구성되어 있다.

프레젠테이션 예행연습하기

스토리보드 초벌 디자인이 완성되고 나면 프레젠테이션의 모든 기본 구성 요소가 갖추어진 것이므로 예행연습을 해 보자. 책상 옆이나 회의실 앞에 서서 슬라이드를 넘겨 가면서 프레젠테이션을 예행연습하자. 우리는 이미 3장의 '파워포인트 소리 내어 읽기' 절에서 청중을 바라보고 무의식적인 손짓을 하지 않도록 조심해야 한다는 것을 배웠고, 4장의 '헤드라인을 이용해 예행연습하기' 절에서 몸짓에 주의를 기울이고 화면과 잘 어울리게 하는 방법을 배웠다. 이 예행연습에서는 목소리와 얼굴 표정에도 주의를 기울이도록 하자.

프레젠테이션을 진행하는 동안 청중의 시선은 발표자에게 집중된다. 청중은 해당 주제에 대한 발표자의 열정과 관심이 몸짓과 말을 통해서 어떻게 드러나는지 주의 깊게 지켜볼 것이다. 발표자가 단조롭게 이야기하거나 무관심한 것처럼 보이면, 청중도 당연히 흥미를 잃고 무관심한 태도를 보이게 된다. 중요한 지점에서는 목소리를 달리해서 강조하고, 청중이 마음에 새겨두기를 원하는 지점에서는 이야기를 잠깐 중단하고 한 숨 돌릴 필요가 있다. 이 이야기를 준비하느라고 얼마나 열심히 작업했는가! 이러한 열정이 목소리와 얼굴 표정을 통해서 잘 드러나게 하자.

예행연습을 하면서 거슬리는 부분이나 프레젠테이션에서 변경하고 싶은 부분이 나타날 것이다. 종이와 펜을 준비해 고칠 내용을 적어 둔 다음 예행연습이 끝난 후 프레젠테이션의 슬라이드를 수정하자.

슬라이드 노트 최종 점검하기

모든 슬라이드에 그래픽을 추가한 후에는 슬라이드 노트 보기로 돌아가 다시 한 번 노트 영역을 검토하고 쓰인 말이 분명하고 간결한지 확인하자. 첫 번째 노트부터 헤드라인을 읽고 시각적 표현을 검토한 다음 노트 영역을 읽고 모든 것이 자연스럽게 연결되는지 살펴보자. 각 페이지의 노트 영역에 있는 이야기가 순서대로 자연스럽게 연결되는지 확인하자. 전체 문서를 슬라이드 노트로 출력해서 용어와 흐름을 점검하는 것도 좋은 방법이다.

허가 및 승인 얻기

프레젠테이션 검토를 마친 후에는 필요한 경우 발표할 정보에 대한 허가나 승인을 얻어야 한다. 콘토소 시나리오는 금융이나 연구 관련 산업처럼 규제가 많은 제약 산업과 관련된 것이므로 이 과정이 특히 중요하다. 새로운 시각을 가진 사람이 프레젠테이션을 검토하면서 빠진 것은 없는지, 오타는 없는지, 무언가 잘못 말한 것은 없는지 확인하는 것이 좋다. 프레젠테이션 검토를 준비할 때 검토자가 화면에 나타나는 내용과 노트 영역에서 다루는 내용을 분명히 알 수 있도록 슬라이드 노트로 준비하는 것이 좋다. 7장의 '슬라이드 노트(슬라이드가 아닌) 보내기' 절에서 설명하겠지만, 검토용 원고는 슬라이드 노트 출력본이나 Adobe Acrobat PDF 파일로 보낼 수 있다.

이렇게 해서 마침내 파워포인트 스토리보드를 완성했다! 7장에서는 '탈 글머리 기호' 접근법의 세 번째이자 마지막 단계로 이동해서 스크립트를 만들 것이다. 그 전에 이 장에서 살펴본 기본적인 기법을 향상시키는 열 가지 팁을 살펴보자.

슬라이드의 품질을 높이기 위한 열 가지 팁

지금까지 스토리보드를 디자인하는 데 필요한 기초를 탄탄히 다져 보았으므로 이제는 역량을 강화하고 새로운 접근 방법을 개발해 볼 수 있다. 다음 열 가지 팁을 통해서 디자인 역량을 개선하는 방법을 습득해 보자.

팁 1: 고급 레이아웃

전문 디자이너들은 레이아웃에 눈금 체계를 이용한다. 눈금을 이용하면 프레젠테이션에서 일관된 레이아웃 구조를 유지할 수 있고, 슬라이드에 있는 그래픽 요소나 텍스트 요소와 여백 사이의 조화를 관리하고, 시각적 표현이 화면의 테두리에 너무 근접하지 않게 할 수 있다.

지금까지는 상단에 헤드라인이 있고 그 아래 영역에 시각적 표현이 가운데 표시되는 기본 슬라이드 레이아웃을 이용해서 디자인했다. 그러나 헤드라인을 숨기거나 시각적 표현 요소를 이동할 때 뒤죽박죽이거나 서로 조화를 이루지 못하는 레이아웃이 나타나지 않도록 일관된 레이아웃 구조를 채택해야 한다.

고급 레이아웃을 계획하고 있다면 디자이너와 협업하여 눈금을 개발하거나 눈금 체계 디자인에 관한 책을 참고하자. 슬라이드도 스크린에 영사하는 것이므로, 브루스 블락(Bruce Block)의 『The Visual Story: Seeing the Structure of Film, TV, and New Media』(Focal Press, 2001)와 같은 영화 혹은 방송 레이아웃에 관한 책도 도움이 된다. 슬라이드 노트를 출력할 수 있어야 하므로, 얀 화이트(Jan V. White)의 『Editing by Design: For Designers, Art Directors, and Editors-The Classic Guide to Winning Readers』(Allworth Press, 2003)와 같은 인쇄 레이아웃에 관한 책도 유용할 것이다. 조세프 뮐러-브록만(Josef Muller-Brockmann)의 『Grid Systems in Graphic Design』(Arthur Niggli, 1996)과 같은 일반적인 레이아웃에 관한 서적도 유용할 것이다. 파워포인트 프레젠테이션을 위한 레이아웃 체계를 디자인할 때 겪게 되는 어려움은 영사되는 슬라이드와 인쇄되는 슬라이드 노트에 모두 잘 들어맞는 하나의 멋진 접근법을 찾는 것이다.

레이아웃 체계를 결정하면 파워포인트에 레이아웃을 적용하는 데 도움이 되는 옵션을 몇 가지 이용할 수 있다. 가장 쉬운 기법은 파워포인트의 눈금 및 안내선 기능을 이용하는 것이다. 기본 보기에서 보기, **눈금 및 안내선**을 클릭하자. **눈금 및 안내선** 대화상자의 **눈금 설정** 부분에서 **간격** 드롭다운 목록에서 간격을 설정하고 **화면에 눈금 표시** 확인란을 선택한 다음 확인을 클릭하자. 안내선 설정 부분에서 **화면에 그리기 안내선 표시** 확인란을 선택해서 원하는 대로 임시 눈금을 만들어 쓸 수 있는 안내선을 표시하자. 파워포인트 도움말을 검색하면 눈금 및 안내선 사용법에 관한 더 자세한 정보를 얻을 수 있다.

팁 2: 틀에 박히지 않은 애니메이션

간단한 다이어그램이나 차트는 슬라이드의 헤드라인을 효과적으로 설명할 수 있다. 그러나 파워포인트 프레젠테이션에서 일반적으로 발생하는 문제는 다이어그램이나 차트가 너무 복잡하게 만들어져서 이해하기에 어렵다는 것이다. 이 문제의 근본 원인을 해결하기 위해, 그림 6-3과 6-15에서 살펴본 콘토소 이야기 템플리트 2막 2장의 15분짜리 열과 45분짜리 열 문장들처럼 이야기 템플리트에 있는 생각을 더 작은 조각들로 나누었다. 이 문장들을 파워포인트로 보낼 때, 각 문장을 슬라이드의 헤드라인으로 해서 이야기 템플리트와 동일한 순서로 연결된 세 장의 슬라이드를 만들었다. 그 다음 각 슬라이드의 노트 영역에 각 단계별로 세부 내역을 자세히 설명했다.

이 기법은 모든 애니메이션이 하나의 슬라이드에서 발생하는 상투적인 애니메이션 기법과 달리 일련의 슬라이드에 걸쳐 각 헤드라인에 맞는 정보를 조금씩 나누어 설명한다. 이 기법을 이용하면 설명하는 내내 정확한 때에 정확한 정보를 보여 주면서 균등하게 정보를 전달할 수 있다. 이 기법에 관한 더 자세한 연구 내용은 부록 A에서 볼 수 있다. 헤드라인이 전달하고자 하는 정보의 배열에 잘 어울리지 않는 것을 발견하면, 이야기 템플리트로 돌아가서 문장을 먼저 조정한 다음 파워포인트로 돌아와 이야기 템플리트에 맞게 헤드라인을 편집하도록 하자.

팁 3: 색을 기호화한 슬라이드

영화제작자들은 여러 가지 기법을 이용해서 강력한 이야기에서 오는 메시지의 일관성을 잃지 않으면서도 다양하고 흥미 있는 장면을 만들어낸다. 이러한 기법들 중 하나로 세트나 배경의 색상을 맞추어서 디자인하는 기법이 있다. 2막의 슬라이드에 장별로 색을 추가해서 이와 유사한 효과를 얻을 수 있다. 이 기법을 이용해서 이야기 템플리트 2막의 5분짜리 열 진술들이 담긴 세 슬라이드의 배경색을 변경해 보자. 이 세 슬라이드는 그림 6-27에 나타난 대로 이 장의 앞부분에서 살펴보았던 '세 가지 핵심 요지 보강하기' 절에 설명되어 있다.

여러 슬라이드 보기에서 이 슬라이드들을 색 코드로 분류하려면, 첫 번째 핵심 요지를 담고 있는 슬라이드를 클릭한 다음 Ctrl 키를 누른 채 두 번째와 세 번째 핵심 요지를 담은 슬라이드들을 선택하자. 선택된 슬라이드들 중 하나를 마우스 오른쪽 버튼으로 클릭한 다음 바로 가기 메뉴에서 **배경**을 클릭하자. **배경** 대화상자가 나타나면 **색** 드롭다운 화살표를 클릭해서 색을 선택한 다음 **적용**을 클릭하자. 이렇게 하면 선택된 모든 슬라이드의 배경색이 변경된다. 프레젠테이션을 진행할 때 이 슬라이드들의 색이 다른 슬라이드의 색과 다른 것을 보고 청중은 새로운 주제로 이동했다는 것을 인식하게 된다. 물론 구두 설명을 통해서도 주제가 바뀐 것을 알려 줘야 할 것이다.

TIP
배경색을 변경하지 않고 2막의 각 장별로 헤드라인의 글꼴색을 다르게 변경하는 방법도 있다. 헤드라인의 글꼴색만 다르게 하면 배경색을 다르게 하는 것만큼 인상적인 효과를 주지는 못하지만, 장별로 슬라이드들을 구분하는 데는 도움이 된다.

또 다른 방법으로 2막의 모든 장에 있는 슬라이드의 배경을 변경하는 방법도 있다. 이렇게 하려면 2막 1장의 첫 번째 슬라이드를 선택한 다음 Shift 키를 누른 채 그 장의 마지막 슬라이드를 클릭하자. 선택된 슬라이드들 중 하나를 마우스 오른쪽 버튼으로 클릭한 다음 바로 가기 메뉴에서 **배경**을 클릭하자. **배경** 대화상자에서 **색** 드롭다운 화살표를 클릭해서 색을 선택한 다음 **적용**을 클릭하자. 그러면 이 장의 모든 슬라이드가 같은 색으로 변경된다. 이렇게 하면 이 슬라이드들이 같은 장에 속한다는 것을 청중이 쉽게 파악할 수 있다. 이 기법을 이용하면 여러 슬라이드 보기에서 각 장들이 색별로 명확하게 구분되므로 스토리보드에 있는 장들을 쉽게 관리할 수 있다.

팁 4 : 분할 화면

화면을 분할해서 두 배의 효과를 만들어 보자. 2장의 '1막 4장: 균형 상태를 목표로 나아가기' 절에서 1막 3장과 4장 사이의 문제를 정의하는 힘을 살펴보았다. 이 에너지를 강화하고 이 에너지가 프레젠테이션 전체에 흘러넘치게 하기 위해서 이야기의 문제 해결에 중점을 두는 슬라이드를 만들어 이것을 프레젠테이션의 몇몇 주요 지점에 삽입할 수 있다.

콘토소 예제에서 분할 화면을 만들려면, 우선 '시장 환경과 규제가 IQ Pill의 출시를 위협하고 있다'는 1막 3장 슬라이드로 이동하자. 기본 보기에서 세로로 화면의 절반을 채우는 검정색 직사각형을 추가하자. 제목 영역을 클릭해서 글꼴색을 흰색으로 변경하고, 제목 영역을 뒤로 보내 숨기자. 마이크로소프트 클립아트 및 미디어 사이트에서 알약 그림을 찾아 추가하고, 텍스트 상자를 추가해서 상자 안에 'IQ Pill'이라는 텍스트를 적어 넣자.

알약 그림과 검정색 직사각형을 복사해서 그 다음 슬라이드에 붙여 넣자. 4장 슬라이드의 헤드라인은 '거친 파도에 대비한 계획을 통해 콘토소의 재정 목표를 달성할 수 있다'이다. 자신만의 그래픽을 만들기 위해 이 슬라이드의 오른쪽에 텍스트 상자를 삽입하자. 이 텍스트 상자에 달러 기호를 적어 넣은 다음 글꼴 크기를 208포인트로 키우고 글꼴색을 흰색으로 변경하자. 제목 영역을 클릭해서 글꼴색을 흰색으로 변경한 다음 이 제목 영역을 뒤로 보내서 숨기자. 여러 슬라이드 보기로 이 두 슬라이드를 보면 그림 6-29와 같을 것이다.

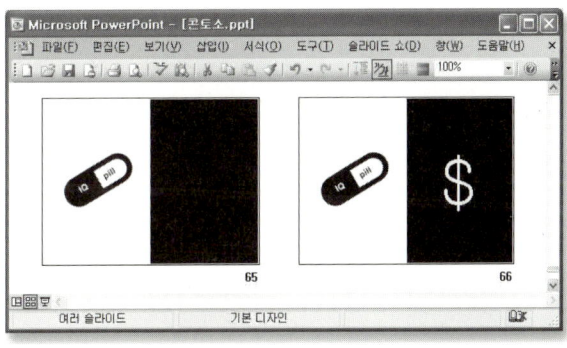

▶ 그림 6-29
분할 화면 기법을 이용한 일련의 두 슬라이드

이제 3장 슬라이드를 보여 주면서 노트 영역의 내용을 이용해 설명을 하면 알약 그림이 나타날 것이다. 4장 슬라이드로 넘어 가면서 이 슬라이드의 내용을 설명하면 앞 장과 동일한 슬라이드 위에 달리 기호가 나타날 것이다. 청중은 이 두 이미지를 나란히 보고 발표자의 설명을 들으면서 그 비유적인 묘사에 강한 인상을 받게 될 것이다.

프레젠테이션을 관통해서 이 이미지를 기억에 남게 하기 위해서, 여러 슬라이드 보기에서 4장 슬라이드를 선택하고 **편집**, **복제**를 두 차례 클릭한 다음 두 사본을 하나씩 클릭해서 각각 2막 2장과 3장의 첫 번째 슬라이드 왼쪽에 끌어 놓자. 프레젠테이션을 진행하는 동안 이 슬라이드들이 방금 끌어 놓은 위치에서 나타나면 가령 다음과 같이 말할 수 있을 것이다. "IQ Pill의 출시에 시장 환경과 규제가 위협이 되지만, 거친 파도에 대비한 계획을 통해 콘토소의 재정 목표를 달성할 수 있다고 했던 것을 기억할 것입니다. 그 전략은 다음과 같습니다." 청중이 프레젠테이션의 다른 지점에서 이 슬라이드와 동일한 슬라이드를 다시 보고 동일한 설명을 듣게 되면 이 프레젠테이션의 목적을 다시 한 번 환기하고 정서적으로 프레젠테이션에 빠져들게 될 것이다.

그림 6-30처럼 4장의 슬라이드를 슬라이드 노트 보기로 볼 때 슬라이드의 제목 영역을 보이게 하면 이 제목 영역이 레이아웃을 훼손하기 때문에 도움이 되지 않는다. 그래서 아래쪽에 있는 노트에서 이 슬라이드의 의미를 강조해야 한다. 이 예제의 경우, 슬라이드 영역에 테두리를 추가해서 이미지의 왼쪽 영역에 테두리 선이 나타나게 해야 할 수도 있다. 이것이 완벽한 해결책은 아니지만, 전체 디자인 과정 중에 항상 여러 구성 요소들 간의 조화를 이루기 위해 맥락에 따라 가장 최적의 해결책을 찾아야 한다.

TIP
이 분할 화면 기법은 두 개의 대조적인 사진을 나란히 놓아도 효과가 있다. 가령, 3장에는 불균형 상태를 나타내는 사진을 넣고 4장에는 이와 대조되는 이상적인 균형 상태를 나타내는 사진을 넣은 후 설명을 하면, 구두 설명과 대조되는 두 이미지를 통해 프레젠테이션의 목적을 잘 드러낼 수 있다.

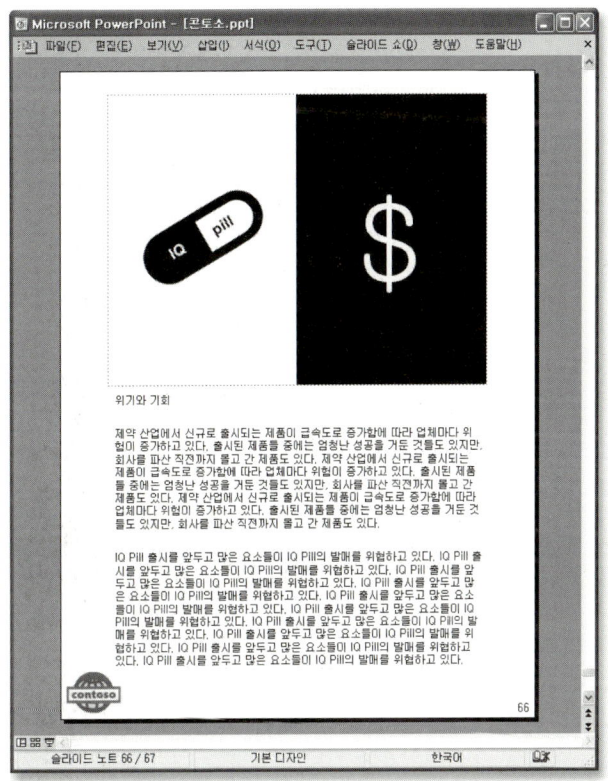

그림 6-30 ▶
분할 화면 기법이 적용된 슬라이드 영역이 포함된 슬라이드 노트 보기

팁 5 : 이미지 수사학

광고 같은 영역에서 설득을 위해 이미지를 사용하는 방법을 탐구하는 '이미지 수사학(visual rhetoric)' 영역도 프레젠테이션 디자인을 위한 영감의 원천이 될 수 있다. 2장의 '팁 8: 광고의 이야기'에서 설명한 것처럼 광고 역시 이야기 구성을 위한 영감의 원천이 될 수 있을 뿐만 아니라 프레젠테이션의 시각적 표현을 창조적으로 만들어내기 위한 영감의 보고가 될 수 있다. 광고제작자들이 대중의 관심을 끌고 이야기를 전달하고 설득하기 위해 색, 사진, 레이아웃, 기타 기법들을 이용하는 방법을 주의 깊게 살펴보자. 멋지게 디자인된 광고에 사용된 기법을 깊이 들여다보면 파워포인트 프레젠테이션에 적용할 수 있는 유용한 팁을 발견할 수 있을 것이다.

팁 6 : 숫자를 보여줘

차트와 관련된 저작이나 연구와 여러 가지 가이드라인들이 대부분 차트를 종이에 표현하는 방법을 다루고 있지만, 파워포인트 차트는 일반적으로 벽에 영사되고 발표자가 영사된 차트를 설명한다. 프레젠테이션을 실연할 때는 구두 설명이 추가되기 때문에 슬라이드에 디자인된 차트는 일반적으로 종이에 표현되는 차트보다 더 간단하게 만들어도 된다. '탈 글머리 기호' 접근법을 이용하면 슬라이드 노트 보기에서 볼 수 있는 것처럼 슬라이드 영역에 있는 차트는 항상 헤드라인과 노트 영역에서 충분히 설명할 수 있다. 이 장의 앞에서 살펴본 것처럼 차트를 일련의 헤드라인들에 부합하는 연속된 여러 슬라이드에 걸쳐 표시하면 청중이 이해하기에 적절한 속도로 정보를 잘게 나누어 소개할 수 있다.

차트가 어수선해 보이지 않고 데이터에 집중될 수 있도록 차트의 서식을 간단하게 하고 불필요한 선이나 그래픽 표현, 과도한 색이나 눈금을 제거하자. 불필요한 장식이나 특수 효과도 자제하자. 청중의 이해력을 떨어뜨릴 뿐이다. 이 주제에 관련한 연구는 부록 A에서 참조할 수 있다. 장식을 최소화해야 숫자가 부각될 것이다.

차트를 이용해 숫자를 나타낼 필요가 있을 때는 스티븐 퓨(Stephen Few)의 『Show Me the Numbers: Designing Tables and Graphs to Enlighten』(Analytics Press, 2004) 등 데이터를 효과적으로 표현하는 방법에 관한 책을 참고하기 바란다.

팁 7 : 다이어그램 및 차트 라이브러리

어떤 조직이나 개인이 업무와 관련된 정보를 설명하는 데 사용하는 파워포인트 다이어그램이나 차트는 비교적 범위가 제한되어 있다. 매번 처음부터 다이어그램이나 차트의 서식을 만드는 것보다는 '팁 6: 숫자를 보여줘'에서 설명한 최선의 디자인 원칙에 따라 명확하고 일관된 디자인을 만드는 데 가장 많이 쓰이는 그래픽들을 디자인해 두고 사용하는 것이 좋다. 그 다음, 5장의 '팁 6: 파워포인트 디자인 라이브러리' 절에서 설명한 것처럼 Microsoft SharePoint를 이용해서 중앙 사이트에 파워포인트 파일을 저장해 둘 수 있다. 차트를 직접 만들든 도움을 받을 전문 정보 디자이너를 고용하든 간에, 정량적 정보를 표시하는 방법을 표준화해 두면 시간을 절약할 수 있을 뿐더러 표시할 데이터의 무결성을 유지할 수 있다.

팁 8: 디자이너와 협업하기

슬라이드와 스토리보드를 디자인할 때 가능하다면 전문 디자이너의 도움을 받자. 초기부터, 가능하다면 디자이너가 여러분의 사고 과정을 관찰하고 공유할 수 있도록 이야기 템플리트를 작성할 때부터 디자이너와 함께 협업하는 것이 좋다. 초기에 디자이너와 함께 작업할 수가 없다면, 4장의 '팁 5: 디자이너를 위한 디자인'에서 설명한 대로 디자이너와의 첫 번째 미팅 전에 최소한 이야기 템플리트와 스토리보드를 준비하자. 이렇게 함으로써 이 장에서 배운 기본 기법들의 수준을 끌어올릴 수 있는 탄탄한 기반을 다지게 된다.

디자이너와 함께 작업할 때는 디자이너가 화면에 영사된 이미지와 구두 설명 간의 관계를 알 수 있도록 슬라이드를 항상 슬라이드 노트 보기로 보면서 작업하자. 다이어그램이나 차트를 사용할 경우 애니메이션을 적용할 일련의 슬라이드에 대해서 디자이너와 충분히 대화를 나누자. 서로 이해하고 있는 내용이 같아지면, 1막과 2막에서 발췌한 테스트 파일에 있는 주요 슬라이드들을 시각적으로 서로 완전히 다른 세 가지 방법으로 시안을 만들어 달라고 요구하자. 시안이 완성되면 각 시안들을 비교해 보고 자신과 청중에게 가장 잘 맞는 구성 요소와 스타일을 선택할 수 있다. 디자이너와 많은 대화를 거쳐 디자이너가 특정한 시안을 제안한 이유를 이해하도록 하자. 이 과정을 통해 새로운 창조적 영감을 얻을 수 있을 뿐만 아니라 잘 디자인된 프레젠테이션을 만들기 위한 발판을 다질 수 있을 것이다.

팁 9 : 파워포인트 트립틱

이 장의 앞부분에서 살펴본 '세 가지 핵심 요지 보강하기' 절에서 설명한 기법을 응용해서 세 개의 그래픽 구성 요소를 하나의 슬라이드에 나란히 세로로 정렬해 만든 이른바 '트립틱(triptych)'을 만들 수 있다. 트립틱을 만들려면 이야기 템플리트에 있는 5분짜리 열 문장이 나타내는 2막의 세 주요 지점을 다시 검토해 보자. 각각의 생각을 전달하는 사진이나 사진 객체 또는 클립아트를 세 개 찾은 다음 하나의 슬라이드에 삽입하자. 이것들을 크기 조정하고 잘라서 슬라이드의 세로 공간에 균등하게 채워 넣자.

이렇게 해서 만든 슬라이드를 2막 3장의 첫 번째 슬라이드 왼쪽에 끼워 넣자. 이 슬라이드를 두 개 더 복제한 다음, 우선 한 장을 골라 첫 번째 그래픽을 삭제하자. 이 슬라이드는 2막 2장의 첫 번째 슬라이드 왼쪽에 끼워 넣자. 나머지 한 장에서는 첫 번째와 두 번째 그래픽을 삭제하자. 그리고 이 슬라이드를 2막 1장의 첫 번째 슬라이드 왼쪽에 끼워 넣자. 프레젠테이션을 진행하면서 이 세 장의 슬라이드를 각각의 위치에서 보여주면, 2막 3장에서 세 부분이 완전히 조립되는 세 패널 슬라이드를 만들고 있는 것처럼 보일 것이다. 트립틱을 이용해서 프레젠테이션의 세 가지 핵심 요지를 보강함으로써 2막 메시지의 힘이 3배가 되게 할 수 있다.

팁 10 : 통합 디자인

'탈 글머리 기호' 접근법을 이용하면 프로젝터와 종이 그리고 브라우저에 모두 잘 맞는 하나의 파워포인트 파일을 만들어내는 통합 디자인을 할 수 있다. 이를 위해서는 디자인을 시작할 때 슬라이드 노트 보기에서 시작하는 것이 좋다. 완전한 미디어 체험을 고려하고 영사되는 이미지와 구두 설명의 조화를 고려해서, 인쇄된 유인물로 쓸 수 있을 뿐만 아니라 7장의 '온라인 프레젠테이션 연출하기' 절에서 설명할 것처럼 약간의 추가 작업을 거쳐 온라인 프레젠테이션으로 변환할 수 있는 패키지로 쓸 수 있는 문서를 만들어야 한다. 전해 줄 좋은 이야기가 있으면 가능한 한 다양한 미디어를 통해서 이야기를 전달하자.

CHAPTER
07

이야기에 활력 불어넣기

이 장에서 다루는 내용

1. 프레젠테이션 환경에서 주의를 분산시키는 요소를 제거한다.
2. 프레젠테이션 예행연습을 한다.
3. 청중과의 대화를 전개한다.
4. 고급 프레젠테이션 기법들을 시도한다.
5. 마이크로소프트 오피스 파워포인트를 이용해 역동적인 프레젠테이션을 진행한다.

'탈 글머리 기호' 접근법의 궁극적인 목표는 발표할 때 깊이 숨을 들이마셨다 내쉬면서 좀더 긴장을 풀기 위해 필요한 자신감과 여러 가지 도구들을 갖추게 하는 것이다.

콘토소 프레젠테이션의 슬라이드들이 애초의 모습과 완전히 다른 모양을 갖게 되었지만, 지금까지 들인 노력의 진정한 열매는 발표자 스스로 무엇을 어떻게 말하고 싶은지 확신을 가지고 이해하게 되었다는 것이다. 우리는 파워포인트를 단순히 슬라이드를 디자인하기 위한 도구로서 뿐만 아니라 발표자가 명료하게 생각하고 아이디어를 정리해서 이야기를 구조화하고 무한한 미디어의 가능성을 이용해 스스로를 표현하는 도구로 사용했다. 완성된 파워포인트 파일을 열 때 발표자는 사실상 자신이 만든 명료한 이야기를 전달 기술과 접목시키는 정교한 미디어 툴키트를 갖게 되는 셈이다.

이제 바로 그 툴키트를 이용해 이야기에 활력을 불어넣을 차례다.

연출의 세 가지 기본 원칙

할리우드에서 '연출(production)'이란 용어는 영화제작자들이 배우들의 생생한 액션을 필름상에 포착하는 시점을 지칭한다. 영화감독들은 상당한 시간을 할애해 장면을 설정하고 나중에 최종적인 컷에서 최상의 결과를 쓰기 위해 해당 액션을 여러 번 촬영한다. 그러나 파워포인트 연출의 경우 발표가 실황으로 이루어지기 때문에 발표자는 그와 같은 사치를 누리지 못한다. 말하자면 발표자가 한 개의 쇼트만으로 청중의 관심을 끌어야 한다는 것이다.

실황 프레젠테이션을 이루는 요소들의 복잡한 조합을 관리하기가 쉽지는 않지만 우리는 이미 영사되는 미디어와 소리 내어 하는 말 그리고 인쇄되는 유인물을 파워포인트 파일의 형태로 확실히 제어할 수 있다. 파워포인트 파일을 이용해 프레젠테이션을 제작할 때 다음에 설명하는 기본 원칙들을 적용하면 프레젠테이션 체험에 균형을 유지할 수 있다.

원칙 1: 미디어를 투명하게 만든다

그래픽 요소나 애니메이션 혹은 특수 효과를 더 추가하는 것처럼 파워포인트 파일을 미세하게 조정하는 요소가 많으면 메시지로 향해 있던 초점을 잃어버리기 쉽다. 이 책의 4장부터 6장에 걸쳐 작업했던 것처럼 슬라이드들의 기본 서식을 단순하게 유지하는 데서 얻을 수 있는 주된 이점은 불필요한 세부사항들 때문에 발표자의 주의가 분산되거나 화면 상에서 지나치게 많은 일들이 벌어져 청중의 주의가 분산되지 않는다는 것이다. 주의를 분산시키는 것들을 제거하고 나면 미디어가 발표자를 제어하는 것이 아니라 발표자가 미디어를 제어하게 된다.

발표자가 파워포인트를 사용한다는 사실을 사람들이 전혀 알아채지조차 못할 때야말로 발표자는 파워포인트를 잘 사용하는 셈이다. 슬라이드에 대한 찬사는 발표자에게는 칭찬이 아니다. 발표자가 사용하는 매체가 발표자의 생각 대신 매체 그 자체에 대한 주의를 환기시켰다는 것을 의미하기 때문이다. 프레젠테이션의 가장 중요한 성과는 발표자가 전달하고자 하는 의미를 청중이 이해하는 것이다. 그래서 발표자는 프레젠테이션을 마친 후 청중이 자신이 사용한 특수 효과가 아니라 자신만의 특별한 생각에 관해 이야기하기를 원한다.

미디어를 투명하게 만드는 것은 어려운 일이다. 그러나 발표자라면 이야기의 흐름 내에서 이야기 구조가 보이지 않게 만들려고 애쓰는 것처럼, 제작의 다른 요소들도 보이지 않게 만들려고 애써야 한다. 청중이 방 안으로 걸어 들어올 시점에 시작해 청중이 방을 나갈 시점에 끝나는 전체 실황 프레젠테이션 체험으로부터 주의를 분산시키는 것들을 제거해야 한다.

연출의 세 가지 기본 원칙

파워포인트 파일을 이용하면 소리 내어 하는 말, 영사되는 시각적 표현, 인쇄되는 유인물을 발표자가 좀더 쉽게 관리할 수 있다. 다음 세 가지 기본 원칙에 따라 실황 프레젠테이션 체험을 흡인력 있게 만들어 보자.

❶ 미디어를 투명하게 만든다.
❷ 청중과의 대화를 창출한다.
❸ 제약조건 내에서 즉흥적으로 이야기를 지어낸다.

원칙 2 : 청중과의 대화를 창출한다

프레젠테이션은 청중의 허가를 받아 발표자가 먼저 말을 하는 일종의 대화라고 할 수 있다. 프레젠테이션이 진행되는 동안에는 발표자가 말을 하는 유일한 사람이므로 발표자는 지적인 수준에서 대화를 시작한다. 그리고 발표자가 대인 관계 수준에서 프레젠테이션을 끝낼 때 청중 역시 말을 하기 시작한다.

발표자는 이야기 템플리트 1막에서 이야기를 시작하면서 앞으로 할 대화의 주제를 설정한다. 즉, 발표자는 청중을 이야기의 주인공으로 정하고 청중이 궁금해 할 질문들에 답하며 청중이 해결하고 싶어하는 핵심 문제를 정의해서 지적인 주장을 펼친다. 2막에서 발표자는 자신의 추론이 왜 그리고 어떻게 해서 타당한지 설명하는 과정에서 청중이 던질 만한 질문들을 예상해 청중이 주어진 해결책을 수용해야만 하는 이유를 진술한다.

마지막으로 3막에서 청중은 대인 관계 수준에서 반응한다. 이때 청중은 발표자에게 질문을 던지면서 새로운 어떤 것을 행하거나 생각하라는 발표자의 권고를 받아들일지 말지 결정하게 된다.

이러한 대화 모델을 염두에 두고서, 프레젠테이션 체험이 이야기의 지적인 수준과 대인 관계 수준(이 수준에서 발표자는 청중에게 대화에 참여할 것을 청하게 된다)에서 모두 좀더 흡인력이 있고 상호작용의 성질을 갖게 할 수 있는 방법을 생각해 보자. 예를 들어, 지적인 수준에서 청중을 더 몰입시키려면 이야기 템플리트를 한 가지 초점에 맞추고 다듬는 작업에 많은 시간을 투자해 청중의 관심사를 직접적으로 다루고 발표자의 추론에 관해 청중이 가질 법한 모든 질문들을 예상해 두자. 이야기를 파워포인트로 옮기면 청중이 발표자에게 더 큰 신뢰를 갖도록 해 주는 단순한 슬라이드 디자인을 선택해 이야기의 맥락 내에서 슬라이드들을 설명하자.

대인 관계 수준에서 청중을 더 몰입시키려면 청중에게 질문을 하거나 Q&A에 대한 발언권을 열어 놓는 등 뒤에 나오는 '대화 전개하기' 절에 나오는 기법들을 시도해 보자.

원칙 3 : 제약조건 내에서 즉흥적으로 이야기를 지어낸다

발표자가 청중과 진정한 유대관계를 맺기 위해서는 파워포인트 프레젠테이션이 발표자의 개성과 보조를 같이하도록 만드는 것이 중요하다. 예를 들어, 발표자가 프레젠테이션에 쓸 모티프로 개인적인 관심사와 관련된 것을 택하면 발표자가 하는 말에 발표자의 열의가 잘 나타나게 된다. 또 시간을 들여 신중히 프레젠테이션을 계획하다 보면 발표자의 마음속에 자신의 이야기에 대한 깊은 확신이 자리잡게 되고, 이런 확신을 바탕으로 글머리 기호들을 읽는 데 얽매이지 않고 자유롭게 슬라이드들을 보면서 즉흥적으로 이야기를 지어내게 된다. 덕분에 발표자가 긴장을 덜 하고 더 편안하게 발표할 수 있게 되면서 청중도 덜 긴장되고 더 편안한 느낌으로 발표를 들을 수 있게 될 것이다.

그러나 프레젠테이션은 모든 사람이 거리낌 없이 참가할 수 있는 자유 토론이 아니므로 즉흥적으로 이야기를 만들어낼 때도 일정한 제약조건들을 준수할 필요가 있다. 사실 이 같은 기본 원칙은 재즈 등의 여러 예술에도 적용된다. 재즈 연주자들의 경우 재즈라는 음악 형식의 기본 연주법을 터득하고 난 이후라야만 즉흥 연주를 할 수 있다. 일단 기본적인 프레젠테이션 형식들을 터득하고 나면 이 책 전반에 걸쳐 진술되고 있는 기본 원칙들에 명시된 여러 가지 제약조건들하에서 즉흥적인 이야기를 만들어낼 수 있다.

주의를 분산시키는 요소 제거하기

지금까지 이 책에서 우리는 발표자가 주의 분산을 최소화하는 파워포인트 파일을 준비하는 데 집중해 왔다. 우선 이야기 템플리트의 초점을 좁혀 불필요한 정보가 프레젠테이션에 남아 있지 않게 했다. 또 스토리보드 및 디자인 기본 원칙들을 따름으로써 관계없는 정보가 슬라이드 영역 안에 들어오지 못하게 했다. 그리고 그래픽과 말이 모두 항상 헤드라인에 초점이 맞춰지게 했다. 이렇게 주의를 분산시키는 요소들을 파워포인트 파일에서 제거했으니 이제는 그 파워포인트 파일의 발표가 이루어질 환경에서 주의를 흩트리는 요소들을 제거하는 일에 노력을 집중해 보자.

발표 환경 준비하기

발표가 이루어지는 물리적 환경은 발표자가 하는 이야기만큼 중요하다.

프레젠테이션이 진행될 방이 물리적으로 불편할 경우, 주의를 분산시키는 소음이 있을 경우, 프로젝터에서 콘센트까지의 거리가 먼 경우, 방이 오래되서 낡아 보일 경우, 발표자가 힘들여 해 놓은 작업의 질은 떨어지게 된다. 발표자는 이야기 템플리트를 직접 책임지는 것과 마찬가지로 발표가 이루어지는 환경의 물리적 체험 역시 본인이 직접 책임을 져야 한다. 따라서 발표자는 자신의 리더십과 협상력을 이용해 시설 관리자나 회의 기획 진행자들과 함께 모든 것이 확실히 정리되고 갖춰질 수 있게 해야 한다.

가능하다면 필요에 맞게 계획을 세울 수 있도록 실제 프레젠테이션에 앞서 미리 프레젠테이션을 진행할 방에 들어가 보자. 예를 들어 콘토소 프레젠테이션에서 발표자는 며칠 전에 회의실을 적어도 한 시간 동안 예약해 놓아야 한다. 이렇게 발표할 방에 미리 들어가 보면 물리적 공간을 구성할 여러 방안을 검토할 수 있고 또 실제 환경에서 프레젠테이션을 예행연습할 수도 있다. 미리 들어가 볼 수 없을 경우에는 그 방을 잘 알고 있는 사람에게 연락을 취해 방 안이 어떻게 구성되어 있는지 알아내도록 하자.

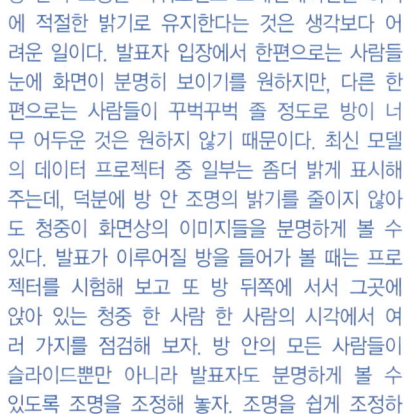

TIP

방 안의 조명을 파워포인트 프레젠테이션을 하기에 적절한 밝기로 유지한다는 것은 생각보다 어려운 일이다. 발표자 입장에서 한편으로는 사람들 눈에 화면이 분명히 보이기를 원하지만, 다른 한편으로는 사람들이 꾸벅꾸벅 졸 정도로 방이 너무 어두운 것은 원하지 않기 때문이다. 최신 모델의 데이터 프로젝터 중 일부는 좀더 밝게 표시해 주는데, 덕분에 방 안 조명의 밝기를 줄이지 않아도 청중이 화면상의 이미지들을 분명하게 볼 수 있다. 발표가 이루어질 방을 들어가 볼 때는 프로젝터를 시험해 보고 또 방 뒤쪽에 서서 그곳에 앉아 있는 청중 한 사람 한 사람의 시각에서 여러 가지를 점검해 보자. 방 안의 모든 사람들이 슬라이드뿐만 아니라 발표자도 분명하게 볼 수 있도록 조명을 조정해 놓자. 조명을 쉽게 조정하지 못할 경우나 추가적인 조명이 필요할 경우 시설 관리자에게 도움을 요청해야 할 수도 있다.

발표자와 청중 모두가 물리적으로 편안한 환경을 조성해야 한다. 발표자에게는 연단과 같은 발표할 때의 작전 기지가 있어야 하고, 말을 하면서 편하게 방을 돌아다닐 수 있는 물리적인 자유가 있어야 한다.

물리적 환경을 편안하게 갖춘 후에는 파워포인트 프레젠테이션을 영사하는 데 사용할 기술을 점검해 보자.

기술 점검하기

이야기들은 강한 시작에 의존해 나머지 내러티브의 어조와 방향을 설정한다. 우리의 경우 강한 시작이 이야기 템플리트의 1막에 내장되어 있기는 하지만, 프레젠테이션이 사실상 시작되는 시점은 청중의 눈이 발표자를 인지할 때다. 프로젝터 케이블을 컴퓨터에 연결하고 화면에 떠 있는 이미지의 초점을 맞추며 혼잡한 컴퓨터 바탕화면에서 필요한 파워포인트 파일을 찾고 있는 발표자의 모습은 그다지 강한 인상을 주지 못한다. 주의를 분산시키는 이런 종류의 행동들을 청중이 때로 너그럽게 받아들이기도 하지만 발표자의 입장에서 만족할 일은 아니다. 발표자는 기술적으로 필요한 것들을 미리 준비해 놓아야 한다.

발표가 이루어질 방을 조사할 때, 시간을 들여 프레젠테이션에 사용할 기술을 설정하는 데 필요한 모든 조치를 수행하자. 우선 프로젝터를 컴퓨터에 연결시키고, 기기에 전원을 넣고, 파워포인트 파일을 열어 놓자. 발표자가 필요로 하는 모든 기술적인 조정을 해 놓은 다음, 이미지를 화면에 맞는 크기로 만들고 초점을 맞춰 놓자. 슬라이드를 이동시키는 데 원격 조종 장치를 사용하는 경우에는 장치를 시험해 제대로 작동하는지 확인하자. 인터넷 연결이 필요하면 연결이 되는지 시험해 보고 프레젠테이션이 진행되는 동안 보여 줄 온라인 자료들을 모두 검토하자. 웹 페이지들을 표시할 계획이라면, 인터넷 연결에 문제가 생기는 경우에 대비해 발표자의 로컬 컴퓨터에 해당 웹 페이지들의 백업 카피를 만들어 두자.

프레젠테이션에 앞서 발표가 이루어질 방에서 사전에 기기를 설정해 놓고 예행연습을 할 수 없다면, 최소한 프레젠테이션을 하기 직전에 혹시 발생할지 모를 기술상의 문제들을 해결할 수 있을 만큼 충분한 시간을 두고 기기를 설정해 놓아야 한다. 발표가 이루어질 방과 비슷한 환경을 갖춘 방에서 사전에 예행연습을 하는 방법도 있을 것이다.

문제에 대비한 계획 세우기

무언가 잘못되더라도 견고한 프레젠테이션 체험을 만들어낼 수 있어야 한다. 예를 들어, 발표 시간이 갑자기 45분에서 15분으로, 혹은 심지어 5분으로 단축된다면, 4장의 '팁 2: 시간에 맞게 조정하기'에 있는 지시 사항에 따라 프레젠테이션의 규모를 줄이든 시간에 맞게 재빨리 조정하면 된다. 컴퓨터가 오류로 작동하지 않는데 그것을 복구할 길이 없을 경우에는 이야기 템플리트, 스토리보드, 개요, 슬라이드 노트, 혹은 슬라이드들을 출력해 사용하면 프레젠테이션의 모든 사항들을 다룰 수 있다. 프로젝터의 전구가 다 타 버렸는데 예비 전구가 없을 경우에도 단순한 슬라이드들을 사용했기 때문에 컴퓨터 화면으로 보여 주어도 탁자에 둘러앉은 소규모 청중에게는 슬라이드들이 충분히 뚜렷하게 보일 것이다. 철저한 준비를 해 두면 어떤 문제가 발생하더라도 발표자가 자신감을 가지고 프레젠테이션을 수행할 수 있다.

예행연습을 통해 주의를 분산시키는 요소 제거하기

예전에는 슬라이드 작성을 마친 다음에야 비로소 프레젠테이션의 첫 번째 예행연습을 했을 것이다. 하지만 '탈 글머리 기호' 접근법을 이용하면서 우리는 이미 적어도 다섯 번의 예행연습을 했다. 3장에서 했던 것처럼 이야기 템플리트를 보면서 이야기를 세 개의 시간 길이로 소리 내어 읽으면 이야기를 편안하게 할 수 있다. 4장에서 했던 것처럼 스토리보드 헤드라인을 보면서 예행연습을 하면 이야기의 흐름 및 순서를 알게 된다. 그리고 6장에서 했던 것처럼 완성된 슬라이드들을 이용해 예행연습을 하면 시각적 표현들을 화면으로 보는 데 익숙해진다. 이 각각의 예행연습을 통해 발표자는 과도한 손 움직임 혹은 메모나 슬라이드에 대한 지나친 의존과 같이 프레젠테이션 도중 생길 수 있는 여러 가지 주의 분산 요소들에 대처할 수 있게 된다. 예행연습을 하면 준비가 충분히 되지 않아 발생할 수 있는 주의 분산 요소들이 프레젠테이션을 할 때 나타나는 것을 미연에 방지할 수 있다.

> **TIP**
> 예행연습을 하는 중에 집중하는 한 가지 효과적인 기법은 결론의 이미지를 염두에 두고서 예행연습을 하는 것이다. 우선 3막 3장 슬라이드, 즉 끝맺는 말을 하는 동안 화면에 보여 줄 슬라이드를 검토하자. 말을 하는 동안 그 슬라이드의 이미지를 기억하고 있도록 하자. 결론 슬라이드를 가지고 예행연습을 시작한 다음 나머지 슬라이드들을 거쳐 순서대로 나아가 보자. 이렇게 목적지의 이미지를 마음속에 담아 두고 있으면, 발표자는 자신이 지금 어디로 가고 있는지 집중할 수 있게 된다.

방의 구성과 기술적인 장치들을 검사하고 나면 발표를 진행할 물리적 위치에 서서 프레젠테이션의 마지막 총연습을 하자. 이때 팀원 중 한 사람에게 부탁해 그 자리에 와서 직접 듣고 프레젠테이션에 대한 솔직한 피드백을 달라고 부탁하자. 어떤 식으로 개선해야 할지 누군가가 제안해 주지 않으면 발표자는 결코 나아지지 않을 것이기 때문이다. 콘토소 예에서라면 발표자는 콘토소사의 CEO인 크리스 그레이나 다른 임원들에게 그 자리에 참석해 들어 보고 조언을 달라고 청할 것이다. 개선할 점으로 제안하는 사항들을 종이에 써 둘 수 있도록 참석자들에게 줄 슬라이드 노트의 출력본을 준비하자. 나중에 사무실로 돌아왔을 때 참석자들이 변경해 놓은 사항들을 참고할 수 있을 것이다.

사람들은 좋은 것만을 언급하는 경향이 있으므로, 평가하는 사람들에게 발표자 자신이 잘 하고 있는 부분을 확인시켜 달라고 할 뿐만 아니라 개선될 수 있는 특정한 방법들을 제안해 달라고도 부탁하자. 보는 사람마다 제각각 다른 시각에서 조언을 해 줄 것이기 때문에 다양한 사람들에게 의견을 요청하는 것이 좋다. 어떤 피드백을 얻든 모두 고려해 보고 필요한 경우에는 기존의 것을 조정하도록 하자.

TIP

자신이 말할 때 어떤 버릇이 있는지 아는 가장 좋은 방법 중 하나는 뒤에 나오는 '팁 2: 연사들'에 묘사된 국제연사협회(Toastmasters International)와 같은 지역 말하기 클럽에 가입하는 것이다. 좋은 클럽은 가입한 사람들에게 우호적인 분위기 속에서 건설적인 피드백을 받을 수 있는 기회를 제공하는데, 이는 대부분의 사람들이 나름의 일을 하는 매일 매일의 정황 속에서는 얻기 어려운 기회이다.

노트 이용하기

이 시점이면 발표자가 이미 프레젠테이션의 내용을 잘 알고 있겠지만, 그렇더라도 출력된 이야기 템플리트나 스토리보드 개요의 형식으로 된 발표자 노트를 연단 위에 놓아두는 것이 좋다. 완성된 슬라이드 노트를 발표자 노트로 사용해서는 안 된다. 슬라이드 노트 영역에 적혀 있는 텍스트가 발표자에게 페이지를 그대로 읽어 나가고 싶은 충동을 느끼게 할 수 있고, 또 그렇게 읽게 되면 페이지를 넘겨봐야 할 텐데 이런 행동이 결과적으로 주의를 분산시킬 것이기 때문이다. 따라서 슬라이드 노트 대신 이야기 템플리트, 스토리보드의 텍스트 개요, 스토리보드의 축소판 이미지들 중 하나를 발표자 노트로 사용하자. 이 문서들을 출력할 때 다음의 단계를 따르자.

TIP

말할 때 가장 흔하게 나타나는 주의 분산 요소들 중 하나는 '음', '어', '그러니까', '저'와 같은 군더더기 표현들이다. 대부분의 사람들이 자신이 이런 표현을 쓴다는 사실을 알아채지도 못한다. 경험이 많은 연설자들에게서도 이런 경우를 많이 볼 수 있다. 주의를 분산시키는 언어적인 군더더기를 줄이려면, 자신이 말하는 것을 녹음해 두었다가 '음' 등이 나오는 횟수를 세어 보자. 아니면 아는 사람에게 부탁해 말하는 동안 군더더기 표현이 발생하는 횟수를 세어 달라고 하자. 주의를 분산시키는 이런 습관을 고치는 가장 확실한 방법은 우선 자신이 그런 식으로 말한다는 사실을 알아차리는 것이다.

핵심 파워포인트 문서들을 출력하려면

1 이야기 템플리트가 포함된 마이크로소프트 워드 문서를 연다. 스토리보드의 헤드라인을 변경한 경우에는 그 변경 사항들을 반영하도록 워드 문서를 업데이트한 다음 출력한다.

2 스토리보드의 텍스트 개요를 출력하려면 파워포인트 파일을 열고 **인쇄**를 클릭한 다음 **인쇄** 대화상자의 **인쇄 대상** 영역에서 **개요**를 클릭한다. 그런 다음 **확인**을 클릭한다.

3 스토리보드의 축소판 이미지들을 출력하려면 **인쇄**를 클릭하고 **인쇄 대상** 영역에서 **유인물**을 클릭한 다음 드롭다운 목록에서 6 또는 9를 클릭한다. **숨겨진 슬라이드 인쇄** 확인란을 선택이 된 채로 두고 **확인**을 클릭한다.

4 슬라이드 노트에 있는 유인물을 출력하려면 **인쇄**를 클릭하고 **인쇄 대상** 영역에서 **슬라이드 노트**를 클릭한다. 숨겨진 스토리보드 가이드를 사용했을 경우에는 **숨겨진 슬라이드 인쇄** 확인란이 체크되어 있지 않게 한 다음 **확인**을 클릭한다. 개개의 슬라이드들을 페이지당 하나씩 출력할 수도 있는데, 이때는 스토리보드의 축소판 이미지들과 슬라이드 노트 출력본들을 이용한 자료가 충분히 있어야만 한다.

5 핵심 파워포인트 문서들을 출력하면서 마이크로소프트 비지오 다이어그램이나 흐름도, 마이크로소프트 엑셀 스프레드시트, 상세한 차트 및 그래프 등 프레젠테이션 중에 참조할 추가적인 유인물이 있으면 모두 출력해 놓는다.

그림 7-1에서 볼 수 있는 것처럼 모든 문서를 출력하고 나면 나중에 편리하게 참조할 수 있도록 하나의 폴더 안에 묶어 놓자.

TIP

스토리보드의 축소판 크기 이미지들을 이용해 유인물을 구성하려면 보기, 마스터, 유인물 마스터를 클릭한 다음 유인물 마스터에 로고를 추가할 수 있다. 인쇄 대화상자에서 이용할 수 있는 것보다 더 많은 레이아웃 옵션을 원할 경우에는 대신 마이크로소프트 워드에서 유인물을 출력하면 된다. 이때 파일, 보내기, Microsoft Office Word로를 클릭하고, Microsoft Office Word로 보내기 대화상자에 있는 레이아웃 옵션 중 하나를 클릭한 다음 확인을 클릭하자.

프레젠테이션에 **할리우드**를 더하라

▶ 그림 7-1
'탈 글머리 기호' 접근법에 의한 다양한 출력물들

● ● ●
대화 전개하기

이야기 템플릿 1막에서 청중을 이야기의 주인공으로 했을 때 발표자가 하려고 하는 이야기는 전적으로 '발표자와 관련된' 것이 아니라 '청중과 관련된' 것이 되었다. 따라서 발표자는 프레젠테이션이라는 공연에서 자신에게 반한 수많은 사람들을 즐겁게 해 주는 스타라기보다는 오히려 청중에게 봉사하는 조연 출연진에 속한다. 이는 파워포인트가 일차적으로 발표자를 지원한다는 시각에서 파워포인트가 청중을 지원한다는 새로운 시각으로 이동한 것이다.

프레젠테이션은 일방통행로가 아니다. 즉, 프레젠테이션에는 대화를 창출하기 위한, 발표자와 청중의 상호작용이 필요하다. 발표자는 그냥 어쩌다가 첫 번째로 말하는 사람인 것이며, 또 발표자라는 이유로 상호작용이 시작되게 하는 일을 맡은 사람일 뿐이다.

진정성 보이기

프레젠테이션에서 대화는 발표자에 의해 시작된다. 청중은 발표자의 의견을 듣기 위해 자신들의 시간을 발표자에게 내주고 있는 셈이다. 발표자가 진정성을 보이고 있다는 것을 알게 되면 그만큼 청중이 프레젠테이션을 편견 없이 들어 줄 가능성이 더 높을 것이다. 이런 진정성은 여러 가지 방식으로 전달될 수 있다.

스크립트를 작성할 때 이야기 템플리트의 작성자 난에 발표자 이름을 써 놓으면 발표자 본인이 프레젠테이션 과정을 처음부터 끝까지 직접 책임지고 있다는 것을 보여 줄 수 있다. 이렇게 밀접한 관련을 통해 얻을 수 있는 가장 큰 이득은 프레젠테이션이 결국 발표자가 갖는 개성의 연장이 된다는 것이다.

1막에서 이야기를 하나로 집중시키고 2막에서 아이디어들을 세 가지 중요 사항으로 요약하는 작업을 하면서 발표자는 자신이 전하려는 메시지를 더욱 확실히 알게 된다. 이때 개인적인 관심사와 관련된 모티프를 선택하면 발표자의 개성을 표현하고 열정과 흥분을 활용하는 데 도움이 된다. 스토리보드의 디자인을 창조적인 시각으로 선택하면 그 파워포인트 프레젠테이션이 다른 모든 사람들이 사용하는 범용 슬라이드 세트가 아니라 발표자가 가진 개성의 연장이라는 느낌을 전달할 수 있다.

대중 앞에서 말할 때 발표자가 맞닥뜨리기 쉬운 가장 큰 장애물은 자기 자신이 아닌 다른 사람이 되어야 한다는 오해이다. 다른 모든 사람들이 사용하는 지나치게 양식화되었지만 지루한 똑같은 모양의 범용 파워포인트 파일을 발표자가 그대로 넘겨받을 경우 이런 문제는 더욱 커진다. 이런 프레젠테이션들은 표면상으로는 멋들어져 보일지 모르지만 유일무이한 인간의 개성만이 가져올 수 있는 진심을 결여하기 쉽다.

우리가 지금껏 만들어 온 새로운 파워포인트 파일, 즉 이야기와 시각적 표현들에 대해 발표자가 어떤 선택을 할 때 발표자의 기질과 개성이 반영되는 새로운 파워포인트 파일을 이용하면 이 같은 함정에서 빠져나올 수 있다. 자신만의 독창적인 목소리를 표현하면서 더욱 상세한 이야기를 펼쳐 나갈 수 있다. 청중들은 완전무결하지만 영혼이 없는 프레젠테이션보다 불완전하고 약간 다듬어지지 않았지만 그래도 진정성이 있는 프레젠테이션을 항상 더 마음에 들어 할 것이다.

발표할 때 자신의 개성을 드러내는 것을 두려워하지 말기 바란다. 그것이야말로 사람들이 정말로 보고 싶어하는 발표자의 모습이다.

슬라이드를 이용해 자신 있게 발표하기

대부분 대중 앞에서 말을 한다고 생각하면 자신감보다는 두려움을 갖게 된다. 두려움은 흔히 발표자가 자신이 하려는 이야기와 자기 자신에 대해, 혹은 준비되어 있는 수준에 대해 편안한 마음을 가지지 못할 때 생겨난다. 이야기 구석구석 개성이 넘치는 탄탄한 이야기를 확보하고 예행연습을 철저히 해서 두려움을 야기하는 요소들을 제거하자. 발표자의 자신감은 5장과 6장에서 디자인했던 영사되는 슬라이드를 사용할 때 가장 분명하게 나타난다.

파워포인트 파일을 슬라이드 노트 보기, 기본 보기, 여러 슬라이드 보기에서 작업하고 나면 발표자는 그 자료에 대해 심적으로 아주 편안해져 있을 것이다. 프레젠테이션에서 새 슬라이드로 넘어갈 때 그 슬라이드의 헤드라인을 이용해 이어서 말할 내용을 상기할 수 있다. 헤드라인은 청중에게도 대화체로 말을 걸기 때문에 청중이 편안하게 느끼고 발표자가 전달하고자 하는 것을 쉽게 이해할 수 있게 해 준다.

슬라이드에서 헤드라인에 이어 나오는 것은 그래픽 요소다. 5장과 6장에서 이야기했던 단순화된 디자인 접근법의 이점 중 하나는 슬라이드에 글머리 기호가 없고 지나치게 뒤죽박죽된 모양새를 갖는 일도 없다는 점이다. 의미 있는 헤드라인을 보여 주고 그 헤드라인의 의미를 단순한 그래픽을 사용해 설명하자. 이 같은 단순한 슬라이드들의 목표는 발표자와 청중 간에 상호의존성이 생기게 하는 것이다. 화면에 내용을 덜 보여 줌으로써 청중의 호기심을 자극하는 것이다.

슬라이드에 관한 청중의 질문에 말로 답할 때는 각 슬라이드에 대한 설명을 슬라이드 노트 영역에 글로 적으면서 충분히 개진했던 내용을 이용하면 된다. 자신의 자연 그대로의 목소리로 헤드라인 및 그래픽의 의미를 청중에게 설명하자.

헤드라인, 그래픽, 발표자의 목소리라는 이 세 가지 기본 요소가 함께 어우러져 청중을 끌어들이는 함축적 대화를 창출한다. 하나의 슬라이드에서 말하려고 준비했던 생각을 다 밝히고 나면 다음 슬라이드로 넘어가 대화를 자연스럽게 지속시키는 과정을 일정한 흐름 속에 반복하자.

이런 파워포인트 프레젠테이션을 이용하면 편안한 접근 방법, 재미있는 이야기, 흡인력 있는 시각적 표현들로 인해 청중의 집중적인 주목을 받게 될 것이다. 말을 할 때 자주 방을 둘러보면서 방 구석구석에 저마다 흩어져 있는 청중 개개인과 직접 눈을 마주치도록 하자. 청중 개개인의 얼굴을 응시해 그들이 프레젠테이션에 어떤 식으로 반응하고 있는지 살펴보자. 혹시라도 사람들이 안절부절못하거나 가만히 앉아 있지 못하면, 더 큰 열정과 더 강한 수준의 말하기가 필요할 것이다.

대화를 활기 있게 만들기

프레젠테이션은 살아 있는 체험이다. 발표자는 몇 가지 기법을 이용해 청중이 대화에 훨씬 더 몰입된 느낌을 갖게 도와줌으로써 프레젠테이션이 진행되는 방 안에서 활력을 증폭시킬 수 있다. 가장 오래되었으면서 가장 간단한 기법 중 하나는 질문을 하는 것이다. 이 기법은 발표자가 청중과 최초의 유대관계를 맺는 시점인 1막의 처음 몇 개의 장들에서 특히 쓸모가 있다.

예를 들어, 콘토소 프레젠테이션에서 첫 번째 헤드라인은 '현재 제약 산업은 변화의 바다를 항해하고 있다' 이다. 이 슬라이드를 보여 주면서 발표자는 가령 "여러분 중 몇 명이나 이 산업이 변화하고 있다는 데 동의합니까?"라는 질문을 할 수 있을 것이다. 청중의 의견 표시를 필요로 하는 질문을 던지면서 손을 들어 올려 청중에게 손을 들라는 신호를 보내자. 그러고 나서 재빨리 몇 명이 손을 들었는지 세어 보고 그 결과를 청중에게 말해 주면서 다음 사항으로 넘어가자("여러분 중 약 3분의 2가 동의하는 것 같군요. 자, 오늘 우리는 무엇 무엇에 관해 이야기해 볼 거예요"). 이렇게 청중의 의견을 구하면 청중은 자신들이 대화의 일부분인 듯 느끼게 되고 발표자는 청중이 주제와 관련해 어떤 입장에 서 있는지를 판단할 수 있게 된다.

몇몇 기업이 특별히 파워포인트를 위해 만들어 놓은 쌍방향 투표 장치를 사용할 수도 있을 것이다. 5장의 '헤드라인 숨기기' 절에 기술되어 있는 것처럼 헤드라인을 숨기고 표시된 그래픽만을 이용해 질문을 하는 방식으로 실험해 볼 수도 있다. 화면상의 그래픽만을 이용해 질문을 하는 것은 효과가 있는 경우가 많은데, 그 이유는 사람들이 보이는 이미지를 그들 나름의 의미로 받아들이기 때문이다. 이로 인해 청중은 대화에 참여할 기회를 얻게 될 뿐만 아니라 창조적으로 반응할 수도 있게 된다.

Q&A 처리하기

이야기 템플리드에서 작업을 잘 했다면 프레젠테이션을 청중에 맞게 제작하고 각각의 막과 장을 완성해 가면서 청중이 궁금해 할 만한 질문들을 예상할 수 있다. 준비한 말의 결론을 내리고 청중의 의견을 요청하면 혹시 놓쳤을지 모르는 문제들을 모두 해결할 기회를 가질 수 있다. Q&A에 대한 발언권을 열어 놓는 일은 매우 중요하다. 발표자가 모든 것을 다루었다 해도 의사 결정을 하는 사람들은 자신들이 그 프레젠테이션 체험에 참여했다는 느낌이 들도록 질문을 던지고 싶어할 것이다. 경우에 따라서는 발표자가 몇몇 질문들을 일부러 답하지 않은 상태로 남겨 놓을 수도 있다. 그렇게 하면 청중이 반드시 그 질문을 던져 Q&A에 참여할 것이기 때문이다.

스토리보드의 3막 4장에 해당하는 프레젠테이션의 해결 부분에 이르렀을 때, 그 슬라이드를 화면상에 그대로 남겨 둔 채 질문을 받자. 대규모 청중을 상대로 발표하는 자리에서 질문을 받는 경우에는 답을 하기 전에 먼저 그 질문을 다시 한 번 말해서 반드시 방 안에 있는 모든 사람들이 그 질문의 내용을 알 수 있게 하자.

TIP

고급 기법의 하나로, 화면상의 파워포인트 스토리보드를 길잡이로 사용할 수 있다. 프레젠테이션을 시작하기 전에 여러 슬라이드 보기로 가서 슬라이드들을 전부 한꺼번에 볼 수 있는 크기(이를테면 33퍼센트)로 스토리보드를 표시하자. 프레젠테이션을 이 보기 상태로 두었다가 발표할 준비가 다 되면 보기, 슬라이드 쇼를 클릭하거나 F5 키를 눌러 프레젠테이션을 시작하자. 프레젠테이션 끝에 Esc 키를 눌러 여러 슬라이드 보기로 되돌아가자. 이렇게 하면 흥미로운 시각적 표현이 만들어지며, 발표자 입장에서는 스토리보드를 아주 잘 알고 있기 때문에 누군가가 어떤 슬라이드에 관해 질문을 하면 그 슬라이드를 클릭해 곧장 거기로 갈 수가 있다.

특정 슬라이드에 관한 질문을 하는 사람이 있으면 출력된 스토리보드를 보고 헤드라인 오른쪽에 있는 슬라이드 번호를 알아낸 다음 그 슬라이드 번호를 타이핑하고 엔터 키를 눌러 원하는 슬라이드를 곧바로 보여 줄 수 있다. 2막에 있는 슬라이드들 가운데 전반적인 질문에 관련되는 슬라이드를 보여 주고 싶으면 그 질문에 상응하는 2막 슬라이드의 번호를 타이핑하고 엔터 키를 누르자. 2막 슬라이드로는 적합하지 않아 포함시키지 않았던 여분의 자료가 있는데 그 자료에 대해 질문을 받을지 모른다는 생각이 들면, 이 슬라이드를 프레젠테이션의 끝에 추가해 두었다가 이 슬라이드에 관련된 질문이 있을 경우 참조하자.

제약조건 내에서 즉흥적으로 이야기 지어내기

우리가 만든 새로운 파워포인트 파일은 여러 용도로 사용할 수 있다. 기본적인 '탈 글머리 기호' 접근법을 따르고 그 기본 원칙들을 지키기만

한다면 이 파워포인트 파일을 이용해서 얼마든지 즉흥적으로 이야기를 지어낼 수 있다. '탈 글머리 기호' 접근법의 기본 원칙을 따르는 것은 프레젠테이션을 항상 단단히 뿌리내린 상태로 있게 하는 동시에 새로운 것을 시도하도록 발표자의 창조적인 가능성을 열어 두는 것이다.

이야기에 대한 통제력 유지하기

발표자가 취하고 있는 편안한 접근 방법 때문에 사람들은 프레젠테이션 도중에 발표자에게 질문을 하거나 자신들의 경험을 이야기하게 될지도 모른다. 이것은 청중이 발표자의 발표 스타일을 편하게 느끼고 있다는 좋은 징조이다. 그런데 공교롭게도 이런 질문으로 인해 발표자는 갑자기 그때까지의 타이밍과 이야기 구조에서 벗어나 옆길로 새게 될 수도 있다. 할 수만 있다면 질문에 신속하게 답하거나 아니면 질문을 받았음을 알리고 질문과 관련된 자세한 이야기는 프레젠테이션이 끝나고 난 뒤의 Q&A 시간으로 미뤄 놓는 방법으로 처리하자. 질문의 답을 모를 경우에는 모른다는 사실을 인정하고, 그 문제에 대해 나중에 철저히 규명하겠다고 말하자.

이야기는 반드시 원래 예정되어 있던 방향으로 계속 나아가도록 해야만 한다. 그렇게 하지 못하면 발표자는 상황에 대한 통제력을 쉽게 잃어버릴 수 있다. '탈 글머리 기호' 접근법의 목표는 사람들이 관심을 가질 수밖에 없는 이야기, 다시 말해 청중이 최후까지 완전히 몰입해 있도록 그들에게 맞춰져 있으면서 그들이 할 법한 질문을 미리 생각해 놓는 그런 이야기를 만들어내는 것이다. 그런데 이것이 빗나가서 이야기가 청중에게 적합하지 않았다면, 다음번에 작성하는 이야기는 좀더 나은 이야기가 될 수 있도록 프레젠테이션 이후의 시간을 이야기 템플리트를 검토하는 데 사용하자. 이야기가 청중의 마음을 완전히 사로잡을 수 있게 하려면 1막 장들에 특별한 주의를 기울여야 한다.

융통성 있게 처리할 필요가 있을 경우 슬라이드의 번호를 타이핑하고 엔터 키를 눌러 프레젠테이션의 어느 지점으로든 항상 옮겨 다닐 수 있다. 발표자가 최소한도로 포함시켜야 할 것은 1막 전체, 2막에서는 각 장의 첫 번째 슬라이드, 그리고 3막 전체인데, 이들이 이야기의 본질적인 구조를 형성하는 것들이기 때문이다.

다양한 정황에 맞게 준비하기

'탈 글머리 기호' 접근법은 오랫동안 사용되어 오면서 검증된, 그래서 누구에게나 호소력을 가질 것이 분명한 고전적인 이야기 구조에 기반하기 때문에 다양한 규모의 청중들에 대해 동일한 접근 방법을 사용할 수 있다.

대부분의 청중에게 커다란 화면은 프레젠테이션을 영사하기에 부족함이 없다. 하지만 대규모 청중의 경우에는 뒷줄에 있는 사람들도 슬라이드를 명확히 볼 수 있을 만큼 화면이 커야 한다. 청중의 규모가 크면 발표자가 발표를 하는 중에 피드백을 얻기가 어렵지만, 그렇다고 해서 프레젠테이션 체험이 앞에서 설명한 함축적 대화를 만들어내지 못하는 것은 아니다.

한두 사람으로 이루어진 청중에게는 큰 화면이 있는 랩톱 컴퓨터나 슬라이드 출력본을 사용하거나 포켓용 컴퓨터를 사용해 프레젠테이션을 할 수 있을 것이다. 이 경우 커다랗게 영사되는 이미지가 가진 힘을 상실하기는 하지만 격식을 차리지 않고 격의 없는 접근 방법이라는 점에서, 또 기술적인 준비를 미리 해 놓을 필요가 거의 없거나 전혀 없이 곧바로 시작할 수 있다는 점에서는 득을 볼 수 있다.

슬라이드 끄기

가장 강력하고 효과적인 즉석 발표 기법 중 하나는 프레젠테이션을 하는 중에 화면을 어둡게 하는 것이다. 화면에 영사되는 시각적 표현들은 마치 주문을 걸 듯 사람들을 매료시킬 수 있는데, 발표자가 화면을 어둡게 해서 걸었던 주문을 깨 버리면 청중의 주의를 발표자와 발표자의 생각에 전적으로 쏠리게 만든다. 이때 프레젠테이션은 갑작스런 전환을 맞게 되는데, 이 같은 전환을 중요한 사항을 강조하기 위한 극적 효과로 이용할 수 있다.

이 기법을 적용해 프레젠테이션의 주요 슬라이드가 담고 있는 사항을 강조하려면, 먼저 여러 슬라이드 보기에서 주요 슬라이드를 찾아내자. 그 슬라이드에 대고 마우스 오른쪽 버튼을 클릭한 다음 단축 메뉴에서 **배경**을 클릭하자. 배경 대화상자에서 **배경색** 드롭다운 화살표를 클릭한 다음 검정색을 클릭하자. 제목 영역을 클릭하고 서식 도구 모음에서 **글꼴색** 드롭다운 화살표를 클릭한 다음 검정색이 선택되어 있지 않을 경우 검정색을 클릭하자. 슬라이드에서 다른 모든 요소들을 제거하자(프레젠테이션의 디자인 단계 중에 이 기법을 적용할 경우에는 이 주요 슬라이드에 사용할 그래픽 요소를 찾지 않아도 될 것이다).

여러 슬라이드 보기로 되돌아왔을 때 양편에 있는 두 개의 슬라이드 사이에 위치한 검은색 슬라이드를 볼 수 있기 때문에 슬라이드의 순서에 따라 무엇을 말할지 계획할 수가 있다. 프레젠테이션을 진행하는 동안, 늘 해 왔던 대로 슬라이드를 앞으로 넘기다가 검은색 슬라이드가 등장하면 효과를 노려 한동안 멈추고는 청중이 발표자에게 집중하는 사이 의견을 말하자. 그러고 나서 다음 슬라이드로 넘어가서 슬라이드들을 순서대로 다시 이어가면 된다.

이렇게 하지 않고, 프레젠테이션을 하는 동안 어떤 한 슬라이드를 어둡게 하고 싶을 경우에는 B 키를 눌러 화면을 검게 하자(혹은 W 키를 눌러 화면을 하얗게 하자). 같은 키를 다시 한 번 누르면 어둡게 되었던 바로 그 슬라이드로 되돌아간다. 이 기법을 이용하면 여러 슬라이드 보기에서 어둡게 된 슬라이드를 보면서 스토리보드에 대한 계획을 세울 수 없고, B나 W 키를 다시 한 번 누르면 프레젠테이션에서 다음에 나오는 슬라이드가 아니라 같은 슬라이드로 되돌아간다는 점이 앞에 설명한 기법과 다른 점이다.

유인물 배포하기

발표자들은 대부분 주의가 산만해지는 것을 막기 위해 프레젠테이션이 끝나고 난 후 유인물을 배포하는 것이 가장 좋다고 생각한다. 반면에 청중들은 대부분 프레젠테이션이 진행되는 동안 종이에 메모를 하고 싶다는 이유로 유인물을 요청한다. 두 가지 방법을 모두 시도해 보고 어느 쪽이 발표자와 청중에게 효과가 있는지 알아보자. 한 가지 절충안은 청중의 입장에서 발표자가 어디로 가고 있는지 알 수 있도록 기초적인 길잡이 역할을 할 한 페이지짜리 이야기 템플리트를 출력해서 미리 배포하는 것이다. 프레젠테이션을 시작하면서 포괄적인 내용을 담은 유인물을 프레젠테이션이 끝날 무렵에 배포하겠다고 이야기하고 프레젠테이션이 끝나면 출력된 슬라이드 노트 형식의 유인물을 배포하자.

참석하지 않고 발표하기

직접 발표할 수 없다면 발표자는 살아 움직이는 환경에서만 생겨나는 의사소통 기회를 놓칠 것이 분명하다. 그러나 발표자가 프레젠테이션에 물리적으로 직접 참석하지 못한다고 해서 발표 자체를 할 수 없는 것은 아니다. 파워포인트 프레젠테이션을 다르게 구성하면 된다.

슬라이드 노트(슬라이드가 아닌) 보내기

5장과 6장에서 프레젠테이션에 그래픽을 추가하면서 우리는 '탈 글머리 기호' 접근법을 이용해 만든 슬라이드들의 경우 슬라이드 노트 보기로 보지 않으면 잘 이해되지 않는다는 사실을 알았다. 프레젠테이션에 직접 참석하지 못할 수도 있는 사람에게 파워포인트 프레젠테이션을 보내는 경우에도 이 사실이 그대로 적용된다. 절대로 슬라이드만을 보내지 말고 항상 슬라이드 노트를 보내기 바란다.

슬라이드 노트 형태의 유인물은 발표 내용을 출력된 문서로 재빨리 읽어 볼 수 있게 해 준다. 이때 문서를 읽는 사람들은 페이지를 넘겨 가면서 헤드라인과 시각적 표현들을 대충 훑어보는 식으로 해당 문서의 요지를 재빨리 이해할 수 있고, 원할 경우 시간을 들여 슬라이드 노트 영역에 있는 자세한 설명을 읽을 것이다.

슬라이드 노트를 보낼 때는 Adobe Acrobat PDF 파일 서식으로 전송하는 것이 효과적이다. 이 서식으로 되어 있는 슬라이드 노트를 이메일로 보내면 청중은 발표자가 제시하고자 하는 모든 정보에 접근할 수 있지만 원래의 파워포인트 파일(발표자가 자신 외의 다른 사람들이 이용할 수 있게 하고 싶지 않은 그래픽 자료들과 편집 가능한 텍스트를 보관해 놓은 곳)에는 접근할 수 없다.

기억해 둡시다

프레젠테이션이 진행되는 곳에 없었던 사람에게 파워포인트 파일을 전송하고 싶으면 슬라이드를 전송하지 말고 슬라이드 노트를 전송하자.

온라인 프레젠테이션 연출하기

발표자 본인이 프레젠테이션 장소에 참석할 수 없을 때는 웹 브라우저에 프레젠테이션을 표시하면 된다. 파워포인트 프레젠테이션 메시지는 웹 브라우저에서도 잘 작동할 것이다. 흡인력 있는 동일한 이야기 구조가 웹 브라우저상에도 존재하기 때문이다. 즉, 웹 브라우저상에는 말과 상호의존적인 관계를 유지하는 단순한 시각적 표현들 역시 동일하게 존재할 뿐만 아니라 고른 크기로 쪼개진 정보 조각들, 일정한 페이스 조절, 일정한 흐름이 모두 동일하게 존재한다.

프레젠테이션을 온라인으로 내놓는 가장 간단한 방법은 슬라이드 노트의 Adobe PDF 파일을 웹 사이트에 게시하는 것이다. 슬라이드를 보여주면서 하는 설명을 녹음할 수 있게 해 주는 전환 도구를 이용해 프레젠테이션을 온라인 서식으로 전환하는 방법도 있다. 이때 프레젠테이션을 쉽고 빠르게 온라인 서식으로 변형시킬 수 있는 Microsoft Producer와 Microsoft Office Live Meeting과 같은 여러 가지 기술들을 이용할 수 있다. 이런 도구들에 의해 슬라이드가 브라우저에 표시되면 발표자는 마이크를 사용해 슬라이드 노트 영역에 적어 놓은 내용을 녹음하면 된다. 청중은 슬라이드를 보면서 자신들의 컴퓨터를 통해 발표자가 말하는 내레이션을 들을 것이다. 일부 온라인 기술 솔루션들은 사람들이 발표자가 말하는 내용을 재빨리 훑어본 다음 앞으로 건너뛰고 싶어할 경우에 대비해 슬라이드 노트 영역을 볼 수 있게 만들어 주기도 한다.

그리고 이제 발표만이 남았다…

이제는 분명 콘토소 이사회를 상대로(실제로는 어떤 청중이든 그들을 상대로) 발표할 준비가 다 되었다. '탈 글머리 기호' 접근법을 이용해 완벽한 프레젠테이션을 준비해 온 덕분에 우리의 발표자는 요지가 있고 명료하며 흡인력 있는 이야기를 가지고 반드시 청중을 설득해낼 것이다.

이 체계를 다른 프레젠테이션에 적용하는 동안 이 책을 가까운 곳에 두기 바란다. 또 다음에 나올 '팁 10: Beyond Bullets 블로그를 이용해 뒤처지지 않도록 하자'에서 설명하는 Beyond Bullets 블로그를 방문해 여러 가지 아이디어들을 꾸준히 얻기 바란다.

프레젠테이션을 하기에 앞서 발표자의 상상력에 불을 붙여 줄, 혹은 발표자를 자극해 새로운 것을 시도하게 만들어 줄 아이디어를 얻기 위해 다음 열 가지 팁을 검토해 보자.

프레젠테이션 연출의 질을 높이기 위한 열 가지 팁

지금 우리는 파워포인트를 이용해 우리가 생각하는 것들에 활기를 불어넣는 유연하고 확고한 체계를 가지고 있다. 이 토대 위에 계속 쌓아 올라갈 수 있는 방법은 아래 열 가지 팁을 이용해 우리가 생각하는 것들에 활기를 불어넣는 것이다.

팁 1: 살아 있는 상표

관례적인 글머리 기호 접근법에서는 슬라이드마다 조직의 시각적인 도장이 확실히 찍혀 있도록 슬라이드 마스터에 로고를 놓는 일이 흔하다. '탈 글머리 기호' 접근법에서는 조직의 정체성이 여러 프레젠테이션을 통해 확실히 전해지도록 다른 기법들을 사용한다.

로고를 슬라이드 마스터가 아니라 슬라이드 노트 마스터에 두는 것이 좋다. 화면에서 로고를 없애는 것은 부록 A에 묘사된 '일관성 원칙'과 보조를 같이하는데, 이 원칙은 화면상에 관계없는 정보를 놓아두면 청중의 이해력이 분산될 수 있다는 연구에 기반한 것이다. 슬라이드 마스터에 놓인 로고를 제거하면 정보를 제시하는 데 이용할 수 있는 화면이 양적으로 늘어나고, 빈 화면이 허락하는 다수의 창조적인 옵션들이 열려 있게 된다. 그리고 화면에 로고가 보이지 않게 함으로써 청중이 이야기에 완전히 몰입하지 못하게 방해할 수 있는 장애물을 제거할 수 있다. 가령 영화를 보러 갔는데 엔터테인먼트 회사의 로고가 스크린의 한쪽 구석에 눈에 띄도록 표시되어 있다면 우리는 영화에 제대로 집중할 수가 없을 것이다.

이런 이유들 외에도 실황 프레젠테이션의 맥락에서 보면 모든 눈이 발표자에게 쏠려 있고 또 발표자가 사실상 자신만의 '상표를 보여 주고 있는 중이기 때문에 슬라이드상에 찍혀 있는 시각적인 도장의 개념은 덜 중요해진다. 발표자의 수준 높은 아이디어, 사람들이 관심을 가질 수밖에 없는 이야기, 흥미로운 시각적 표현들, 고도의 흡인력, 이 모든 것이 청중에게 오랫동안 기억에 남을 체험을 제공하는 데 일조한다. 혹시라도 잊어버릴 경우에 대비해 청중은 항상 유인물을 받게 되는데, 이때 유인물에는 발표자가 속한 회사의 로고가 포함되어 있다.

팁 2: 연사들

말하기 클럽의 회원이 아니라면 발표자는 일단 그런 클럽의 회원이 되어야 한다. 말하기 기술을 향상시킨다는 유일한 목적을 가지고 정기적으로 마련되는 모임에 출석하는 것은 발표자라면 누구에게나 이득이 될 수 있다. 특히 국제연사협회(www.toastmasters.org에 있는)는 비용이 많이 들지 않을 뿐만 아니라 거기에 속한 모든 클럽이 회원들의 자원 봉사에 의해 운영된다는 점에서 좋은 선택이다. 국제연사협회에 가입하면, 모임을 갖는 중에 말하기 훈련에 참가해서 교육 자료에 있는 순서에 따라 준비된 일련의 연설을 하게 될 것이다.

가장 큰 이득은 어쩌면 단순히 정기적으로 출석하는 것에서 얻을 수 있다. 지지하고 도와주는 환경 속에서 좀더 많은 말하기 기회에 노출되다 보면 초조함을 다스리는 기술을 익히게 될 것이고, 대중 앞에서 말하는 것에 대해서만이 아니라 모든 양상의 의사소통에 대해서도 자신감이 늘어날 터이기 때문이다.

많은 클럽들이 프레젠테이션 기술을 아직 채택하지 않고 있다. 지역의 말하기 클럽이 파워포인트를 아직 사용하지 않고 있다면, 데이터 프로젝터를 가지고 가서 우리가 이 책에서 입수한 아이디어, 즉 영사되는 미디어와 견고한 말하기 기술을 혼합하기 위한 아이디어 몇 가지를 소개해 보자.

팁 3: 전력을 다하자

실황 프레젠테이션은 아주 다양한 의사소통 기술에 의존하는데, 그 모든 기술을 다 능숙하게 구사하는 사람은 거의 아무도 없다. 십중팔구 사람들은 저마다 프레젠테이션 과정 가운데 한 부분(예를 들면, 이야기를 쓰는 일이나 헤드라인들을 편집하는 일, 아이디어를 요약하는 일이나 추론이 제대로 되었는지 검사하는 일, 시각적 표현들을 만들어내는 일이나 실제로 말하고 발표하는 일 중 한 가지)에 더 능숙할 것이다. 일단 자신의 강점을 알고 나면, 개선 작업이 필요한 영역을 골라내자. 예를 들어, 글을 쓰는 데 능숙하다면 그래픽을 배운다거나, 그래픽에 능숙하다면 사람들 앞에서 좀더 잘 말할 수 있도록 연습하는 식이다. 전력을 다해야만 계속해서 성장할 수 있다.

팁 4: 소개말 준비하기

프레젠테이션에서 가장 간과되는 부분 중 하나가 발표자가 말하려고 일어서기에 앞서 발표자를 소개하는 말들이다. 좋은 소개말은 프레젠테이션에 대한 청중의 관심을 끌어올리고, 발표자가 우선적으로 연설할 권한을 확립해 놓는다. 자신의 이야기를 반드시 처음부터 탄탄하게 출발시키려면 발표자 스스로 자신을 어떤 식으로 소개할지 계획하기 바란다. 소개하는 사람이 개요로 이용할 수 있도록 발표자가 어떤 사람인지, 그리고 어떤 연설을 하려는지 간략하게 설명하는 글을 작성하자.

이 설명글을 작성할 때는 1막 장들을 염두에 두면서 자신이 하려고 하는 이 이야기를 출발시킬 간단한 방법을 생각해 보자. 발표자 자신의 경력 가운데 프레젠테이션의 주제에 관련된 것은 반드시 기술하자. 이것은 발표자의 자기 자랑에 불과한 것이 아니다. 프레젠테이션을 귀담아 듣기에 적합한 마음 상태가 되려면 청중은 발표자가 이 연설을 할 적임자임을 알 필요가 있기 때문이다.

팁 5 : 차광판을 갖고 있는가?

대다수 회의실의 특징은 형광등과 평범한 테이블이다. 비용이 많이 들지 않는 조명 도구를 이용해 방의 분위기를 바꾸면 낡고 지저분한 프레젠테이션 환경으로 인해 야기되는 산만함을 없앨 수 있다. 예를 들어 프레젠테이션 환경을 밝게 하는 간단한 방법은 '차광판(gobo)'을 이용하는 것이다. 차광판이란 일정한 문양으로 오려내기가 되어 있는 부분적인 가리개로, 조명 위에 덧씌우는 것을 말한다. 차광판을 씌운 채 조명을 켜면, 차광판은 오려낸 문양의 이미지를 표면 위에 투사하게 된다. 울퉁불퉁한 벽을 은폐하기 위해 섬세한 문양을 투사하거나 너무 밝은 불빛을 눈에 덜 거슬리게 만들기 위해 부드러운 색을 더하는 데 차광판을 이용할 수도 있다. 프레젠테이션을 위해 준비해 온 모든 시각적 표현들과 마찬가지로 모든 시각 효과는 투명해야 하고 또 절대로 메시지에 대한 주의를 딴 데로 분산시켜서도 안 된다. '차광판' 혹은 그 밖의 다른 특별한 조명을 사용할 때 사람들이 조명이 아니라 메시지를 기억해야 한다는 사실을 명심하기 바란다.

팁 6 : 시각적인 기억술

하고 싶은 말을 기억해내려고 애써 보아도 잘 안 될 때는 슬라이드들을 이용해 요점이 무엇이었는지 기억나도록 해 보자. 예를 들어, 발표자가 그림 7-2에서 볼 수 있는 것처럼 배의 타륜을 시각적인 소도구로 보여주면서 프레젠테이션의 여섯 가지 요점을 밝히려고 하는 경우, 발표자는 각 요점을 타륜의 손잡이 하나하나와 연관시킬 수 있고, 결과적으로 손잡이들을 따라 죽 돌아가면서 각각의 요점에 관해 이야기할 수 있다.

그림 7-2 ▶
기억을 돕는 시각적인 방법으로 간단한 사진 이용하기

기억을 돕는 시각적인 방법으로서 슬라이드상의 이미지를 이용하면 프레젠테이션뿐만 아니라 발표자의 생각까지도 기억나기 쉽게 만들 수 있다.

팁 7: 대화를 고전압으로 만들자

『Moving Mountains』(Crowell-Collier Press, 1989)에서 헨리 뵈팅어(Henry M. Boettinger)는 "생각을 발표하는 것은 고전압에서 이루어지는 대화로, 더 위험하면서 동시에 더 강력하다"라고 썼다. 이것은 프레젠테이션에 대한 최상의 정의 중 하나인데, 간략한 한 문장 안에 아주 많은 의미를 채워 넣고 있을 뿐만 아니라 이 문장이 조각조각 세분됐을 때는 훨씬 더 많은 의미를 갖게 되기 때문이다.

- 발표자는 '생각'을 발표하고 있다. 즉, 자신의 자아를 발표하고 있는 것이 아니다.
- 프레젠테이션은 '대화'이다. 거기에는 최소한 두 사람이 관련되어 있다.
- 프레젠테이션은 '고전압'이다. 즉, 지루하지 않다.

- 프레젠테이션은 '위험하다'. 즉, 모험이 따른다.
- 프레젠테이션은 '강력하다'. 즉, 힘이 있다.

말을 할 때는 뵈팅어의 이 정의를 명심해, 발표자로서 자신이 프레젠테이션 안에 채워 넣는 의미에 집중하기 바란다.

팁 8: 친밀도를 크게 하자

영화에서 가장 강력한 기법 중 하나는 배우의 얼굴을 크게 보이게 해서 관객이 그 사람과 친밀한 느낌을 갖게 만드는 것이다. 비록 대부분의 프레젠테이션에서 그런 기법을 보게 될 일은 없겠지만, 여러 가지 신기술들이 프레젠테이션 분야를 계속해서 바꿔 나가고 있는 것 또한 사실이다.

예를 들어, 일부 프레젠테이션들에서는 발표자가 말을 하는 동안 IMAG 이미지 확대 카메라가 발표자의 얼굴을 줌 렌즈로 클로즈업시킨다. 이때 이미지는 대형 화면에 발표자의 파워포인트 슬라이드와 나란히 나타난다. 자신의 얼굴을 화면에 크게 보이게 할 기회가 생기면 그 기회를 붙잡기 바란다. 이렇게 하면 청중은 발표자를 바로 가까이에서 볼 수 있는 기회를 얻는 셈이다. 다만 발표자는 자신의 얼굴을 화면에서 확대시키기 전에 먼저 자신이 큰 화면에서 어떻게 보이는지 알 수 있도록 프레젠테이션에서 사용하는 것과 유사한 라이브 카메라를 이용하는 미디어 교육을 받는 것이 좋다.

팁 9: 다수의 발표자에게 스크립트를 작성해 주자

하나의 이야기를 여러 사람이 발표하게 되는 경우에는 이야기 템플리트를 이용해 각 발표자가 말할 내용을 계획하자.

이렇게 하려면 우선 2장과 3장에서 했던 것처럼 완전하고 단일한 이야기를 작성하자. 발표할 시간이 되면, 첫 번째 발표자가 이야기를 소개할 목적으로 1막의 각 장을 발표한다. 두 번째 발표자는 2막 1장에 들어 있는 일련의 슬라이드들을 발표하고, 세 번째 발표자는 2막 2장에 있는 슬라이드들을 발표한다. 네 번째 발표자는 2막 3장 및 4장에 있는 슬라이드들을 발표한다. 그런 다음 첫 번째 발표자가 모든 것을 한데 묶기 위해 3막의 각 장들을 발표한다.

소규모 회의에 이용하든 아니면 대규모 컨퍼런스에 이용하든 간에 이 기법을 쓰면 확실히 청중은 그들이 생각하기에 그럴듯해 보이는 단일한 이야기를 체험하게 된다. 이때 각 부분에 해당하는 스토리보드들을 발표자들에게 보내 사전에 디자인을 하게 해야 한다. 이렇게 하면 확실히 모든 발표자들이 본래의 취지에서 벗어나지 않으면서 각자 자신만의 독특한 문체와 개성을 투영할 수 있게 된다.

팁 10 : Beyond Bullets 블로그를 이용해 뒤처지지 않도록 하자

이 책이 담고 있는 생각 중 상당수가 Beyond Bullets 블로그(www.beyondbullets.com에 있는)에서 영감을 받은 것들이다. 이 블로그의 특징은 프레젠테이션을 위한 여러 가지 팁과 기법 및 독창적인 아이디어들을 꾸준히 공급해 준다는 점이다. 이 책에서 각 장의 끝에 있는 '열 가지 팁' 부분처럼, 이 블로그의 각 엔트리는 '탈 글머리 기호' 접근법을 이용한 파워포인트 프레젠테이션에 적용될 수 있는 한 단계 나아간 아이디어를 특징으로 한다. 뒤처지고 싶지 않다면 이 무료 서비스를 신청해 지속적으로 참신한 아이디어를 얻기 바란다. 그리고 반드시 자신만의 아이디어와 새로운 방법을 이 블로그에 등록해 다른 독자 및 발표자들과 공유하도록 하자.

Conclusion

결 론

이 책의 머리말에서 처음에 제기했던 질문에 답하자면, 글머리 기호가 없는 마이크로소프트 오피스 파워포인트 프레젠테이션도 여전히 파워포인트 프레젠테이션임은 '당연하다'. 사실상 이것은 우리가 상상했던 프레젠테이션의 모양을 훨씬 뛰어넘을지도 모른다.

20년도 채 안 돼서 파워포인트는 우리가 의사소통하는 방식을 그 동안 대부분 인식되지 않고 또 예고되지 않았던 여러 측면에서 바꿔 놓았다. 텔레비전의 출현이 거실의 구성을 바꿔 놓은 것과 마찬가지로, 파워포인트와 데이터 프로젝터의 등장은 회의실의 구성을 바꿔 버렸다. 두 상황에서 모두 화면이 관심의 중심이지만 텔레비전이 여전히 본질적으로 일방통행 방식의 매체라면, 파워포인트는 청중과의 대화를 창출하기 위해 전원을 켤 수도 있고 잠시 멈출 수도 있으며 상호작용을 할 수도 있고 전원을 끌 수도 있는 도구를 우리 손에 쥐어 준다.

파워포인트 소프트웨어의 인기는 의사소통의 일차적인 방식이 텍스트이던 것에서 멀티미디어 방식을 선호하는 것으로 급속히 바뀐 것을 포함해 글로벌 문화 속에서 작용하고 있는 좀더 근원적인 변화들과 어느 정도 결부되어 있다. 사람들이 서로 의사소통을 하는 일차적인 수단으로서 파워포인트가 글로 쓰인 말을 능가해 버린 많은 조직들 안에서 이런 현상을 찾아볼 수 있다. 주목할 만한 점은 이 모든 것이 발표자와 청중 사이에 벽을 만든다고 많은 사람들이 말하는 그런 관례적인 글머리 기호 접근법을 사용하면서도 달성되었다는 사실이다. 이 점에 비추어 우리는 발표자와 청중 간의 벽이 무너지고 사람들이 글머리 기호를 넘어서기 시작할 때 파워포인트 분야에 어떤 일이 일어날지 기대할 수 있다.

이 책에서 설명한 대로 설득력 있는 이야기 구조의 힘을 프레젠테이션을 만드는 전체 과정에 적용하면 발표자는 프레젠테이션을 만들어내는 것 이상의 일을 하는 셈이다. 즉, 발표자가 하는 일은 실제 상황인 청중과의 대화에서 메시지와 디지털 미디어를 혼합함으로써 사람과 사람 사이에 이루어지는 전통적인 의사소통의 틀을 깨는 작업이다. 여기서 문제가 되는 것은 더 이상 발표자가 말하는 것과 말하는 방법이 아니다. 문제는 발표자가 생각하는 것에 관해 발표자 자신과 다른 사람들이 서로 대화하게 만드는 방식으로 이 '무엇' 과 '어떻게' 를 '결합하는' 것이다. 이것이야말로 의사소통의 역사에서 신나는 발전이며, 그 덕분에 우리는 매스미디어의 낡은 모델을 지나 훨씬 더 사교적인 미디어의 새로운 세계 속으로 서서히 나아가는 개척자가 되는 것이다.

글머리 기호를 넘어선다는 생각에 대해서도 그렇겠지만, 새로운 생각에 대해서는 언제나 문화적인 저항이 존재한다. 조직 차원에서 파워포인트와 관련된 문제들을 가지고 씨름하고 있을 때는 특히 그렇다. 파워포인트 프레젠테이션을 볼 때 우리는 조직 문화를 반영해서 보게 되는데, 그 중 일부는 변화에 저항하는 것들이 있다. 하지만 그런 저항에 부딪친다고 해서 낙담하지 말기 바란다. 파워포인트가 광범위하게 사용되면서 사람들은 미디어가 가진 힘을 알게 되었고, 이제 그렇지 못했던 과거로 되돌아가는 일은 없을 것이기 때문이다. 발표자들이 이 도구를 이용해 생각을 표현하고 다른 사람들의 관심을 끄는 한, 반드시 일어나게 되어 있는 바람직한 방향으로의 변화를 저지할 수는 없다.

이 책의 끝은 실제로는 그저 시작일 뿐이다. 제목에 포함된 '넘어 또는 탈(beyond)' 이라는 단어가 함축하고 있듯이, 이 책의 의도는 새로운 방향으로, 글머리 기호들의 제약을 벗어나 요지가 있고 명료하며 흡인력을 갖는 새로운 세상 속으로 움직이는 것이다. 글머리 기호가 우리의 파워포인트 슬라이드들에서 떨어져 나가기 시작할 때, 우리는 서로를 다시 한 번 바라보면서 대화를 시작할 수 있게 될 것이다. 그리고 우리가 좋은 아이디어를 오늘날 이용할 수 있는 강력한 미디어 기술들과 혼합할 때, 사람과 사람 간에 이루어지는 의사소통의 양상은 훨씬 더 흡인력 있고 인간적인 수준으로 진화할 것이다.

'탈 글머리 기호' 세상에서 사람에 관한 이야기가 갖는 힘을 틀어막는 것은 불가능하다.

APPENDIX A

최근의 연구 결과 활용하기

프레젠테이션에서 의사소통을 하는 데 관례적으로 글머리 기호 접근법이 기준이 되어 왔지만, 그 방법의 효과에 관해 그동안 연구가 거의 이루어지지 않았다는 것은 매우 놀라운 일이다. 신문이나 전문 잡지에서 프레젠테이션 화면상의 글머리 기호들이 갖는 여러 가지 단점에 대해 많은 예화들이 소개되는 것을 볼 수 있는데, 이는 글머리 기호 접근법을 사용하는 조직이나 교육 전문가들이 앞으로 더 많은 연구를 해야 할 필요성이 있음을 시사한다.

글머리 기호 접근법에 관한 연구가 부족한 한 가지 이유는 이 접근법이 조직이나 교실에서 두루 채택되고 널리 보급되어 온 속도가 될 수 있다. 즉, 너무나 급속도로 퍼져서 이 접근법에 관해 심사숙고하고 분석해 볼 시간이 거의 없었기 때문이다. 또 다른 이유로는 실황 프레젠테이션 환경을 연구하기가 어렵다는 사실을 들 수 있다. 실황 프레젠테이션 환경은 프레젠테이션 미디어의 질, 발표자의 의사소통 기술, 청중의 이해도를 포함한 많은 변수들을 수반하기 때문이다.

특별히 관례적인 글머리 기호 접근법의 효과에 초점을 맞추는 연구는 없지만, 멀티미디어를 이용해 학습을 지원하는 접근법들과 관련된 전도 유망한 연구 분야가 하나 있다. 이 연구는 교육심리학자이자 캘리포니아 대학교 산타바바라 캠퍼스의 심리학 교수인 리처드 마이어(Richard E. Mayer) 박사가 제안한 '멀티미디어 학습의 인지 이론(cognitive theory of multimedia learning)' 과 관련된다. 교육심리학 분야에서 저술 활동이 가장 활발한 연구자로 평가받고 있는 마이어는 18권의 책과 250편 이상의 논문 및 장(章)을 썼으며, 12년간 멀티미디어 학습 및 문제 해결을 연구해 오고 있다.

마이어의 접근법은 임의의 특정한 소프트웨어 도구가 임의의 목적을 위해 어떻게 하면 가장 잘 이용될 수 있는지 묻는 것으로 시작하지 않는다. 그의 접근법은 인간의 정신이 어떻게 작동하는지 묻는 것으로 시작한다. 인간의 정신에 대한 이해가 확립되면서 연구는 멀티미디어를 사용해 효과적인 학습을 강화하는 방법을 제시할 수 있는 원칙들을 검토한다.

이 분야에서 이루어지는 연구의 가장 중요한 가정 중 하나는 인간의 정신이 학습 과정에 능동적으로 참여한다는 생각이다. 이런 생각은 청중의 정신이 발표자의 지식에 의해 채워지기를 기다리는 수동적인 그릇이라는 가정으로부터 크게 변화한 것이다. 단지 글머리 기호들로 가득한 슬라이드들을 사람들에게 보여 준다고 해서 그들이 우리가 전달하고자 하는 것을 '이해하리라' 생각한다면, 인지 이론에서 가장 최근에 나온 의견과 부합하지 않는 가정을 하고 있는 셈이다.

마이어의 연구 기반 원칙 검토하기

마이어는 『Multimedia Learning』(Cambridge University Press, 2001)이라는 저서와 잡지에 싣거나 학회에서 발표한 관련 논문들에서, 의미 있는 학습을 증진시키는 멀티미디어의 사용을 이해하는 방법을 제안하고, 자신의 연구 및 다른 사람들의 연구에 기반해 모든 종류의 멀티미디어 체험을 디자인하는 데 이용될 수 있는 일련의 원칙을 마련했다.

마이어의 원칙들은 마이크로소프트 오피스 파워포인트 프레젠테이션이 인간의 정신이 작동하는 방식과 보조를 같이하게 만들 수 있는 방법을 알려 준다. 그의 원칙들은 또한 그래픽 기법들 가운데 이용할 것과 버릴 것을 선택하는 데 도움이 될 만한 중요한 기준들을 제공한다.

이 책에서 설명하는 방법을 사용하면 우리는 이미 아래 설명되어 있는 것처럼 마이어의 저서에 기술된 디자인 원칙들 대부분과 보조를 같이하는 효과를 얻는 셈이다.

말과 그림으로 의사소통하기

5장의 '원칙 1: 헤드라인을 중심으로 완전한 체험을 디자인하자' 절에서 살펴보았듯이, 우리는 프레젠테이션 디자인 작업을 슬라이드 노트 보기에서 시작했다. 이때 우리가 하게 되는 디자인 작업은 그림 A-1에서 볼 수 있는 것처럼 슬라이드 영역에 그래픽을 위치시켜 화면상에 나타나는 헤드라인과 발표자가 소리 내어 읽는 내레이션이 포함된 슬라이드 노트 영역 사이의 빈 공간을 채우는 것이다. 이때 기본 보기에서 슬라이드에 그래픽을 추가하는데, 이 기법이 프레젠테이션의 모든 슬라이드에 적용된다. 이렇게 하면 모든 그래픽이 단지 장식용으로 추가되는 것이 아니라 헤드라인 및 슬라이드 노트 영역이 설명하고 있는 생각과 직접적으로 관련을 맺는다는 것을 분명히 할 수 있다.

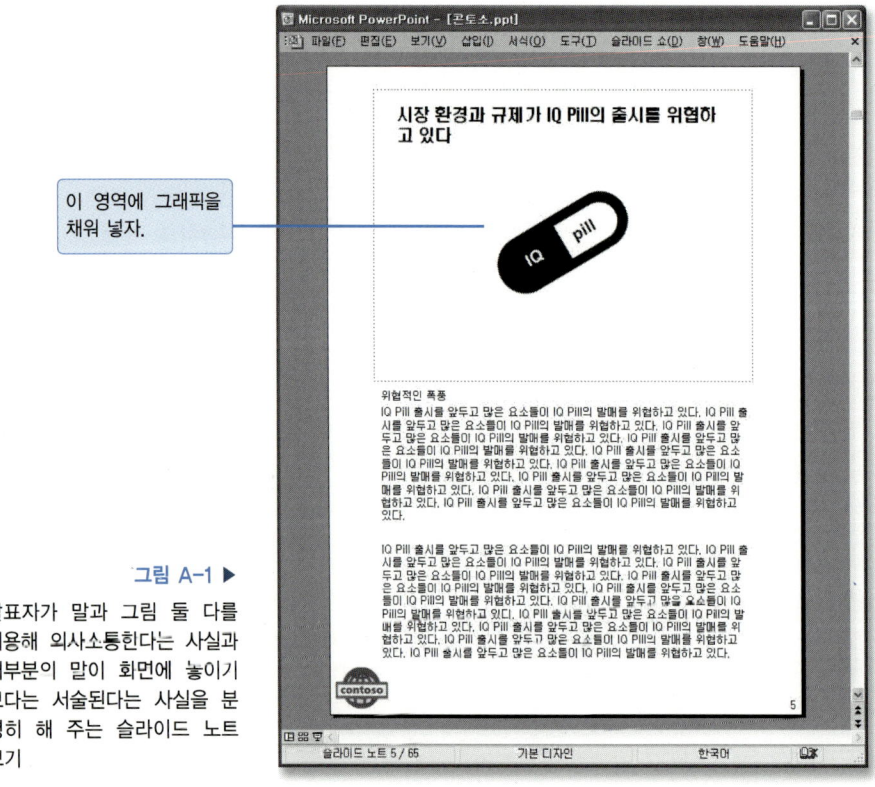

그림 A-1 ▶
발표자가 말과 그림 둘 다를 이용해 의사소통한다는 사실과 대부분의 말이 회면에 놓이기보다는 서술된다는 사실을 분명히 해 주는 슬라이드 노트 보기

이처럼 프레젠테이션의 모든 슬라이드를 준비된 아이디어와 직접 관련이 있는 시각적 표현으로 채움으로써 우리는 말만 있는 것보다는 말과 그림이 함께 있을 때 사람들이 더 잘 학습한다는 마이어의 '멀티미디어 원칙(multimedia principle)' 과 보조를 같이하는 셈이 된다.

내레이션과 화면상의 텍스트가 중복되지 않게 하기

슬라이드 노트 보기에서 시작하면 그림 A-1에서 볼 수 있는 것처럼 각 슬라이드 노트를 통합된 하나의 미디어 문서로 디자인하기가 쉬워진다. 프레젠테이션의 모든 슬라이드에 시각적 표현이 포함되기 때문에 슬라이드 영역에는 항상 그래픽이 자리잡게 된다. 이런 통합된 접근법 덕분에 발표자가 말로 제공할 정보를 슬라이드 영역에 집어넣지 않아도 된다.

슬라이드 노트 영역과 슬라이드 영역에 있는 텍스트를 항상 글머리 기호가 없는 상태로 유지함으로써 우리의 접근법은 말이 구두 및 화면상의 텍스트로 함께 제시될 때보다 구두 내레이션으로만 제시될 때 사람들이 멀티미디어 설명을 더 잘 이해한다는 마이어의 '중복성 원칙(redundancy principle)' 과 보조를 같이하게 된다.

말하면서 중언부언하는 것이 용인될 수도 있는데, 예를 들어 프레젠테이션의 진행 속도가 유난히 느릴 때나 발표자가 청중에게는 새로운 전문 용어들을 소개하려 할 때, 혹은 청중을 이루는 사람들이 원어민이 아니거나 청력에 문제가 있어서 프레젠테이션을 알아듣는 데 어려움을 겪을 가능성이 있을 때가 그런 경우이다.

정보를 아주 작은 크기의 단편들로 만들기

2장과 3장에서 했던 것처럼 이야기 템플리트를 완성하고 나면 우리는 작성된 이야기에 들어 있는 정보를 개별적인 진술의 덩어리들로 세분하게 된다. 이 정보 덩어리들은 프레젠테이션의 토대를 이루는 이야기 템플리트의 명료한 구조 및 시퀀스에 꼭 들어맞는다. 그런 다음 우리는 이야기 템플리트를 파워포인트로 옮기게 되는데, 이 파워포인트에서 각 진술은 그림 A-2의 여러 슬라이드 보기에서 볼 수 있는 것처럼 저마다 해당하는 슬라이드의 제목 영역 안에 놓이게 된다.

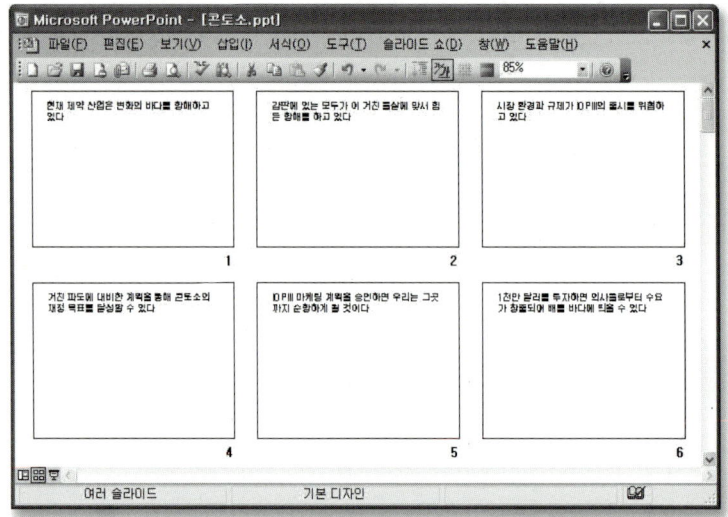

◀ 그림 A-2
각 슬라이드마다 하나씩의 덩어리로 쪼개진 상태의 정보를 보여 주는 여러 슬라이드 보기

이처럼 이야기 템플리트에서 정보를 여러 개의 덩어리로 쪼갠 다음 그 덩어리를 각 슬라이드마다 하나씩 놓음으로써 정보가 아주 작은 크기의 단편들로 제시될 때 사람들이 더 잘 학습한다는 마이어의 '분할 원칙(segmentation principle)'과 보조를 같이하게 된다.

정보를 명료하게 신호해 주기

4장의 '스크립트를 파워포인트로 옮기기' 절에서 했던 것처럼 이야기 템플리트로부터 파워포인트 파일로 진술들을 전송할 때, 각 진술이 각 슬라이드의 제목 영역 안에 놓이게 되므로 그림 A-3에서 볼 수 있는 것처럼 여러 슬라이드 보기에서 헤드라인들을 가로질러 읽어 갈 수가 있다.

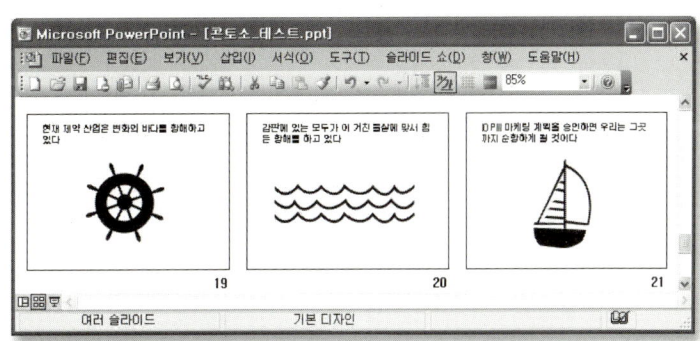

▶ 그림 A-3

준비된 아이디어를 명료하게 설명하는 헤드라인이 함께 나온 레이아웃을 보여 주는 슬라이드 마스터

이처럼 각각의 슬라이드에 명료한 헤드라인을 놓음으로써 정보가 명료한 개요 및 표제들을 이용해 제시될 때 사람들이 더 잘 학습한다는 마이어의 '신호하기 원칙(signaling principle)' 과 보조를 같이하게 된다.

5장의 '헤드라인 숨기기' 절에 설명되어 있듯이 헤드라인을 사진의 뒤쪽으로 보내면 그 헤드라인은 더 이상 슬라이드의 의미를 미리 알려 주는 신호가 되지 못한다. 이렇게 신호를 받지 못하게 되는 상황은 모티프나 시각적 표현 혹은 이야기되는 말들을 통해 발표자가 생각한 점을 강조하는 방식으로 벌충할 수 있다.

대화체 사용하기

2장의 '원칙 2: 단순하고 명료하며 직접적인 대화체를 사용한다' 절에 나와 있는 지침에 따라 이야기 템플리트의 진술들을 작성하고 나면 각 슬라이드의 헤드라인은 그림 A-4에서 볼 수 있는 것처럼 완전한 문장이 된다.

이처럼 헤드라인에 대화체를 사용함으로써 정보가 격식을 차린 문체보다 평소 이야기하는 듯한 말투의 문체로 제시될 때 사람들이 더 잘 학습한다는 마이어의 '개인화 원칙(personalization principle)' 과 보조를 같이하게 된다.

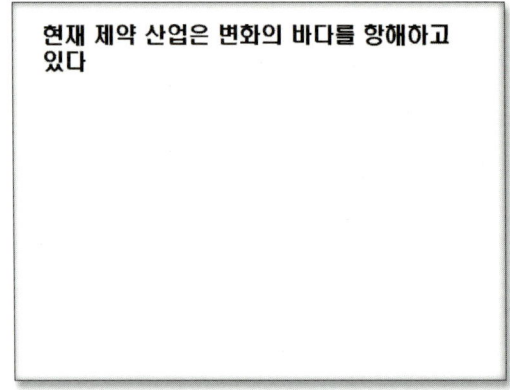

그림 A-4 ▶
개인화 원칙을 뒷받침하는 대화체로 된 헤드라인

그래픽 가까이에 헤드라인 놓기

4장의 '슬라이드 레이아웃 변경하기' 절에서 했던 것처럼 '제목 및 내용' 레이아웃을 이용해 모든 슬라이드의 서식을 다시 정함으로써 그림 A-5에서 볼 수 있는 것처럼 의미를 담은 헤드라인을 슬라이드의 맨 위쪽에 놓고 시각적인 요소를 그 아래 영역에 놓는 기본 레이아웃을 만들게 된다.

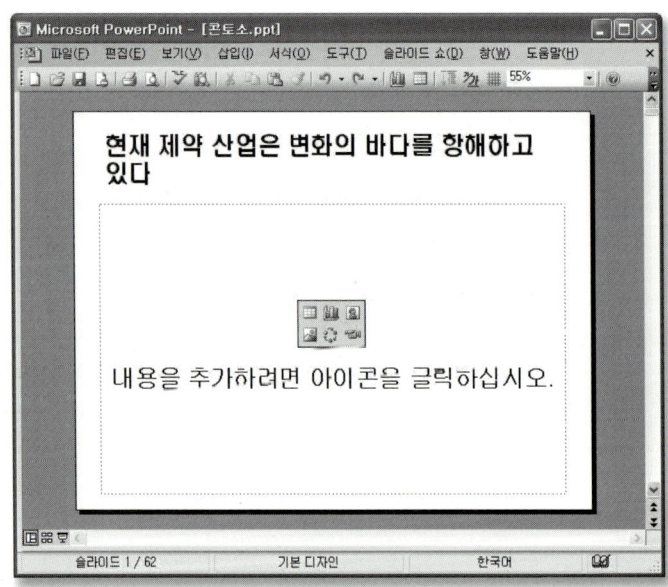

그림 A-5 ▶
헤드라인과 그래픽들이 가까이에 놓여 있게 하는 '제목 및 내용' 레이아웃

이처럼 '제목 및 내용' 레이아웃을 이용함으로써 말이 화면이나 페이지 상에서 상응하는 그림으로부터 멀리 떨어져 제시될 때보다 가까이에 제시될 때 사람들이 더 잘 학습한다는 마이어의 '공간적 인접 원칙(spatial contiguity principle)' 과 보조를 같이하게 된다. 필요하다면, 6장의 그림 6-1에서 볼 수 있는 것처럼 그래픽 요소에 라벨과 포인터들을 추가해 그래픽 요소들을 한층 더 명료하게 해 줄 수 있다.

화면에서 주의 분산 요소 제거하기

그림 A-6에서 볼 수 있는 것처럼 4장의 '슬라이드 마스터 설정하기' 절에서 날짜 영역과 바닥글 영역 및 번호 영역을 삭제했고 슬라이드 배경을 공백으로 남겨 놓고 로고나 그 밖의 다른 디자인 요소들을 추가하지 않았다. 이렇게 함으로써 슬라이드에 대한 작업을 시작할 수 있는 출발점이 될 단순하고도 명료한 마스터를 만들어냈다.

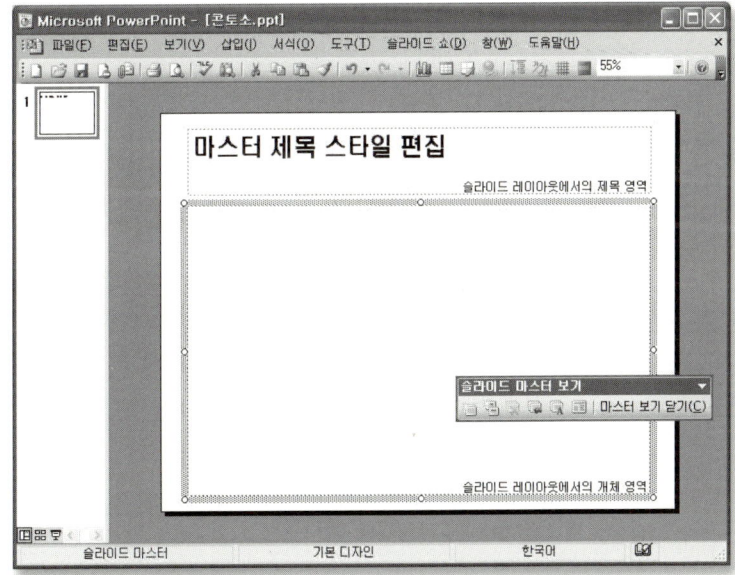

▶ 그림 A-6
빈 배경은 주의를 분산시키는 그래픽 요소들을 화면으로부터 제거한다.

이처럼 그래픽 요소들이 제거된 공백 슬라이드로 디자인 과정을 시작함으로써 멀티미디어 프레젠테이션에서 관계없는 정보가 제거될 때 사람들이 더 잘 학습한다는 마이어의 '일관성 원칙(coherence principle)' 과 보조를 같이하게 된다.

이 중요한 원칙은 우리가 흥미롭지만 관련성은 없는 말이나 그림, 혹은 소리나 음악을 프레젠테이션에 추가할 때 학습이 방해받을 수 있음을 보여 주는 연구에 근거한다. 앞서 '멀티미디어 원칙'에서 언급했던 대로, 발표자가 슬라이드 영역에 놓이는 것을 헤드라인 및 슬라이드 노트 영역과 직접적으로 관련이 있는 그래픽들만으로 엄격히 제한할 경우 이 '일관성 원칙'을 한층 더 강화시키는 결과가 된다. 이 원칙을 지키는 또 한 가지 방법은 슬라이드 레이아웃을 기본적인 것으로, 그래픽 요소들의 스타일은 단순한 것으로, 다이어그램 및 차트들의 디자인은 불필요한 장식이 전혀 없는 것으로 하는 것이다.

애니메이션 요소 서술하기

6장의 '다이어그램을 이용해서 요지 설명하기' 절에서 설명한 것처럼 이야기 템플리트에 들어 있는 관련 진술들의 시퀀스를 디자인함으로써 그림 A-7에서 볼 수 있는 것처럼 영화에서의 프레임들과 유사한 슬라이드들의 한 시퀀스에 걸쳐 애니메이션을 만들게 된다. 이때 내레이션은 각 슬라이드의 아래쪽에 있는 슬라이드 노트 영역에 입력되기 때문에 각각의 시각적인 요소를 설명하는 텍스트를 추가해 슬라이드 영역을 어지럽게 만들 필요가 없다.

Appendix A 최근의 연구 결과 활용하기

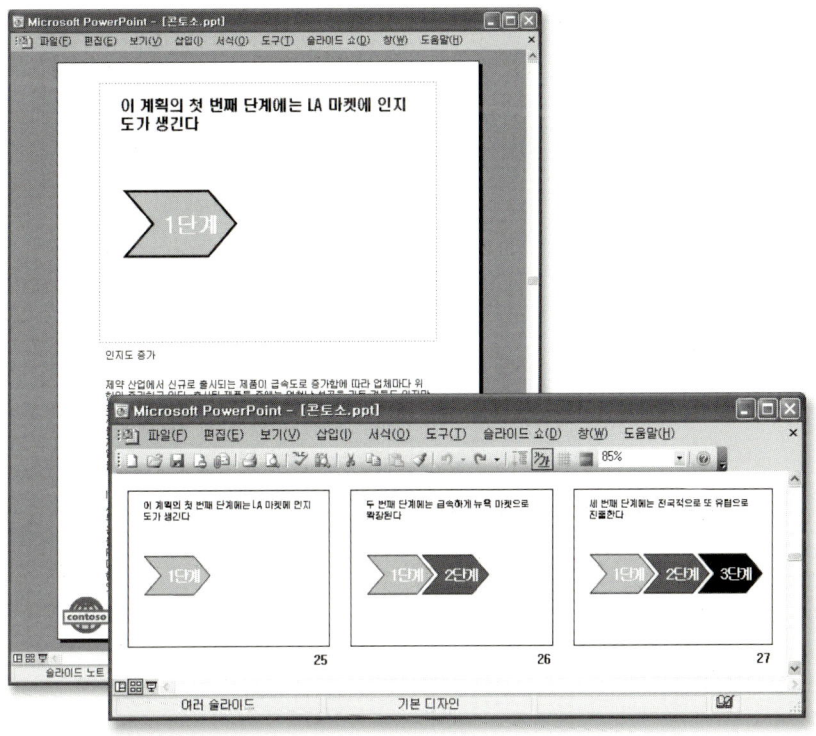

그림 A-7 ▶
각 애니메이션 요소에 해당하는 내레이션을 확보해 주는 다이어그램 애니메이션 시퀀스

이처럼 슬라이드 노트 영역에 서술해 놓은 말들을 검토해 그 말들이 화면 안으로 들어오지 못하게 함으로써 설명하는 텍스트가 화면상에 덧붙여진 애니메이션보다는 애니메이션과 내레이션으로부터 사람들이 더 잘 학습한다는 마이어의 '양식성 원칙(modality principle)' 과 보조를 같이하게 된다. 이 원칙은 빠른 속도로 진행되는 프레젠테이션에서 특히 중요하다. 경우에 따라서는 라벨을 추가하는 것이 전문 용어들을 명료하게 하는 데 도움이 될 수 있다.

애니메이션과 내레이션 동시에 진행하기

6장의 '여러 슬라이드에 하나의 차트를 이용해서 생각 설명하기' 절에서 설명한 것처럼 슬라이드 노트 영역의 내레이션에 연결되어 있기도 한 일련의 슬라이드들에 하나의 애니메이션 시퀀스를 만들어냄으로써 그림 A-8에서 볼 수 있는 것처럼 각 단계를 순서대로 서술할 수 있다.

프레젠테이션에 **할리우드**를 더하라

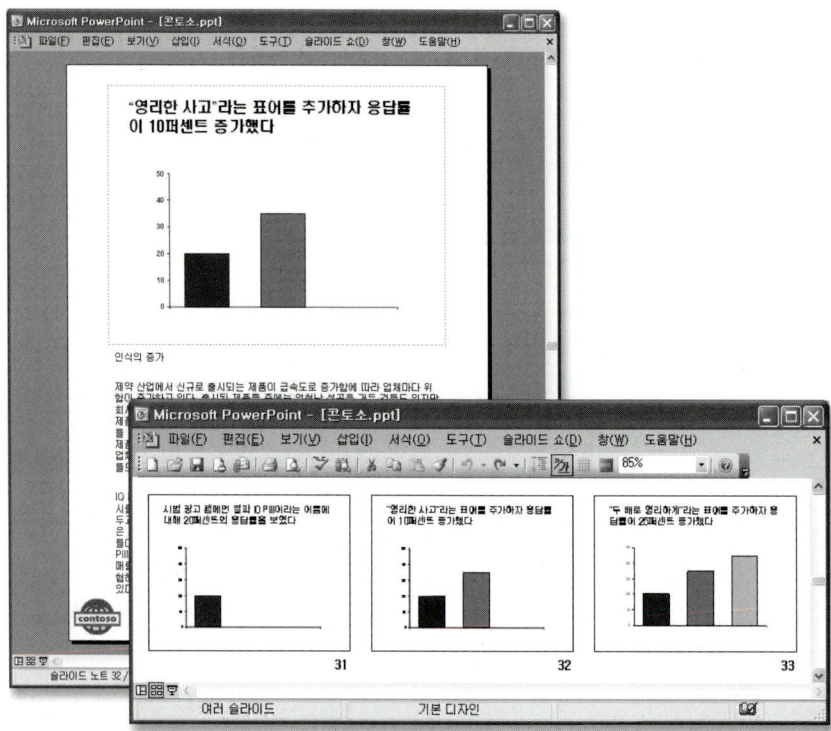

◀ 그림 A-8
애니메이션과 내레이션이 동시에 진행되도록 만드는 차트 애니메이션 시퀀스

이처럼 슬라이드 노트 영역에 있는 내레이션을 슬라이드 영역에 있는 애니메이션의 각 프레임과 동시에 진행시킨다는 것은 애니메이션과 내레이션이 연속해서 제시될 때보다는 동시에 제시될 때 사람들이 더 잘 학습한다는 마이어의 '시간적 연속 원칙(temporal contiguity principle)'과 보조를 같이하는 것이다.

● ● ●
고급 원칙 적용하기

지금까지 살펴본 원칙들은 청중의 세부적인 이력이 사전에 발표자에게 알려져 있지 않은 일반적인 청중들에 대한 기본적인 사항들을 다룬다.

일단 이 접근법을 터득하고 청중의 이력을 좀더 철저히 알게 되면, 고급 원칙들을 적용해 특정한 청중들의 개별적인 요구에 부응하도록 말과 이미지들을 맞춤 제작할 수 있다.

사람들 사이에 존재하는 학습상의 차이 같은 범주는 사전지식, 시각 판단 능력, 공간적인 적합성과 관련이 있다. 마이어의 '개인차 원칙(individual differences principle)'에 따르면, 멀티미디어 프레젠테이션들의 디자인은 이런 요인들 각각에 기반해 상이한 효과를 나타낼 수 있다고 한다. 일례로 단 하나의 슬라이드를 설명하기 위해 복잡한 다이어그램을 사용할 수도 있고(청중석에 앉아 있는 모든 사람들이 해당 다이어그램에 대한 사전지식을 갖고 있다면), 그 동일한 다이어그램을 여러 장의 슬라이드들에 걸쳐 설명할 수도 있다(청중이 해당 다이어그램에 담긴 정보를 처음으로 접한다면). 이와 같은 고급 원칙들에 관해 좀더 자세한 정보를 원한다면 아래 나와 있는 자료들을 참조하기 바란다.

연구에 관해 좀더 알아보기

마이어와 다른 사람들의 연구 업적에 관해, 그리고 그 연구 업적을 프레젠테이션에 어떻게 적용할지에 관해 좀더 알아보고 싶다면 다음에 열거하는 자료들을 참조하기 바란다. 우리가 이 책에 기술된 접근법을 적용하기 시작함과 동시에 멀티미디어 프레젠테이션에 대한 혁신적이고 새로운 접근법(아직도 진화의 비교적 초기 단계에 있는)을 발전시키는 데 일조하고 있다는 사실을 명심하기 바란다. 즉, 우리는 '탈 글머리 기호' 접근법을 여기서 설명한 연구 기반 원칙들 대부분과 보조를 같이하는 탄탄한 토대 위에 프레젠테이션을 지을 목적으로, 그리고 추후 이루어질 실험과 연구의 알찬 출발점으로 이용할 수 있다.

추가 자료

- 『Multimedia Learning』, Richard E. Mayer 저(Cambridge University Press, 2001)
- 『Nine Ways to Reduce Cognitive Load in Multimedia Learning』, Richard E. Mayer와 Roxana Moreno 저(Educational Psychologist, 38, no. 1 [2003])
- 『The Cognitive Load of PowerPoint: Q&A with Richard E. Mayer』, Cliff Atkinson 저, March 2004, www.sociablemedia.com/articles_mayer.htm
- 『Five Ways to Reduce PowerPoint Overload』, Richard E. Mayer와 Cliff Atkinson 저, www.sociablemedia.com
- 『Graphics for Learning: Proven Guidelines for Planning, Designing, and Evaluating Visuals in Training Materials』, Ruth Colvin Clark와 Chopeta Lyons 저(Pfeiffer, 2004)

APPENDIX

B

스토리보드 포매터 사용하기

BBP 스토리보드 포매터(Beyond Bullet Points Storyboard Formatter)는 4장의 '슬라이드 마스터 설정하기'와 '슬라이드 노트 마스터 설정하기' 절에서 설명한 것처럼 슬라이드 마스터와 슬라이드 노트 마스터의 서식을 다시 정하는 시간을 절약하기 위해 사용할 수 있는 마이크로소프트 파워포인트 파일이다. 이 스토리보드 포매터에는 4장의 '스토리보드 가이드 만들기' 절에 설명되어 있는 대로 발표자가 쓸 수 있게 미리 디자인된 일련의 '탈 글머리 기호' 스토리보드 가이드도 포함되어 있다.

스토리보드 포매터는 www.sociablemedia.com의 book downloads 페이지에서 다운로드 받아 발표자의 로컬 컴퓨터에 저장하면 된다.

BBP 스토리보드 포매터를 사용하려면

1 4장의 '이야기 템플리트를 워드에서 파워포인트로 보내기' 절에 나와 있는 단계들을 따라 발표자의 로컬 컴퓨터에 저장할 새 파워포인트 파일을 생성하자.

2 여러 슬라이드 보기에서, **편집**, **모두 선택**을 클릭하고, **표준** 도구 모음에서 **복사** 버튼을 클릭하자.

3 BBP 스토리보드 포매터를 발표자의 로컬 컴퓨터에 저장한 후 그 파일을 더블클릭하자. 이때 파일 서식은 파일 확장자가 .pot인 것으로 미루어 알 수 있듯이 파워포인트 디자인 템플리트(PowerPoint Design Template)이므로, 파일을 더블클릭하면 템플리트의 서식에 기반한 새 프레젠테이션이 열릴 것이다. 이 새 파워포인트 파일의 이름을 정하고 발표자의 로컬 컴퓨터에 저장하자.

4 커서를 첫 번째 슬라이드의 왼편에 놓고, **표준** 도구 모음에서 **붙여넣기** 버튼을 클릭한 다음, 파일을 저장하자. 앞서 1단계에서 생성했던 파워포인트 파일 안의 모든 슬라이드들은 이제 4장의 '슬라이드 마스터 설정하기'와 '슬라이드 노트 마스터 설정하기' 절에서 설명한 절차에 따라 적절하게 서식이 정해질 것이다.

5 편집, 모두 선택을 클릭하고, 서식, 슬라이드 레이아웃을 클릭하고, 제목 및 내용 레이아웃을 클릭해 이 레이아웃을 선택된 모든 슬라이드에 적용한다(좀더 단순한 레이아웃을 선호할 경우에는 이 레이아웃 대신 제목만 레이아웃을 클릭한다).

6 스토리보드 포매터에 들어 있는 숨겨진 스토리보드 가이드들을 정리하려면, 4장의 '스토리보드 가이드의 위치 조정하기' 절에 나와 있는 단계들을 그대로 따른다. 선택사항인 45분짜리 및 15분짜리 스토리보드 가이드를 사용할 경우에는 4장에 있는 '팁 2: 시간에 맞게 조정하기' 의 지시사항에 따라 이 스토리보드 가이드들을 복사한 다음 적당한 위치를 정한다.

새 프레젠테이션을 위한 기본 스토리보드 포매터 설치하기

BBP 스토리보드 포매터를 발표자가 새 파워포인트 파일을 열 때마다 열리는 기본으로 하고 싶으면 로컬 컴퓨터에 이 스토리보드 포매터를 기본 템플리트로 저장하면 된다. 이렇게 하면 발표자가 만들어내는 새 프레젠테이션은 모두 미리 그 서식이 정해지기 때문에 그만큼 시간이 절약된다. 아래 단계들을 따라 기본 템플리트를 변경하기 전에 먼저 자신이 정말로 기존의 기본 파워포인트 템플리트를 덮어쓰고 싶은지 확실히 하도록 하자. **표준** 도구 모음상의 **새로 만들기** 버튼을 클릭하면 기존 기본 파워포인트 템플리트를 덮어썼을 때의 상황을 미리 볼 수 있다.

BBP 스토리보드 포매터를 설치하려면

1 BBP 스토리보드 포매터를 더블클릭해서 열자. 파일, 다른 이름으로 저장을 클릭하고, 다른 이름으로 저장 대화상자에서 파일 형식 드롭다운

화살표를 클릭한 다음 **디자인 서식 파일(*.pot)**을 선택하자. 파워포인트는 발표자의 로컬 컴퓨터상에서 기본 파워포인트 템플리트가 저장될 위치를 자동으로 선택한다.

2 눈앞에 나타나는 파일명 목록에서 default.pot를 더블클릭하거나, 이 파일명이 빠져 있을 경우라면 blank.pot를 더블클릭하자. 그러면 기존 파일을 대체하고 싶은지 여부를 묻는 경고 문구가 나타나는데, 이때 **예**를 클릭하자. 이렇게 하면 기존에 발표자의 컴퓨터상에 있던 기본 템플리트가 덮어쓰여지게 된다.

3 새 프레젠테이션을 생성하려면 **표준** 도구 모음에서 **새로 만들기** 버튼을 클릭하자. 이렇게 하면 스토리보드 포매터를 이용해 서식이 미리 정해진 새 파워포인트 파일이 열릴 것이다. 그런 다음 이 부록에서 앞에 나왔던 'BBP 스토리보드 포매터를 사용하려면' 절에 있는 각 단계들을 그대로 따르자. 단, 미리 서식이 정해진 프레젠테이션을 이미 열어 놓은 상태이기 때문에 3단계는 건너뛰어야 한다.

스토리보드 포매터를 수정하고 싶을 경우에는 4장에 나온 '팁 7: BBP 스토리보드 포매터 사용자 지정하기'를 참조하기 바란다.

글머리 기호의 유혹을 넘어
프레젠테이션에 할리우드를 더하라

초판 1쇄 발행 : 2007년 8월 14일

지은이	클리프 앳킨슨(Cliff Atkinson)
옮긴이	장시형
발행인	최규학
기획 · 진행	장성두
마케팅	최복락
교정 · 교열	김경희
본문 디자인	북아이
표지 디자인	Arowa & Arowana
임프린트	체온365
발행처	도서출판 ITC
등록번호	제8-399호
등록일자	2003년 4월 15일
주소	서울시 은평구 역촌동 85-8 보원빌딩 3층
전화	02-352-9511(대표전화)
팩스	02-352-9520
인쇄	해외정판사
용지	태경지업사
제본	반도제책사

ISBN-10 : 89-90758-77-7
ISBN-13 : 978-89-90758-77-4

값 14,000원

※ 체온365 도서출판 ITC의 일반 단행본 부문 임프린트입니다.
※ 이 책은 도서출판 ITC가 저작권자와의 계약에 따라 발행한 것이므로 본사의 허락 없
    이는 어떠한 형태나 수단으로도 이 책의 내용을 이용하지 못합니다.
※ 잘못된 책은 구입하신 서점에서 바꾸어 드립니다.

www.itcpub.co.kr